U0814466

田伏隆　主编

湖南历史图典（三）

湖湘文库编辑出版委员会
湖南美术出版社

湖湘文库
乙编

《湖湘文库》编辑出版领导小组

顾　问　张春贤　周　强　徐守盛　杨正午　周伯华
胡　彪　肖　捷　许云昭　文选德　孙载夫
戚和平　谢康生
组　长　蒋建国　路建平
副组长　郭开朗　王汀明
成　员　李友志　钟万民　姜儒振　魏　委　吴志宪
刘鸣泰　朱建纲　龚曙光　周用金　朱有志
王晓天　钟志华　刘湘溶　肖国安

《湖湘文库》编辑出版领导小组办公室

主　任　刘鸣泰　朱建纲
副主任　魏　委　吴志宪　田伏隆　王新国
尹飞舟　龚曙光　唐浩明
成　员　唐成红　陈祥东　肖　荣　苏仁进
田方斌　王德亚

《湖湘文库》编辑出版委员会

主　任　文选德
第一副主任　刘鸣泰
常务副主任　张光华　彭国华　张天明
副主任　熊治祁　夏剑钦　丁双平　朱汉民　曾主陶
委　员　李建国　易言者　李小山　刘清华　黄楚芳
黄一九　胡　坚　周玉波　雷　鸣　王海东
韩建中　章育良　杨　林
装帧设计总监　郭天民

出版说明

湖湘文化源远流长，博大精深，是中华文化中独具地域特色的重要一脉。特别是近代以来，一批又一批三湘英杰，以其文韬武略，叱咤风云，谱写了辉煌灿烂的历史篇章，使湖湘文化更为绚丽多彩，影响深远。为弘扬湖湘文化、砥砺湖湘后人，中共湖南省委、湖南省人民政府决定编纂出版《湖湘文库》大型丛书。

《湖湘文库》编辑出版以“整理、传承、研究、创新”为基本方针，分甲、乙两编，其内容涵盖古今，编纂工作繁难复杂，兹将有关事宜略述如次：

一、甲编为湖湘文献，系前人著述。主要为湘籍人士著作和湖南地区的出土文献，同时酌收历代寓湘人物在湘作品，以及晚清至民国时期的部分报刊。

二、乙编为湖湘研究，系今人撰编。包括研究、介绍湖湘人物、历史、风物的学术著作和资料汇编等。

三、乙编中的通史、专题史，下限断至1949年。

四、甲编文献以点校后排印、据原本影印及数据光盘三种方式出版。

五、除少数图书以外，一律采用简体汉字横排。

六、每种图书均由今人撰写前言一篇。甲编图书前言，主要简述原作者生平、该书主要内容、学术文化价值及版本源流、所用底本、参校本等。乙编图书前言，则重在阐释该研究课题的研究视角和主要学术观点等。

七、对文献的整理，只据底本与参校本、参校资料等进行校勘标点，对底本文字的讹、夺、衍、倒作正、补、删、乙，有需要说明的问题，则作出校记，一般不作注释。

八、甲编民国文献中的用语、数字、标点等，除特殊情况外，一般不作改动。乙编图书中的标点、数字用法、参考文献著录规则等均按现行出版有关规定使用和处理。

《湖湘文库》卷帙浩繁，难免出现缺失疏漏，热望社会各界批评指正。

《湖湘文库》编辑出版委员会

目　录

湖南历史图典(三)

第十章　国民革命时期的湖南

（1924.1—1927.7）

国民革命时期，又称第一次国内革命战争时期，是1924年至1927年中国人民在中国共产党和中国国民党合作领导下进行的以北伐战争为主要标志的反帝反封建的革命斗争时期。

1923年6月，中国共产党第三次全国代表大会确定全体共产党员以个人名义加入国民党，与国民党建立革命统一战线的方针。1924年1月，在中国共产党人的参加与帮助下，孙中山在广州召开了国民党第一次全国代表大会，重新解释了三民主义，确定了联俄、联共、扶助农工的三大政策，标志着第一次国共合作的建立。

湖南在这场大革命中，是革命运动蓬勃发展的省份之一。在中共湘区委的帮助下，国民党湖南省党部正式建立，促成了第一次国共合作在湖南的实现，为湖南工农运动的发展和国民革命大潮在湖南的兴起创造了条件。“五卅运动”爆发后，国共两党合作，推动和领导着湖南人民将反帝反军阀的运动走向高潮，为北伐军入湘创造了极为有利的条件。

湖南人民支援的北伐战争在湖南战场取得了巨大胜利，北伐的胜利进军又推动着湖南人民革命斗争的蓬勃发展。在城市，以工人阶级为主体的人民群众收回一直操纵在帝国主义分子手中的邮政和海关管理权；在农村，数以百万计的农民集合在农会里，从政治、经济、文化领域冲击着封建宗法势力，造成暴风骤雨般的农村大革命，鼓舞和推动了其他各省农民运动的发展。

正当全国革命运动蓬勃发展之际，1927 年 4 月 12 日，蒋介石在上海发动了反革命政变。在何键的策动下，5 月 21 日，许克祥在长沙也发动了反革命的“马日事变”。马日事变发生后，中共湖南临时省委组织十万农军向长沙进攻，但未能取得成效。湖南的大革命运动从此急转直下，最终随着汪精卫集团宣布“分共”而走向失败。

轰轰烈烈的国民革命被蒋介石的叛变所葬送。然而在这场革命运动中，中国共产党所形成的政治影响、积累的丰富经验和培养的大批干部，为后来的革命战争奠定了坚实的基础。湖南在这场大革命运动中经受的洗礼与锤炼，不仅在中国现代革命史上写下了光辉的一页，也为它在日后中国革命的大舞台中发挥更加出色的作用创造了许多先决的条件。

第一节　湖南第一次国共合作的形成

国民革命时期的国共合作，是在国民党内实行合作。湖南国共合作的具体组织形式是国民党湖南省党部。湖南的国民党组织，是在中共湘区委的帮助下建立起来的。1923 年 3 月，中共湘区委根据中共中央杭州西湖会议精神，派夏曦、刘少奇赴上海，经国民党中央党务部副部长林伯渠介绍加入国民党。4 月初，夏、刘受国民党中央派遣回湘，筹组国民党湖南地方组织。同年夏，国民党中央党部亦派覃振自广州来湘活动。中共湘区委书记李维汉与覃振、邱维震等多次商议在湘筹建国民党组织事宜，决定设立筹备处，初由何叔衡负责，不久根据国民党中央总部意见改由夏曦负责。9 月，毛泽东以中国国民党总部派赴湖南的筹备员身份来长沙，与夏曦等商议筹组国民党湖南总支部，9 月底，总支部成立。1924 年 4 月 1 日，中国国民党湖南临时省党部执行委员会成立，夏曦任执委会主任。临时省党部执委会的成立，标志着国共合作的统一战线在湖南初步形成。临时省党部成立后，以主要精力发展国民党的基层组织。5月中旬，湘区的共产党员已全部加入国民党，社会主义青年团员加入者达80%。1925年5月，国民党湖南省党部正式成立，表明国共合作的新局面在湖南实现，为湖南大革命高潮的到来奠定了政治基础。

一、中共湘区委帮助建立国民党组织

1923年3月之前，国民党在湖南除有为数极少的党员之外，其各级组织已经不复存在。国民革命时期湖南的国民党组织，主要是在中共湘区委员会和湘籍共产党人夏曦、刘少奇、李维汉、何叔衡、毛泽东等人的帮助下建立起来的。

夏曦，益阳人。1921年加入中国共产党，后任中共湘区委员会委员。1923年3月受湘区委指派去上海加入国民党，随后受国民党中央派遣回湘筹组国民党湖南地方组织。

刘少奇，1921年加入中国共产党。1923年3月受湘区委指派与夏曦同赴上海加入国民党，随后受国民党中央派遣回湘，主要负责安源国民党地方组织的筹组。

覃振，桃源县人，湘籍老国民党员。1923年夏，受国民党中央党部派遣自广州来湘活动，与中共湘区委联系在湖南筹组国民党组织事宜。

李维汉，长沙县人。1922 年底加入中国共产党。1923 年 4 月至 1927 年 4 月，担任中共湘区委员会（后改称中共湖南省委）书记，并被选为中共四届、五届中央委员会委员，中央政治局委员。与覃振等多次商讨在湖南筹建国民党组织事宜。

1924年1月20日至30日，中国国民党第一次全国代表大会在广州召开，湖南代表夏曦、毛泽东等11人出席了大会。夏曦在大会上作了湖南国民党党务报告。林伯渠、毛泽东当选为国民党中央候补执行委员。图为国民党“一大”会场。

1923年9月16日，中共中央局秘书毛泽东以中国国民党本部派赴湖南的筹备员身份来长沙，与夏曦商议筹组国民党湖南地方组织的步骤，拟订了先设长沙、安源分支部，再设常德、衡阳等分支部，然后再组织湖南总支部的计划。

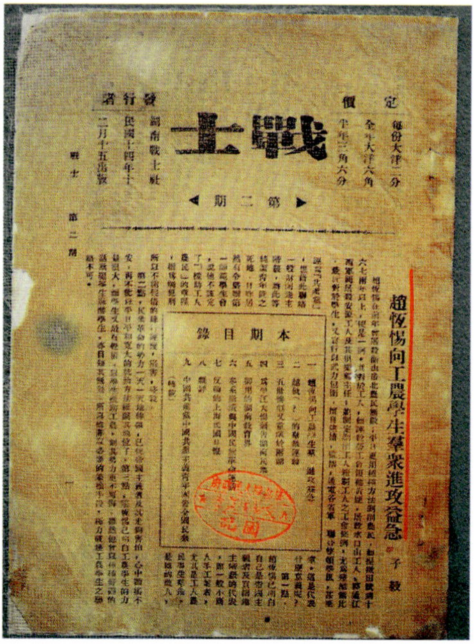

戰士

定價 每份大洋二分 全年大洋六角 半年三角六分

發行者 湖南戰士社 民國十四年十二月十五出版

◀第二期▶

趙恆惕向工農學生羣衆進攻益急 子毅

本期目錄

二、湖南国共合作新局面的实现

1925年4月17日国民党湖南临时省党部创办了机关刊物《新民》周报。同年5月，正式成立了国民党湖南省党部。与此同时，在中共湘区委的全力帮助下，国民党在全省各县的县党部和区党部也纷纷建立。

同年12月，中共湖南区委（11月中共湘区执委改称中共湖南区执委）创办机关刊物《战士》周刊，先后由曹典琦、薛世纶任主编。《新民》周报与《战士》周刊的创办，对推动湖南人民的反帝反军阀斗争起了重要的作用。

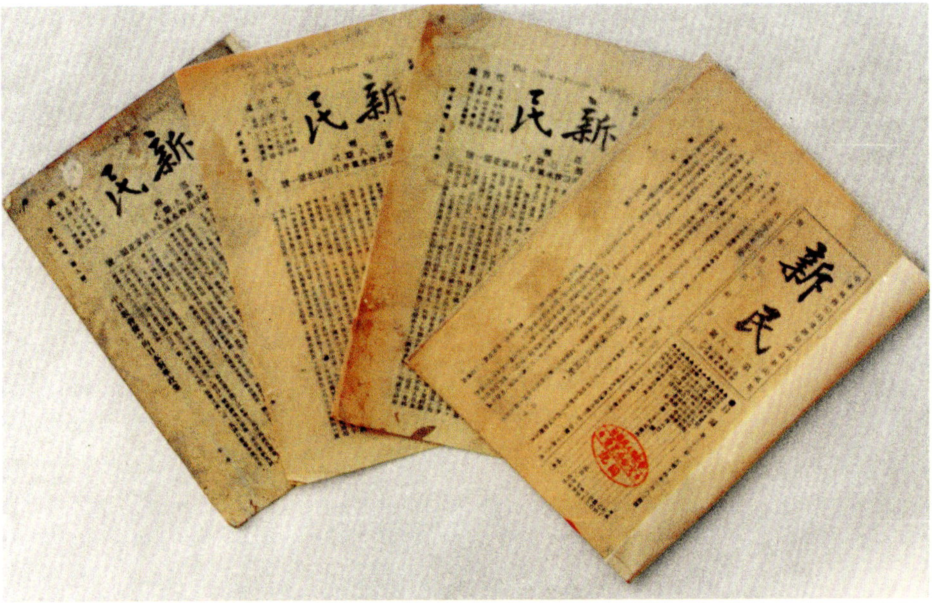

国民党湖南临时省党部于1925年4月17日创办机关刊物《新民》周报，邱维震任报社总经理，李六如任经理，李维汉任主笔，夏曦、罗学瓒、曹典琦等常为该周报撰稿。

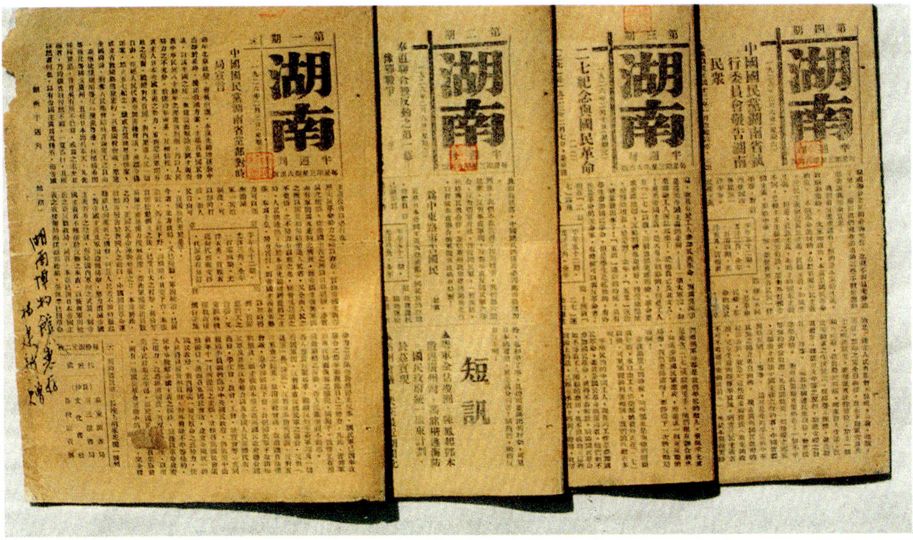

《湖南》半周刊，每逢星期三、星期六出版。1926年2月3日出版的第一期刊有《中国国民党湖南省党部对时局宣言》一文。2月10日出版的第二期刊有《二七纪念与国民革命》一文。3月6日出版的第四期刊有《中国国民党湖南省执行委员会敬告湖南民众》一文。

1927年4月2日，国民党湖南省党部与湖南省政府欢迎第三国际代表罗易及中共中央执行委员、国民党中央执行委员谭平山和中共中央执行委员蔡和森来湖南视察。

1927年4月21日，国民党湖南省党部、湖南省政府欢迎国际工人代表团来湖南视察。

第二节　反帝反军阀怒潮

1923年6月，为抗议日舰水兵在长沙制造“六一惨案”的罪行，湖南人民掀起了第一次反帝斗争高潮，后被赵恒惕镇压下去。国共合作的统一战线在湖南建立后，湖南的反帝反军阀斗争迅速复苏。1924年6月1日，省外交后援会等35个团体组织5万人举行“六一惨案”周年游行大会；8月，湖南反帝大同盟公开成立；11月，青年团湖南区委领导了反对帝国主义利用宗教进行文化侵略的斗争；1924年底至1925年初，中共湘区委领导开展了召开国民会议和废除不平等条约运动，极大地提高了群众的反帝爱国热情。“五卅惨案”的发生，激起了湖南人民的民族义愤。6月2日，省城工人、学生和市民2万人集会，成立了青沪惨案湖南雪耻会，发动工人、市民、学生罢工罢市和罢课。6月5日，长沙数万人举行示威游行，宣布对英、日帝国主义经济绝交。与此同时，湖南40余县和矿区成立了雪耻会，举行反帝示威游行。从10月起，湖南人民的反帝斗争深入发展，从对英、日经济绝交发展为收回帝国主义在湘权利，取消其特权的斗争。长沙人民收回大金码头、湘潭人民开展反对日商殴伤梳发女工收回洋行地盘、平江发生的两次禁运英国煤油斗争都取得了胜利。从1926年1月起，中共湖南区委又领导开展了声讨英帝国主义的侵华罪行、讨伐军阀吴佩孚和驱逐军阀赵恒惕的斗争。3月12日，赵恒惕被迫辞职离湘，吴佩孚势力也于同年夏被赶出湖南。讨吴驱赵斗争的胜利，为北伐军在湖南的进军扫除了障碍。

一、掀起“五卅”反帝怒潮

国共合作的统一战线在湖南建立后，湖南的反帝反军阀斗争迅速复苏。1924年8月，湖南反帝大同盟公开成立。1925年5月“五卅惨案”发生后，激起湖南人民极大的民族义愤。6月2日，由全省公团联合会和省学联发起，长沙工人、学生、市民 2 万余人集会，成立了青沪惨案湖南雪耻会，领导全市罢工、罢课、罢市和对英、日经济绝交运动，全省掀起新的反帝怒潮。

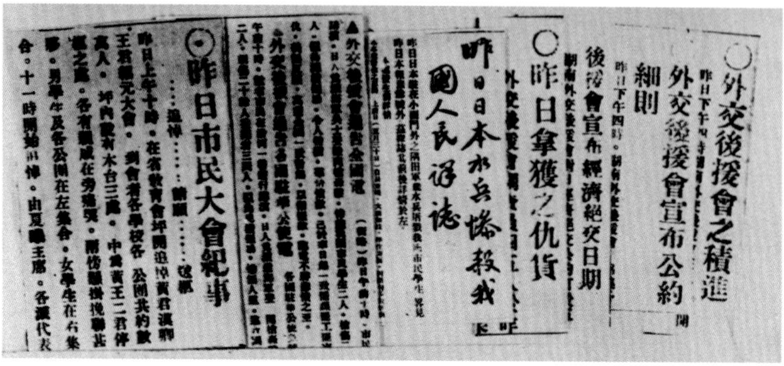

1923年3月下旬，日本租借旅顺、大连期满，拒不归还。中共中央指示全国各地开展反日斗争。4月5日，由省工团联合会、省学生联合会等41个团体发起成立了湖南外交后援会，要求坚决收回旅顺、大连，废除《二十一条》，抵制日货，提倡国货，全面实行对日经济绝交。在省外交后援会的领导下，全省都爆发了群众性的反帝爱国斗争。

1923年6月1日，湖南外交后援会派人在长沙西湖码头、金家码头一带检查日货，遭日舰水兵枪击，死2人，重伤9人，轻伤10人，造成“六一惨案”。当日下午，长沙2万余人集会，2日又举行6万人抬尸大游行。由此，湖南的反日斗争一浪接一浪。

1924年8月10日，在中共湘区委员会的领导下，湖南反帝大同盟在长沙成立。其宗旨是：联合世界被压迫的民族，反对帝国主义的侵略，废除一切不平等条约，实行民族友善，保全中国主权。

1924年11月，湖南益阳教会学校信义中学百余名学生反对学校当局侮辱中国学生，毅然退学，开始了湖南各地反教会学校运动。同年12月初，长沙雅礼大学及雅礼中学为响应信义中学的斗争，反对学校当局不向中国政府立案、不准学生参加社会活动和逼令学生必读《圣经》，以及美国教师无理侮辱学生，全体学生300余人退学。斗争持续了近5个月，推动了湖南人民大规模地反抗帝国主义文化侵略的斗争。图为旧雅礼中学校门。

1925年3月，孙中山在北京逝世。湖南人民在中共湘区委和国民党省部的领导下，掀起了一个宣传孙中山遗嘱，宣传反帝废除不平等条约的运动。图为1925年6月长沙尊阳乡追悼孙中山大会。

1925年5月下旬，日、英帝国主义在青岛、上海屠杀工人、学生，制造了青岛惨案和五卅惨案。图为上海工人游行示威，抗议帝国主义的暴行。

6月2日，由全省公团联合会和省学联发起，成立青沪惨案湖南雪耻会，领导全市罢工、罢课、罢市和全省的对英、日经济绝交运动。图为湖南雪耻会旧址。

湖南雪耻会时期群众绘的《帝国主义和军阀原形写真》漫画

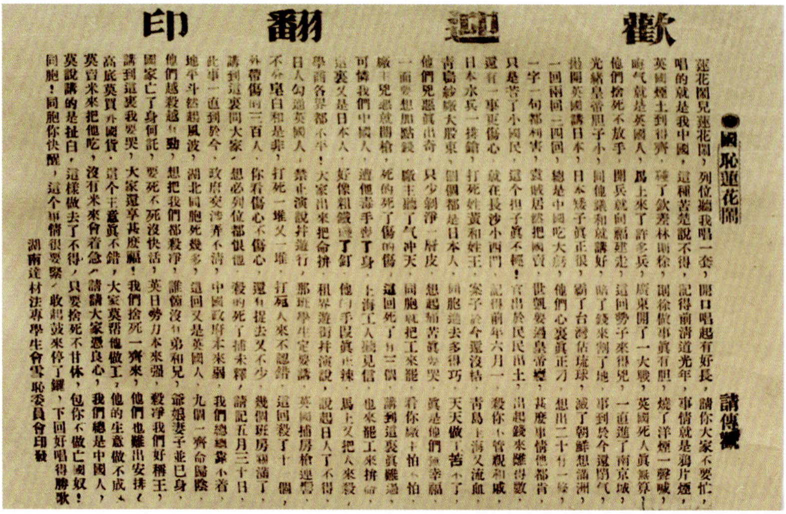

歡迎翻印

●國恥蓮花鬧　請傳觀

蓮花鬧兒蓮花鬧，列位聽我唱一套，開口唱起有好長，請你大家不要忙，
唱的就是我中國，這種苦楚說不得，記得前清道光年，事情就是鴉片煙，
英國煙土到得齊，碰了欽差林則徐，則徐做事真有胆，燒了洋煙一聲喊，
嘔气就是英國人，馬上來了許多兵，廣東開了一大戰，英國死人真無算！
他們捨死不放手，開兵就向福建走，這回勢子來得兇，一直進了南京城，
光緒皇帝胆子小，同他議和就講好，賠了錢來割了地，事到於今還慪气，
拋開英國講日本，日本矮子真正狠，霸了台灣佔琉球，滅了朝鮮想滿洲，
一回兩回三四回，總是中國吃大虧，他們心裏真正刁，想出二十有一條，
一字一句都利害，賣賊居然把國賣，世凱要過皇帝癮，甚麼事情他都肯，
只是苦了小國民，這个担子真不輕！官出於民民出土，出起錢來難得數，
還有一事更傷心，就在長沙小西門，記得前年六月一，殺你不管親和戚，
日本水兵一揍鎗，打死姓黃和姓王，案子於今還沒結，青島上海又流血，
青島紗廠大股東，個個都是日本人，同胞進去多得巧，天天做工苦不了，
他們兒想真出奇，只少剝淨一層皮，想起痛苦真要哭，真是他們無幸福，
一面要想肥點錢，廠主聽了气冲天，同胞就把工來罷，看你廠主怕不怕，
廠主兒想就開槍，死的死了傷的傷，這回死了廿三個，講到這裏真難過，
可憐我們中國人，遭他毒手送了身，上海工人聽見信，也來罷工來拚命，
這裏又是日本人，好像粗鐵釘了釘，他們手段真正辣，馬上又把人來殺，
學商各界都不平！大家出來把命拚，租界遊街并演說，說起日人了不得，
日人勾通英國人，禁止演說并遊行，那班學生定要講，英國捕房槍連響，
不分皂白和是非，打死一堆又一堆，打死人來不認錯，這回殺了十一個，
外帶傷的三百人，你看傷心不傷心，還有提去又不少，幾個班房關滿了，
講到這裏問大家，想必列位都很惱，殺的死了捕未釋，請記五月三十日，
此事一直到於今，政府交涉弄不清，中國政府本來弱，我們總總靠不着，
地平斗起風波，湖北同胞死幾多，這回又是英國人，九個一齊命歸陰，
他們越殺越有勁，想把我們都殺淨，誰傷沒有弟和兄，爺娘妻子并已身，
國家亡了身何託，要死不死沒快活，英日勢力本來強，殺淨我們好稱王，
講到這裏我要哭，大家還享甚麼福！我們捨死一齊來，他們也難出安排，
高底莫買外國貨，這个主意真不錯，大家莫替他做工，他的生意做不成，
英買米來把他吃，沒有米來會着急，請請大家憑良心，我們總是中國人，
莫說講的是扯白，這樣做去了不得，只要捨死不甘休，包你不做亡國奴！
同胞！同胞你快醒，這个事情很要緊，收起鼓來停了鑼，下回好唱得勝歌

湖南達材法專學生會雪恥委員會印發

湖南达材法专学生会雪耻会编印的《国耻莲花闹》

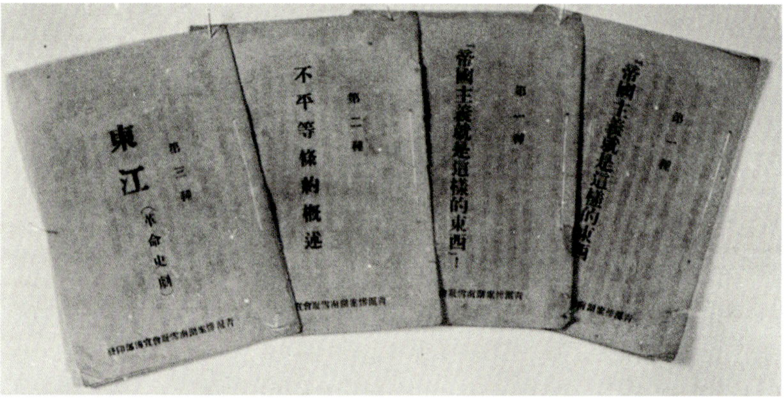

湖南雪耻会编印的《不平等条约概述》和《帝国主义就是这样的东西》等宣传小册子

1925年6月8日，衡阳数千名工人、学生在雁峰寺坪集会声讨帝国主义的侵华暴行。

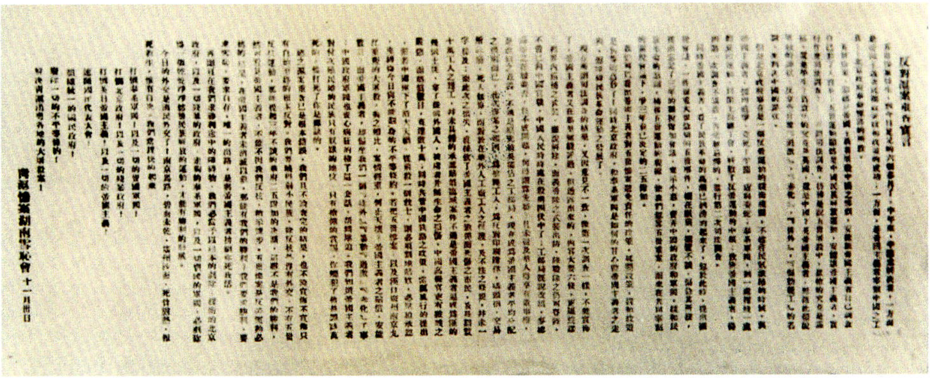

反對滬案重查宣言

青滬慘案湖南雪恥會　十一月卅日

1925年11月30日，青沪惨案湖南雪耻会发表《反对沪案重查宣言》，揭露帝国主义对沪案重查的目的是企图否认他们对中国人民犯下的罪行。

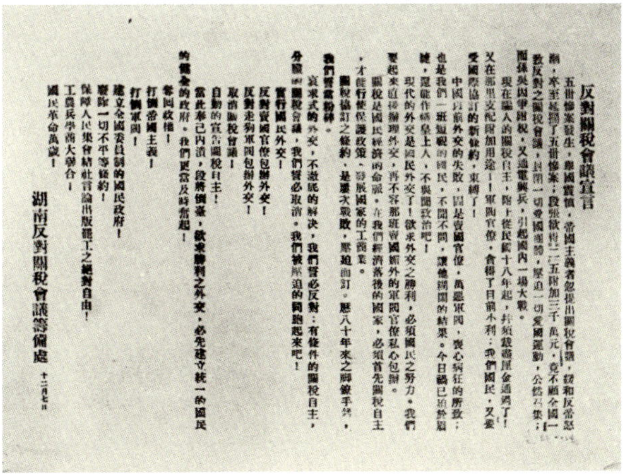

反對關稅會議宣言

實行國民外交！
反對賣國官僚包辦外交！
反對走狗軍閥包辦外交！
取消關稅會議！
自動的宣告關稅自主！
當此奉已內潰，段將倒臺，欲求勝利之外交，必先建立統一的國民的健全的政府。我們更當及時奮起！
奪回政權！
打倒帝國主義！
打倒軍閥！
建立全國委員制的國民政府！
廢除一切不平等條約！
保障人民集會結社言論出版罷工之絕對自由！
工農兵學商大聯合！
國民革命萬歲！

湖南反對關稅會議籌備處　十二月七日

1925年12月7日，湖南反对关税会议筹备处发表《反对关税会议宣言》，反对帝国主义威胁利诱下段祺瑞政府于1925年10月召开的关税会议，强烈要求中国关税自主。

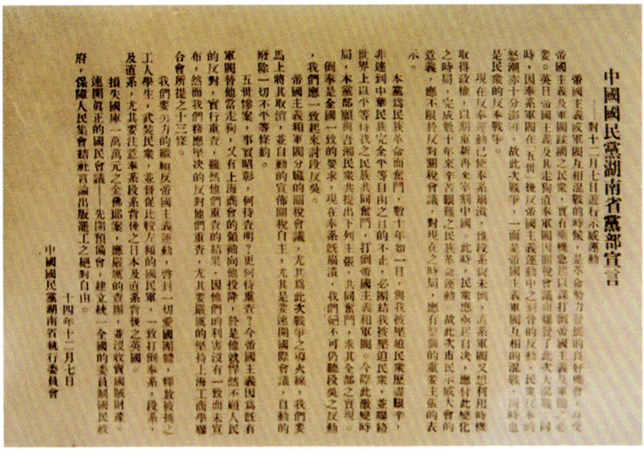

中國國民黨湖南省黨部宣言

——對十二月七日遊行示威運動

中國國民黨湖南省執行委員會　十四年十二月七日

1925 年 12 月 7 日，国民党湖南省党部为支持 12 月 7 日长沙人民反对关税会议的游行示威发表宣言，指出“帝国主义和军阀分赃的关税会议”必须马上取消，要实行关税自主并废除一切不平等条约。

1915年10月，湖南官府将大金码头租给日本戴生昌轮船公司，租期10年。但日商在租期满前与码头帮头勾结私订续约，引起省会人民的强烈抗议。1925年10月8日，省工团联合会组织湖南人民收回大金码头委员会，于12月17日将大金码头强行收回。图为当时的大金码头。

二、开展反吴驱赵斗争

自1921年9月赵恒惕与吴佩孚签订《岳州和约》以后，赵恒惕即为吴佩孚所控制。1925年10月，吴佩孚极力支持赵恒惕镇压湖南革命运动。为此，中共湖南区委提出了“反吴驱赵”的口号。在湖南人民强烈的倒赵声中，1926年3月11日，赵恒惕被迫辞去省长职务。倒赵斗争的胜利，动摇了北洋军阀控制湖南的基础，为北伐军进军湖南扫除了一大障碍。

1925年9月21日，汉冶萍公司总经理勾结湘、赣两省军阀，用武力解散安源煤矿工人俱乐部，开枪打伤工人多人，拘捕40多人。共产党员、俱乐部副主任黄静源（照）惨遭杀害。

反吳歌

編輯部編

想起傷心又傷心，吳佩孚與蕭耀南。
他們兩個壞傢伙，一心害我湖南人。
湖南百姓太可憐，乾完水患年復年。
年年只望收成好，望到頭來不得了！
幾人終日不勤勞？幾個勤勞得一飽？
去年更是大乾荒，滿山遍野皆枯草。
逃難逃荒大路邊，可憐叫苦聲連天，
凡是世間有心人，哪個聽了不可憐？
很毒只有吳和蕭，亂動干戈天理絕。
大批軍隊打湖南，三千萬人活不得！
吳是洋人一走狗，得了河南還不足，
糊糊塗塗動刀兵，不惜同胞當魚肉，
只圖一己好稱王，金滿箱來銀滿倉。
洋人更是大歡喜，好奪東方大市場。
大批軍械和鎗火，送把吳賊來幫忙。
吳賊有了靠背山，我們百姓更遭殃。
北方撲滅國民軍，回頭又要打湖湘。
湖南政變無多久，不肯向外結仇歸！

保境安民宗旨正，因此甘心讓岳州。
岳陽自古咽喉地，拖我咽喉陷我氣，
他還蠻武要攝威，解開戰爭同兄弟！
問他實力在何方？外人借款又助餉，
問他何敢犯我境？說我湖南民力盡。
諸位兄弟總分明，他們很毒不是人：
乘我湖南遭大旱，偏來借勢把人欺！
於今只有團結起，要圖挽救靠自己。
一經振作精神好，鼓舞起來本勇氣：
工人組織運輸隊，運向前線打接濟，
商人踴躍助軍餉，幫同政府救眉急，
講演遊行與募捐，學生更是要努力，
還有前線去慰勞，各湖弟兄能殺敵。
殺得敵人吳和蕭，三千萬人齊擬起，
大家好唱太平歌，大家安居又樂業。
切莫害怕租退縮，坐看身家受恥辱。
總要記得一句言，不犧牲個不還。

湖南民众编印的《反吴歌》

10月20日，中共湘区委组织人员将黄静源灵柩运抵长沙。傍晚，群众抬柩游行示威，沿途高呼“打倒帝国主义”、“打倒军阀”等口号。26日，长沙、安源、醴陵等地召开了追悼大会。图为长沙追悼大会场景。

1926年3月9日，中共湖南区委在长沙召开驱逐军阀赵恒惕、拥护国民革命的市民大会。

本省新聞

趙省長昨晨離省詳情

湖南工人嚮導

在湖南人民强烈的倒赵声中和唐生智来电威慑之下，1926 年 3 月 11 日，赵恒惕被迫辞去省长职务，于 13 日凌晨 2 时仓皇出走岳州。图为当时报纸的报道。

1926年5月30日出版的《湖南工人向导》指出：“唯有无产阶级，才是国民革命的领导者。”

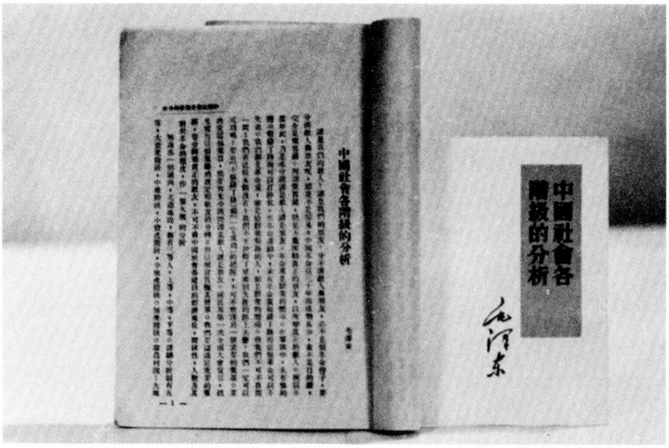

1926年12月1日出版的《革命》半月刊发表了毛泽东撰写的《中国社会各阶级的分析》，该文科学地回答了中国民主革命的对象、领导力量、同盟军和革命前途等一系列重大问题，对全省乃至全国的革命斗争起了重要的指导作用。

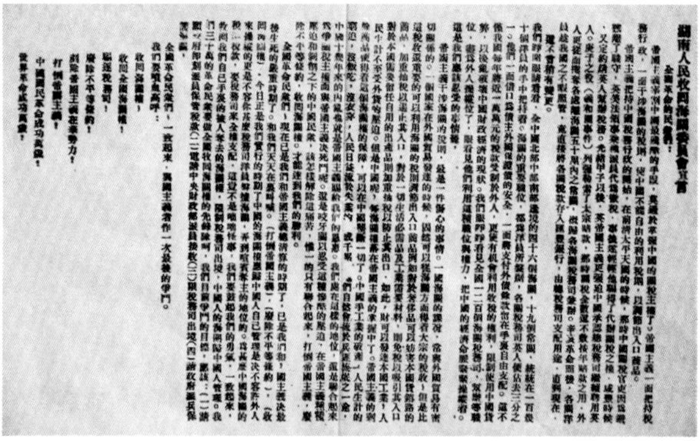

湖南人民收回海關委員會宣言

全國革命的民衆們：

……

全國革命民衆們，一致起來，與國主義者作一次最後的爭鬥。

我們要喊出高呼：

收回海關權！

收回全國海關權！

驅逐稅務司！

廢除不平等條約！

剷除帝國主義在華勢力！

打倒帝國主義！

中國國民革命成功萬歲！

世界革命成功萬歲！

湖南人民收回海关委员会在收回长沙海关后发表的宣言

1927年3月下旬，湖南的反英斗争发展为废除帝国主义在湘特权。4月6日组织湖南人民收回海关委员会，并于当日收回长沙海关，4月10日又收回岳州海关。图为长沙水陆洲上的海关大楼。

第三节　北伐在湖南的胜利推进

湖南是北伐战争的主要战场之一。1926 年 3 月赵恒惕被逐离湘，唐生智以内务司长代行省长职权。4 月，吴佩孚打着“讨粤讨赤”旗号，任命叶开鑫为“讨贼联军”湘军总司令，率部向唐生智进攻，随后又组织多路“援湘军”入湘攻唐。唐生智腹背受敌，退往衡山、衡阳一线，并向广州国民政府表示愿加入国民革命而做北伐先驱，请求迅速出兵。5 月中旬至 6 月初，进入湖南的北伐军先遣队与唐生智部协同作战，在衡山、衡阳和安仁、攸县与敌激战，揭开了北伐战争的序幕。在中国共产党和全国人民的推动下，6 月 5 日，国民党中央通过出师北伐案，7 月 1 日发布北伐动员令，4 日发表出师北伐宣言。国民革命军 8 个军 12 万余人分兵三路北伐，第四、七、八军约 9 万人，担任两湖战场的作战任务。7 月 5 日，第四、七、八军发起涟水、渌水战役，在湖南农民、工人的协助下，连克醴陵、湘潭、株洲，于 11 日进占长沙城。7 至 8 月间，贺龙等部在湘西参加北伐，开辟了湘鄂西战场。8 月 12 日，国民革命军总部在长沙召开军事会议，制定了“乘胜直捣武汉，然后分兵北取中原，东定沪宁”的作战方针。8 月 19 日，北伐军发起汨罗江战役，在长沙和沿途工会、农民协会的密切配合下，势如破竹，当日克平江，22 日克岳阳。汨罗江会战告捷，使湖南成为北伐军的可靠后方，为夺取武汉和开辟江西战场奠定了稳固的基础。

一、叶挺率独立团入湘作战

为了支援唐生智抵御吴佩孚、叶开鑫联军向湖南的疯狂进攻，保卫广东根据地的安全，1926 年 5 月，广州国民政府派遣国民革命军第七军的第八旅和第四军的叶挺独立团，作为北伐军先遣队，首途入湘援唐，与唐生智第八军会合，5 月上旬至 6 月初，北伐军先后发起衡山、衡阳和安仁、攸县战役，揭开了北伐战争的序幕。

叶挺，广东省惠阳县人。国民革命军第四军独立团团长。1926年5月率独立团入湘作战，在攸县、醴陵之战中，指挥沉着，英武果断。图为北伐时的叶挺。

叶挺独立团在挖战壕

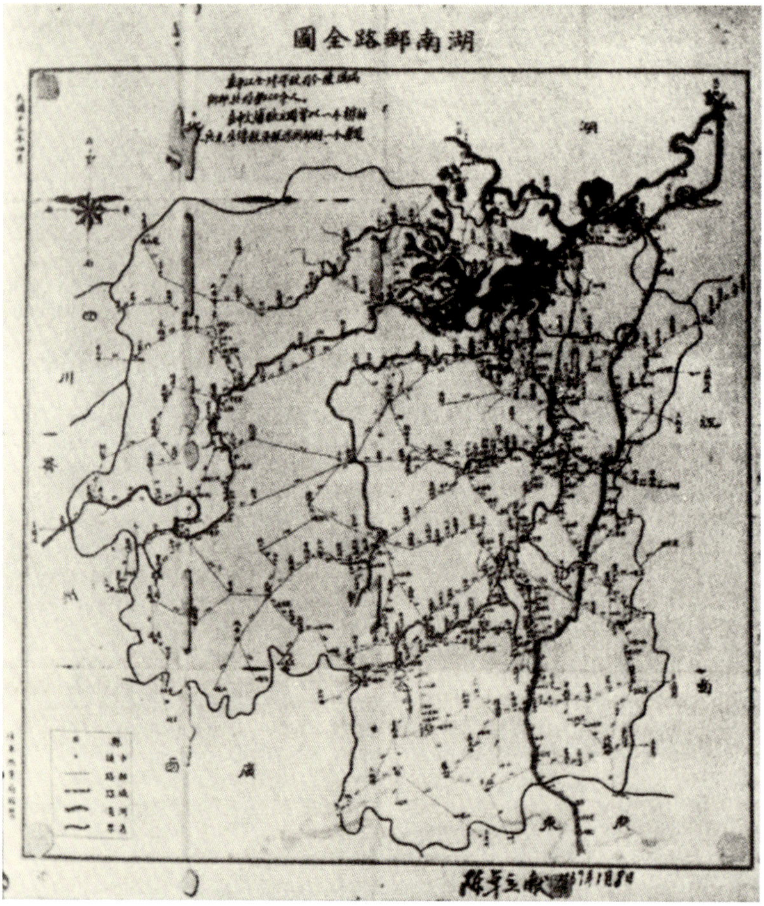

北伐中叶挺独立团使用过的湖南邮路全图

由叶挺率领的独立团在北伐战争中英勇善战，所向披靡，屡建奇功，从而为第四军赢得了“铁军”的称号，叶挺也被人们誉为“北伐名将”。图为某一战斗结束时，叶挺独立团在收缴敌人的武器。

二、北伐军占领长沙

1926 年 7 月 11 日，第八军李品仙师率先进占长沙。长沙的克复，标志着北洋军阀在湖南统治的崩溃和北伐第一期作战任务的完成，极大地鼓舞了革命军民的斗志，为第二期北伐的胜利进军奠定了坚实的基础。

唐生智，湖南东安县人。保定军校毕业。曾参加讨袁护国战争。后入湘军，递升至师长。1926年6月2日，唐生智在衡阳就任国民政府委任的国民革命军第八军军长兼前敌中路总指挥职。图为1923年在湖南陆军讲武堂时的唐生智。

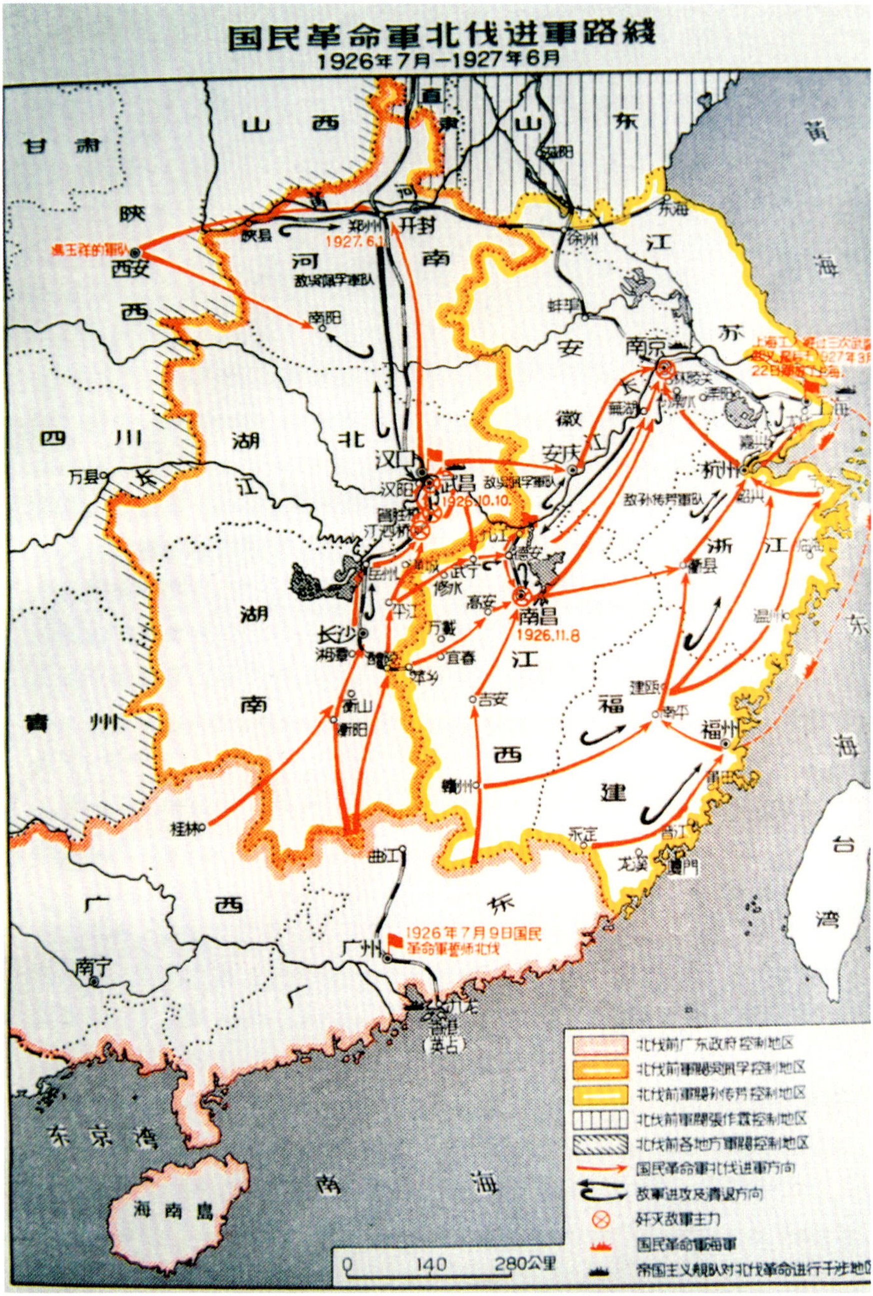

1926年7月9日，国民革命军在广州誓师北伐。第一路进攻湘、鄂；第二路入赣再分兵江、浙；第三路进军闽、浙。图为1926年7月至1927年6月国民革命军北伐进军路线略图。

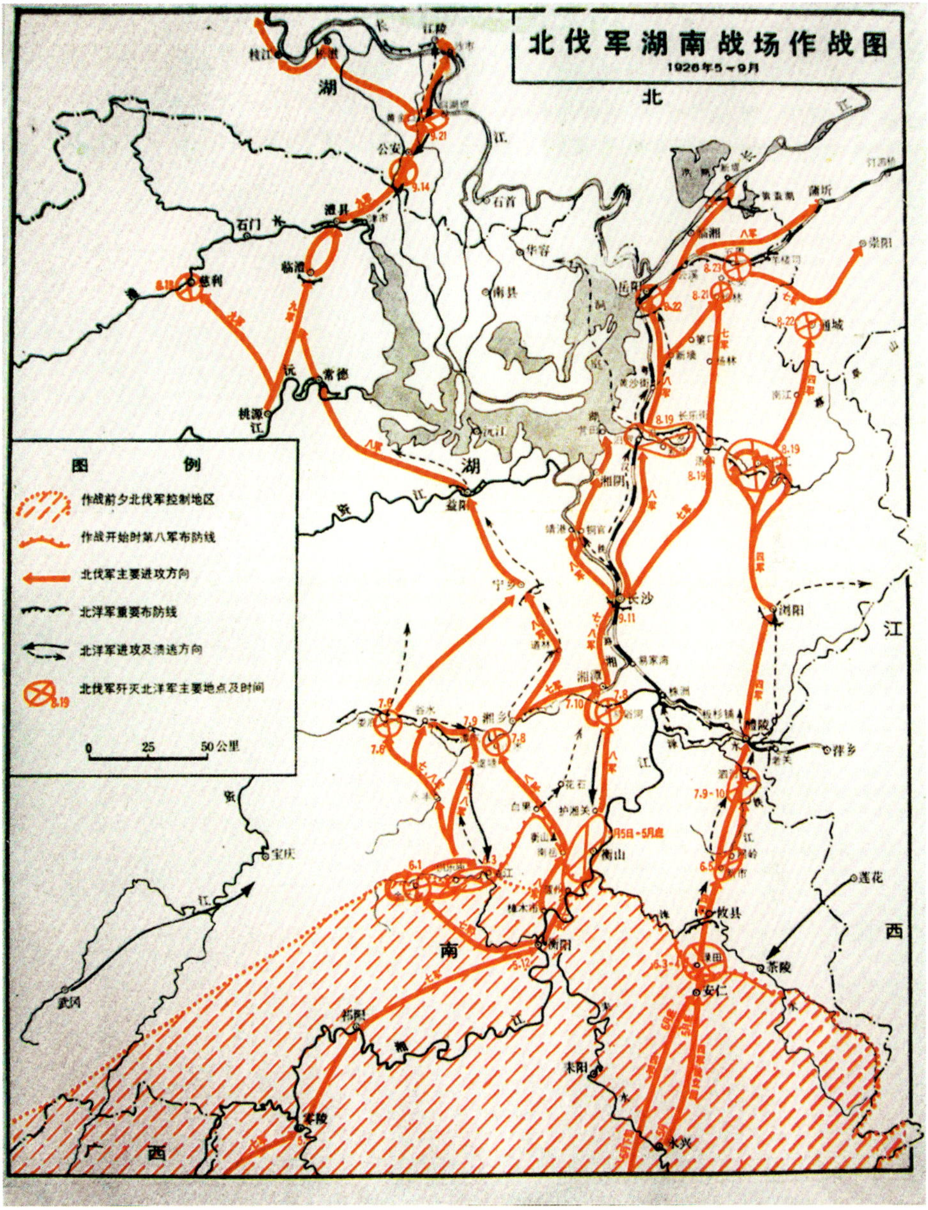

在湖南战场作战的为国民革命军第四、七、八军，分为左、中、右三路，右路军主要由第四军组成，中路军主要由第八军组成，左路军由第八军和第七军各一部组成。8月上旬，归附国民政府被改编为国民革命军的第九军担负湖南左翼战场的作战任务。

北伐军乘粤汉路火车进入湖南境内

国民革命军第四军政治部印制的标语

国民革命军第七军军长李宗仁（照），受国民政府命于1926年7月初与唐生智等人组成北伐军前敌总指挥部，所部第七军从左路、中路向长沙攻击。李于7月17日抵长沙。

在北伐军向长沙进逼之时，省工团联合会收缴敌军枪支，组成1000余人的工人保安队肃清城内残敌。7月11日，第八军李品仙师在长沙工人、学生、市民的支持下，首先进入长沙。

1926年7月11日，北伐军进入长沙，受到群众热烈欢迎。

三、工农群众积极支援北伐

湖南人民，尤其是工农群众，以宣传、慰劳、救护、侦探、运输和直接参战等多种形式支援北伐军，为北伐在湖南的胜利作出了巨大的贡献。1926年7月16日，在长沙各界欢迎北伐军的大会上，李宗仁、唐生智均指出：此次革命军能以少胜多，“实是民众援助，人民与革命军合作的硕果”。

北伐军攻占长沙后，国民党湖南省党部妇女部和女界联合会欢迎第七军政治部女宣传队员时合影。

湖南人民以宣传、慰劳、救护、侦探、运输等多种形式或直接参战支援北伐军（画照）。

工人參戰之一斑

湖南農民之參加北伐戰爭

華容農民參戰詳情

湖南工农参战的消息报道

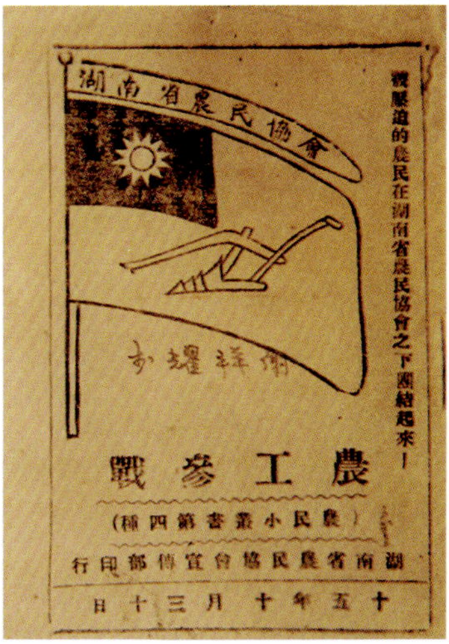

省农协宣传部编印的《农工参战》宣传小册子

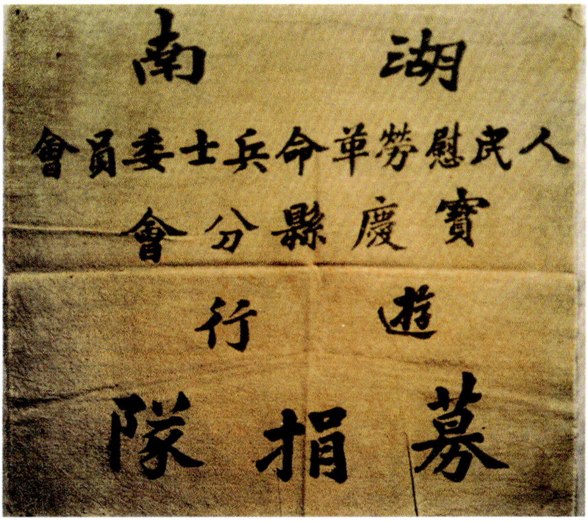

发动募捐支援北伐军，是湖南人民积极支援北伐战争的行动之一。图为宝庆县群众募捐时使用过的旗帜。

1926年7月，国民革命军独立二十师师长廖湘芸北伐离乡时与家乡安化平民工读夜校欢送师生的合影。

农民协会给北伐军送茶水用过的木桶

农民协会给北伐军送茶水用过的碗

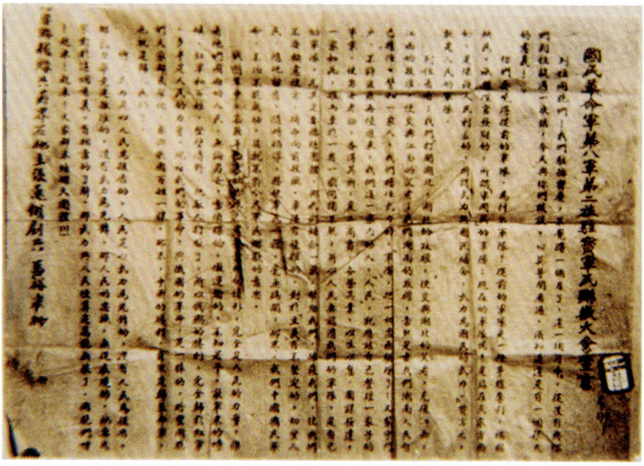

驻宝庆（今邵阳）的国民革命军第八军第二旅与民众召开联欢大会时发布的宣言

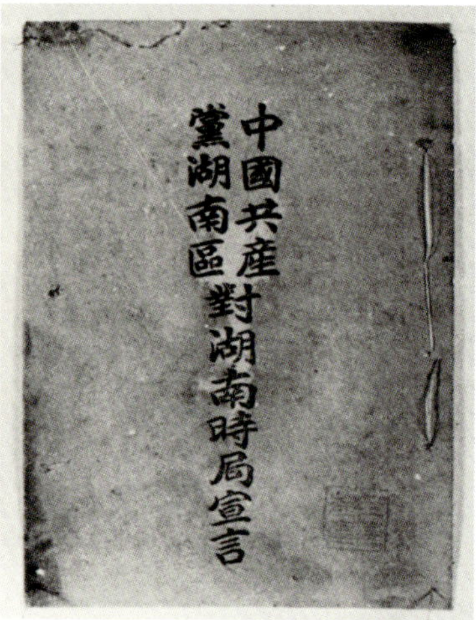

中國共產黨湖南區對湖南時局宣言

1926年8月6日和18日，中共湖南区委连续两次发表宣言，要求新成立的湖南省政府维护民众的政治自由和经济利益，同时号召民众联合起来支援北伐战争。

四、长沙决策与北伐军长驱入鄂

1926年8月12日晚，北伐军总司令部在长沙召开军事会议，制定了“乘胜直捣武汉，然后分兵北取中原，东定沪宁”的作战方针。会议确定中央军由唐生智任总指挥，由湖南直捣武汉。

按照长沙军事会议的布置，北伐军于8月19日向敌人发动总攻击，第四、七、八军于19日攻克平江，22日攻克岳阳，继而进军鄂南。图为北伐军从长沙出发北进之情形。

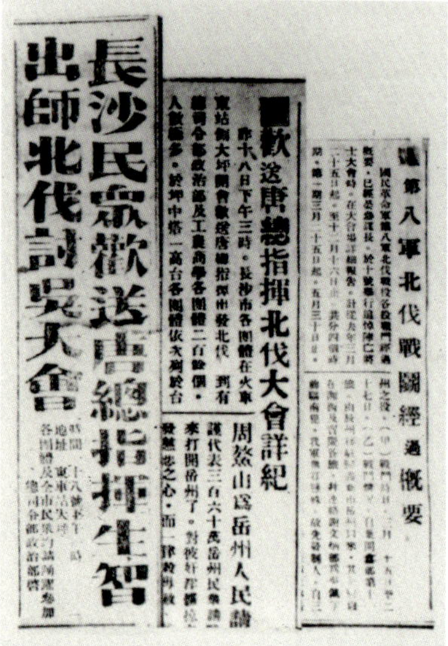

長沙民衆歡送唐總指揮生智出師北伐討吳大會

歡送唐總指揮北伐大會詳紀

第八軍北伐戰鬬經過概要

8月18日长沙民众召开大会欢送唐生智出师北伐武汉的消息报道

1926年8月上旬，在湘黔边境归附国民政府的地方武装被改编为国民革命军的第九、十两军，开辟了北伐进军中的左翼战场(又称湘鄂西战场)。贺龙任第九军第一师师长，该师有兵力两万余人、枪一万多支，是北伐军左翼战场上最有战斗力的部队。图为1925年贺龙任澧州镇守使时的照片。

1926年8月28日，北伐军总政治部主任邓演达偕总政治部人员在岳阳楼前摄影留念。

国民党湖南省党部办公楼

中國國民黨湖南省黨部
第二次全省代表大會宣言
及決議案

中國國民黨湖南省黨部
第二次全省代表大會秘書處印行
中華民國十五年十月

8月16日至9月5日，国民党湖南省党部第二次全省代表大会在长沙召开。图为大会发表的宣言，号召全省人民把支援北伐作为最大的政治任务来完成。

北伐时期宝庆第十区雍团公民联欢大会合影。前排左四为宝庆县农民协会特派员胡典。

1927 年 5 月，蒋先云任七十七团团长兼党代表，在攻打河南临颍战斗中英勇牺牲。图为蒋先云灵柩运回湖南时的情景。

蒋先云，湖南新田县人，1921 年底加入中国共产党，1924 年入黄埔军校第一期学习，是著名的黄埔三杰之一。北伐开始，他受党的委派任北伐军总司令部机要秘书，兼任补充第五团团长，随军进入湖南。

1927 年 1 月 1 日，湘潭县南一区九、十两甲人民和北伐军士兵共同庆祝北伐胜利大会摄影。

长沙市岳麓山北伐阵亡将士纪念塔，系国民革命军第八军军长唐生智为纪念北伐战争中阵亡将士而修建的。

第四节　蓬勃发展的工青妇运动

国民革命时期，湖南是工人运动蓬勃发展的省份之一。国共合作在湖南的形成，推动了湖南工人运动的发展。北伐军入湘后，工会迅速发展，工人运动出现高潮。1926年12月，省总工会召开全省第一次工人代表大会，会员人数激增。在湖南人民反帝反封建的斗争中，工人阶级不仅发挥出先锋队的作用，而且与农民、学生、市民建立了紧密的联盟，充当了国民革命的主力军。这一时期，湖南的青年运动和妇女运动也有了很大发展。

一、工人运动的大发展

国共合作在湖南的形成，推动了湖南工人运动的发展。北伐军入湘后，工会迅速发展，1926年8月26日，湖南全省工团联合会改组为湖南全省总工会，会员发展到11万人。1926年12月，省总工会召开全省第一次工人代表大会时，会员接近33万人，次年4月猛增至50万人。工人运动的蓬勃发展，极大地推动了全省国民革命运动的不断深入。

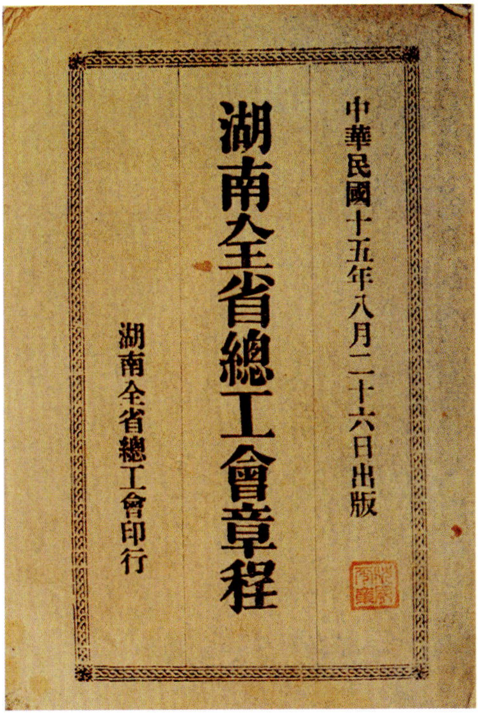

1926年7月30日，中共湖南区委推动湖南省政府建设厅颁布了国民政府制定的新工会条例，使工会的发展得到法律的保障。此为8月26日印行的《湖南全省总工会章程》。

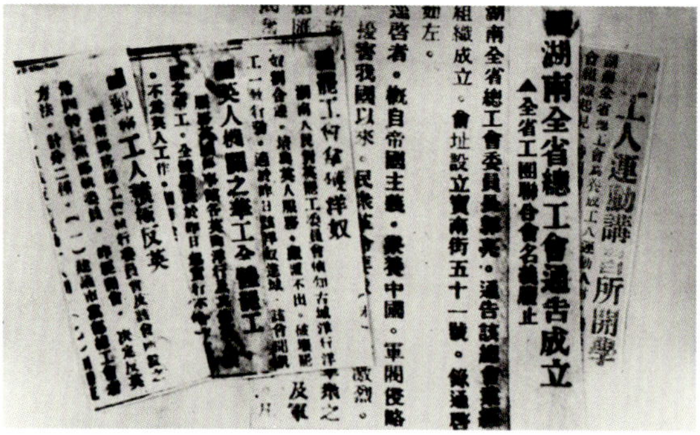

1924年，省工团联合会所属工会由原来的15个发展到32个，工会会员由3万人增加到4万多人。1926年8月26日，湖南全省工团联合会改组为湖南全省总工会，会址设于宝南街51号，会员发展到11万人。图为关于湖南工运的各种报道。

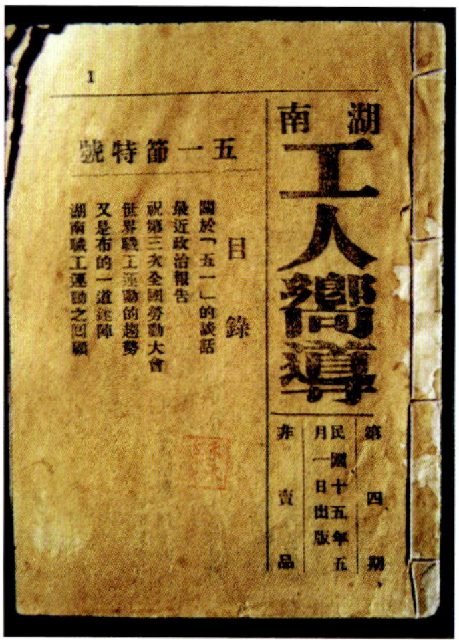

《湖南工人向导》第四期

7至8月，衡阳、资兴、宜章、浏阳、湘阴等县工会，岳州总工会等筹组成立。至11月15日，全省有各地方工会及产业工会52处。图为衡阳总工会第一届全体职员合影。

1926年9月5日，由湖南全省总工会印行的《湖南工人》画刊第三期。

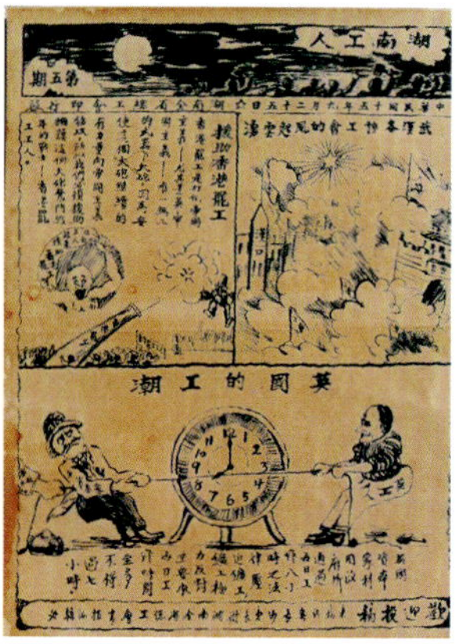

1926年9月25日，由湖南全省总工会印行的《湖南工人》画刊第五期。

汝城县总工会发给石印业工人邓光明的入会证书

为检阅工运力量，总结经验，制定工会工作方针，1926年12月1日至27日，省总工会在长沙召开第一次全省工人代表大会。图为大会作出的决议案。

湖南全省第一次工人代表大会选举郭亮为全省总工会委员长

湖南全省总工会证章

各种形状的工会证章

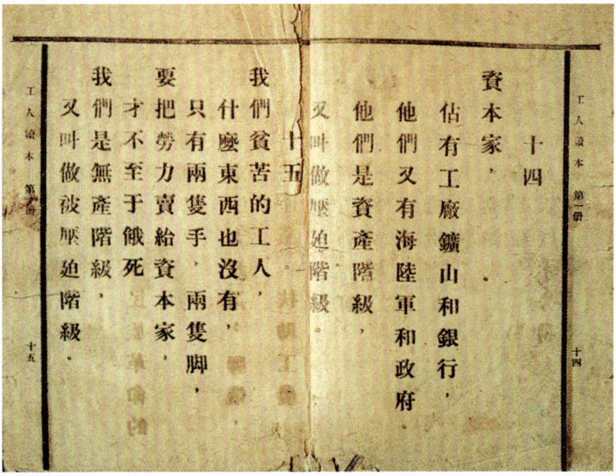

工人读本 第一册

十四

資本家，
佔有工廠鑛山和銀行，
他們又有海陸軍和政府。
他們是資產階級，
又叫做壓迫階級。

十四

工人读本 第一册

十五

我們貧苦的工人，
什麼東西也沒有，
只有兩隻手，兩隻脚，
要把勞力賣給資本家，
才不至于餓死，
我們是無產階級，
又叫做被壓迫階級。

十五

1927年3月，全省75县中有60余县成立了县总工会或筹备处，会员40万人。为加强对工人的宣传教育，省总工会兴办工人学校9所，学生919人。此为《工人读本》第一册。

二、青年、妇女、商民运动的发展

在工农运动迅速发展的同时，全省的青年、妇女和商民运动也有了很大发展。1926 年 10 月，全省青年团员发展到 2291 人，建立了长沙、衡山等 9 个团的地委和临澧、澧县、锡矿山等 42 个特支。学联组织在半年之内发展到 30 多县。同年 12 月底，湖南省第一次妇女代表大会在长沙召开，57 县 141 名代表出席会议。1927 年 4 月下旬，长沙召开了全市商民第一次代表大会。

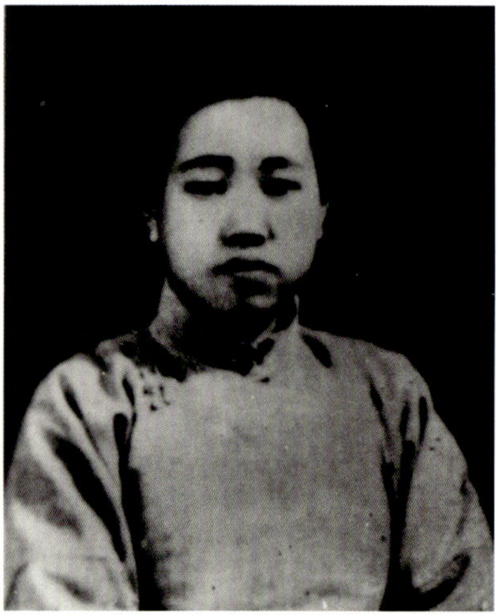

中共湖南区委重视妇女工作，在区委内设有妇女运动委员会，缪伯英为书记。缪伯英，长沙县人。五四时期就读于北京女子高等师范学校，1920年加入北京大学马克思学说研究会，同年秋加入中国社会主义青年团。11月加入北京共产党早期组织，成为中国共产党内第一位女党员。1923年任中共北方区委妇女部部长，1924年被派回湖南工作。

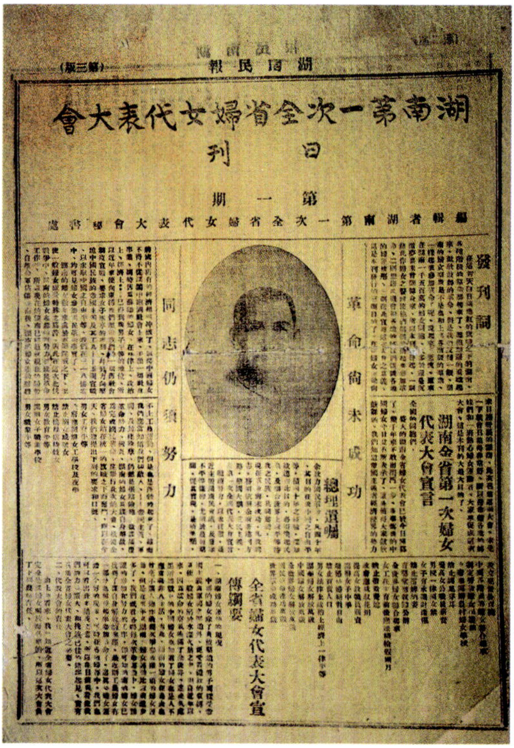

湖南民報 (第三版)

湖南第一次全省婦女代表大會日刊

第一期

編輯者 湖南第一次全省婦女代表大會秘書處

發刊詞

革命尚未成功 同志仍須努力

總理遺囑

湖南全省第一次婦女代表大會宣言

全省婦女代表大會宣傳綱要

1926 年 12 月 28 日至 1927 年 1 月 3 日，湖南省第一次妇女代表大会在长沙召开，57 县 141 名代表出席会议。图为《湖南民报》刊出的大会会刊第一期。

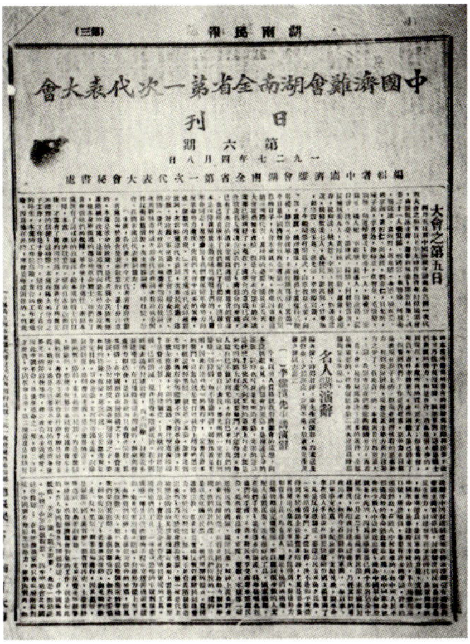

湖南民報

中國濟難會湖南全省第一次代表大會

日刊

第六期

一九二七年四月八日

編輯者中國濟難會湖南全省第一次代表大會秘書處

大會之第五日

名人講演辭

1927年4月初，“中国济难会湖南全省第一次代表大会”在长沙召开，中共湖南区委书记李维汉到会并作了演讲。图为1927年4月8日《湖南民报》刊载的大会日刊第六期。

1927年5月出版的《湖南商民》第一期

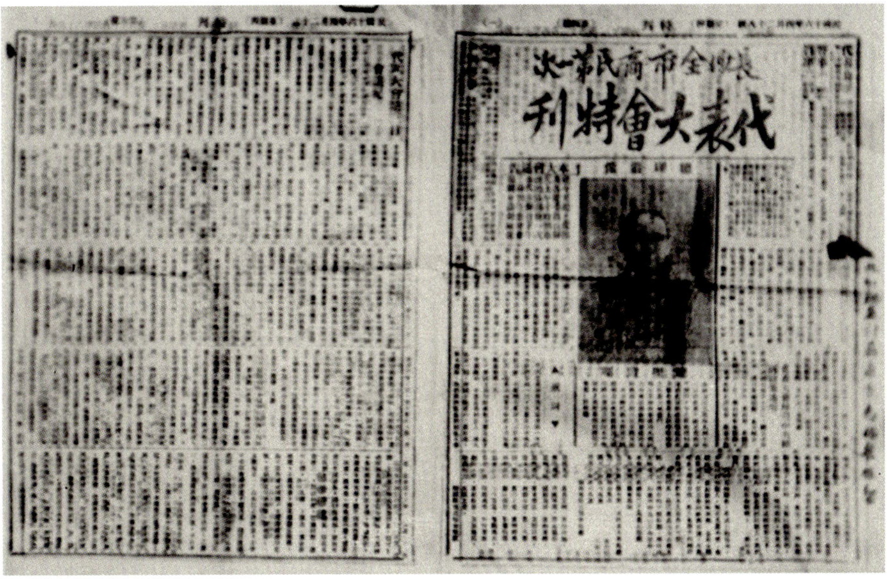

長沙全市商民第一次代表大會特刊

1927年4月下旬，长沙召开了全市商民第一次代表大会。图为4月28日报纸刊出的代表大会特刊。

第五节　轰轰烈烈的农民运动

国民革命时期的湖南农民运动（以下简称“农运”），其发展之快速，规模之广大，运动之猛烈，影响之深远，堪称全国之冠。北伐军入湘之前，湖南已有秘密农协会员20万。北伐军入湘后，农民运动由秘密走向公开，9月，会员增加至40万人；11月，全省75县已有59县建立农会组织，会员136.7万。1927年6月，会员达600万，占全国农协会员人数的一半以上。直接领导的群众有一千多万人，占全省农民的一半。1926年10月以后，湖南广大农民在向土豪劣绅和不法地主进行政治、经济斗争的同时，还对各种宗法制度进行了猛烈的冲击，打菩萨、铲除迷信，成立女界联合会，提倡男女平等，反对买卖婚姻、蓄童养媳，使农民运动成为政治斗争和思想斗争紧密结合的革命运动，极大地冲击了封建政权、族权、夫权的封建宗法思想制度。农民协会还积极进行文化和经济建设，使农村涌现出许多前所未有的新气象。12月全省第一次农民代表大会和1927年初毛泽东考察湖南农民运动后，湖南农民运动进入了镇压反革命，扩大农民武装，开始没收地主土地，筹建区乡民主自治政权的新阶段。

一、农运发生的历史背景

20世纪20年代，湖南农民深受帝国主义和封建主义的双重压迫。地方豪绅有封建政权撑腰，对农民进行残酷的剥削和压迫。湖南农村75%的土地掌握在地主阶级手中，佃农在农村户口中占69.9%，地租为东六佃四或东七佃三。遇上水涝旱灾，饿殍遍野，广大农民命运极为悲惨。推翻帝国主义和封建主义的压迫与剥削，成为处在水深火热之中的湖南农民最迫切的要求。

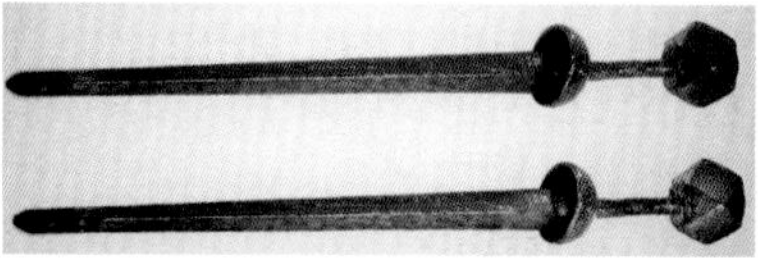

祁阳县西江乡恶霸地主杨修吾与其父两代曾用这两根铁锏催租逼债，打死打伤农民90多人。

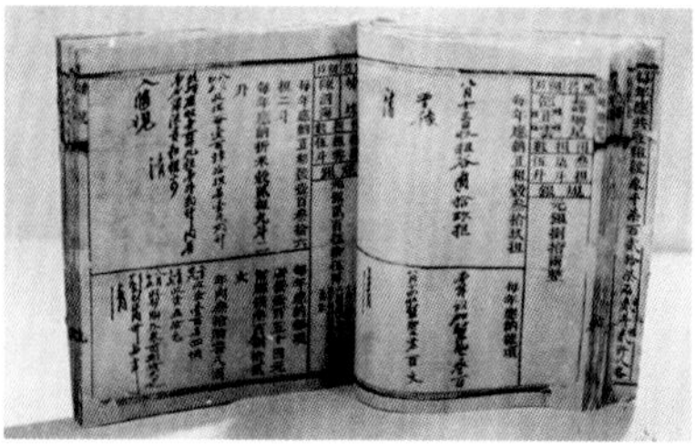

长沙大地主唐建中家的收租簿，右侧页口载明每年收租谷3727石2斗2升8合。

图为汝城县大地主胡凤璋的大小斗桶。借出谷米时用小斗，收进时用大斗。

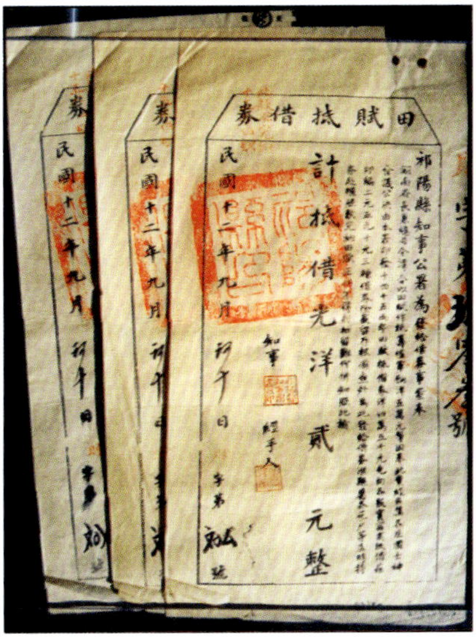

湖南从1917年开始田赋预征。郴县在1924年已预征到1930年。图为祁阳县民国12年（1923）预征民国15年（1926）的田赋抵借券。

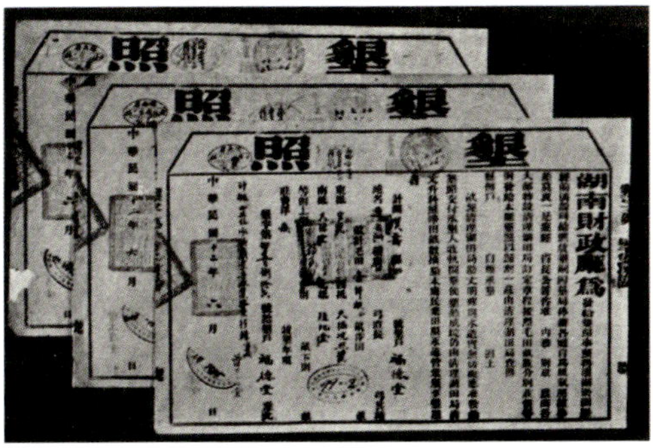

地主与官僚相互勾结起来，大肆强夺农民土地。汉寿县大恶霸地主、“洲土大王”曾伟九，仅1923年6月，就从湖南财政厅一次取得“垦照”22张，将农民开垦的2214亩3分湖田霸为己有。

地主用沉重的地租压得农民伸不起腰（画照）

1906、1909、1911、1918、1921、1922年，湖南接连不断地发生大水灾或大旱灾，每次灾民少则上百万，多则达六七百万，饿殍遍野，死伤者尤以农民为多。图为1924年宝庆水灾情形。

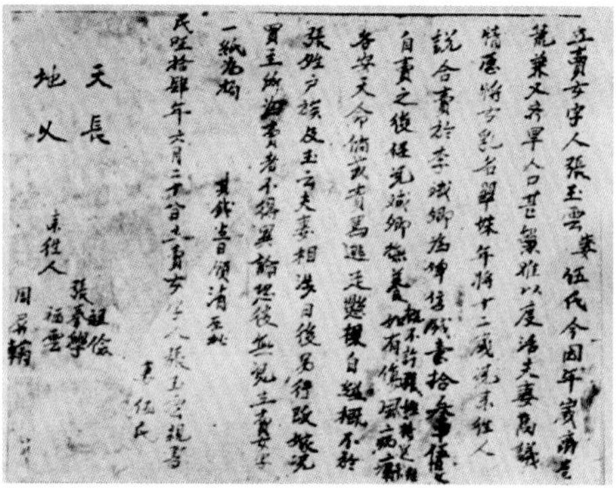

1925年6月因干旱饥荒，隆回县农民张玉云夫妇无奈将12岁的女儿翠妹卖给地主李斌卿为婢。卖身契载明：倘若因买主责骂，翠妹“悬梁自尽，概不与张姓户族及玉云夫妻相涉”。

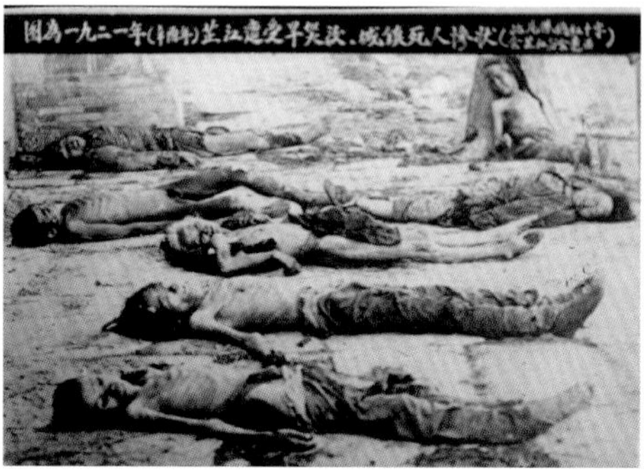

1920年湖南在兵灾之后又遭歉收，致使1921年上半年饥荒蔓延到30余县，饥民多达六七百万，各县死者数以千计，湘西一带饿死者尤多。图为芷江饿死者之惨状。

1921年红十字会芷江分会派人掩埋饿死者

二、农运的兴起

湖南农运的开展，最早始于1923年9月16日“湖南衡山岳北农工会”的成立。1925年2月，毛泽东从上海回到韶山秘密开展农运。1925年5月，共产党员汪先宗领导建立湘潭县东一区八叠乡农民协会。在湖南国共合作的推动下，到1926年4月，全省秘密或半公开的农会组织已发展到20多县，成立县农会的有9县。到7月初，有组织的农民达20万人之多。

1923年春，常宁水口山铅锌矿工人、共产党员刘东轩和谢怀德受中共党组织的指示和水口山工人俱乐部的委派，回家乡衡山白果秘密开展农民运动。9月16日成立了湖南最早的农民协会“湖南衡山岳北农工会”，开启了湖南农运的先声。图为岳北农工会旧址捷三公祠。

岳北农工会成立时，选举37名执行委员，刘东轩（前排左一）为主任，谢怀德（后排左一）为副主任。图为农工会部分领导人合影。

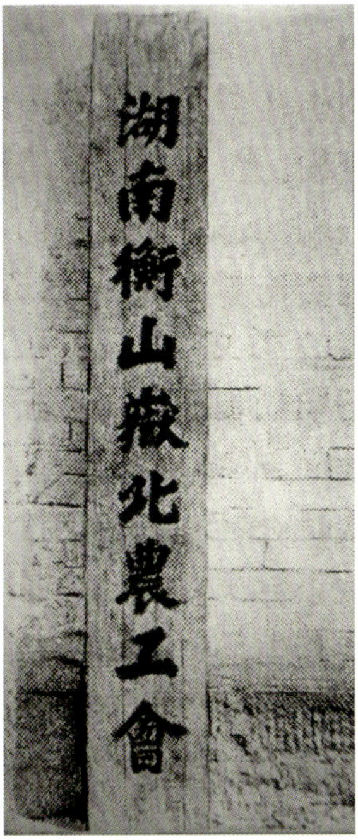

“湖南衡山岳北农工会”会牌

1925 年 2 月，毛泽东从上海回到韶山。他用走亲访友等方式，广泛接触农民、进步知识分子和一部分开明士绅，了解农村政治、经济状况，为开展农运作思想准备。（画照，作者陈子云）

毛震公祠为毛氏支祠之一。毛泽东在韶山开展农民运动时，将该祠作为重要活动场所，并在此开办农民夜校，还经常在此召开会议。

在思想发动的基础上，毛泽东依靠毛福轩、毛新枚、李耿侯、庞叔侃等积极分子创办农民夜校。图为毛泽东创办的韶山第一所农民夜校旧址——庞氏祠堂。

1925年初，杨开慧随毛泽东回韶山居住。她是农民夜校的教员之一，她生动的讲课很受农民的欢迎。

在农民夜校，有的教员从“手”和“脚”讲到阶级压迫和剥削的社会制度，从妇女缠足讲到“三纲五常”等的吃人本质。这种深入浅出的讲授，使农民深受启发，政治觉悟迅速提高。（画照）

毛泽东在韶山建立的第一个秘密农协旧址——郭氏支祠

五卅惨案发生后，毛泽东立即以“打倒列强，洗雪国耻”为口号，以秘密农协为中心，在湘潭西二区上、下七都等处建立了公开的爱国反帝群众组织——雪耻会。图为毛泽东在筹划组织雪耻会。（画照）

7月初，中共韶山支部领导农民向成胥生等大地主开展了平粜阻禁斗争，使农民顺利地渡过夏荒。（画照）

1925年6月的一个夜晚，毛泽东在自己卧室的楼上，亲自主持了毛新枚、李耿侯、钟志申、庞叔侃四位农运积极分子的入党仪式，正式建立中共韶山支部，由毛福轩担任支部书记。（画照）

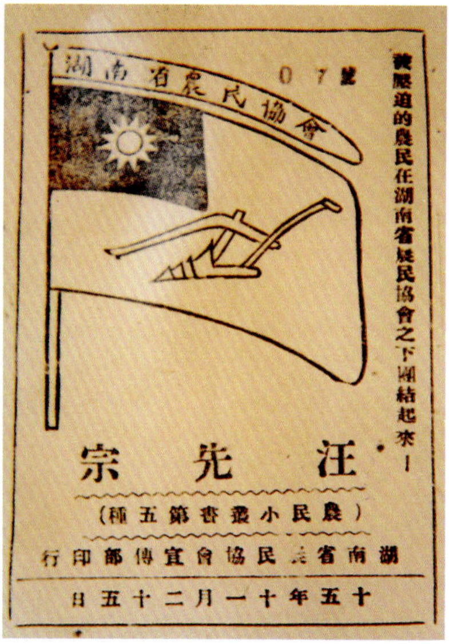

1925年5月，湘潭县东一区八叠乡（今属株洲市郊区曲尺乡）农民协会正式成立，共产党员汪先宗任总干事。乡农协领导农民开展了平粜谷米和减租减息等经济斗争。图为省农协出版的“农民小丛书”《汪先宗》。

8月底，由于赵恒惕政府派兵追捕，毛泽东离开韶山去广州。11月，毛泽东来信，建议把秘密农协变为公开的农协。随后，韶山地区先后成立乡农协30多处，会员8200多人。此为湘潭西二区第四乡农民协会会牌。

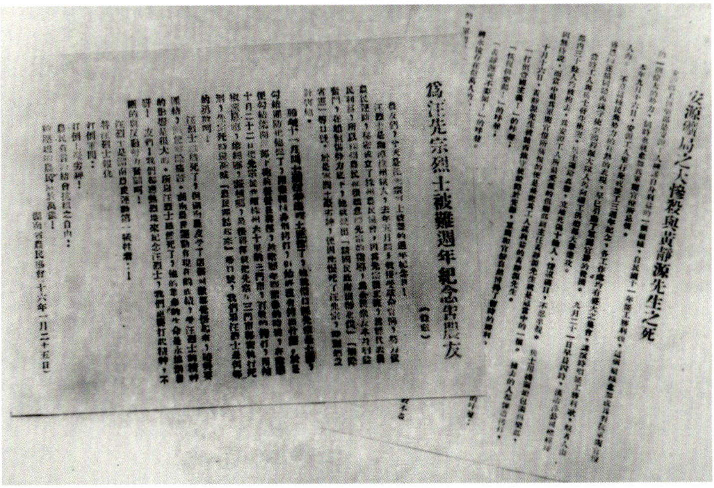
為汪先宗烈士被難週年紀念告農友

安源礦局之大慘殺與黃靜源先生之死

1926 年 2 月 4 日，汪先宗被当地土豪汪孝逵勾结军阀叶开鑫部营长蒋经杀害。汪先宗是湖南省牺牲的第一位农民运动领袖。图为湖南省农民协会发表的为汪先宗烈士被难周年纪念告农友书。

三、北伐时期农运的大发展

北伐军占领湖南后，给湖南农运的大发展营造了有利的环境。9 月，省农协筹备处成立，全省农协会员达 40 万人。至 11 月，全省 75 县和 2 个特别区，已建立县农协或筹备处的有 59 处，会员 136 万余人，直接领导的群众在 600 万以上。12 月下旬，湖南省农民协会正式成立。在各级农协的领导下，广大农民从政治、经济、文化等各个方面，向土豪劣绅和不法地主展开猛烈的斗争，掀起了暴风骤雨般的农村大革命。

1925 年 8 月底，毛泽东由韶山到达广州，1926 年 1 月担任广州农民运动讲习所所长，并负责讲授“中国农民问题”、“农村教育”和“地理”三门课程。图为毛泽东在给学员讲课。（画照）

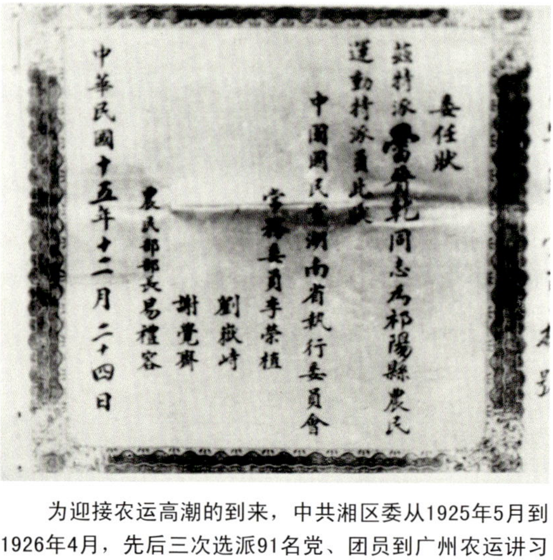

委任狀

茲特派雷晉乾同志爲祁陽縣農民運動特派員此狀

中國國民黨湖南省執行委員會

常務委員李榮植

劉岳峙

謝覺哉

農民部部長易禮容

中華民國十五年十二月二十四日

为迎接农运高潮的到来，中共湘区委从1925年5月到1926年4月，先后三次选派91名党、团员到广州农运讲习所学习。图为学员雷晋乾回湘后被省党部委任为祁阳县农运特派员的委任状。

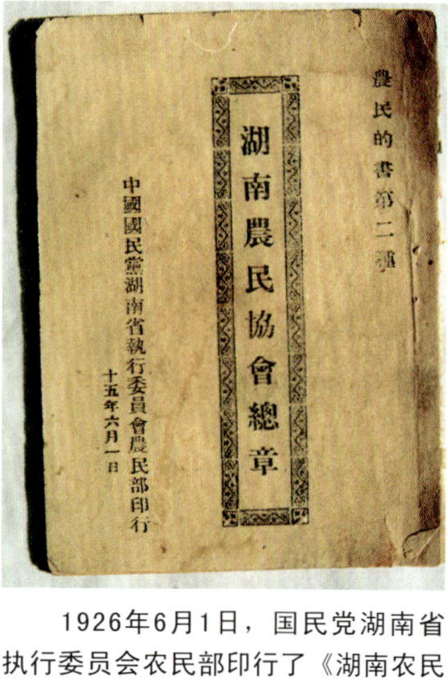

1926年6月1日，国民党湖南省执行委员会农民部印行了《湖南农民协会总章》，以作为全省各级农民协会建立的章程。

王首道参加广州农运讲习所第六届的学习，回湘后被派往祁阳开展农运和中共党的工作。图为1926年王首道（右）、雷晋乾（中）与祁阳国民党左派领导人之一的蒋毓华（左）合影。

汝城县工农运动领导人朱青勋、李涛合影。朱青勋(右)，由国民党湖南省党部农民部派往汝城县任农运特派员。李涛(左)，汝城县人，1926年春加入中国共产党，参加北伐，1926年冬任汝城县工运特派员，1927年春任汝城县总工会委员长兼纠察队长。

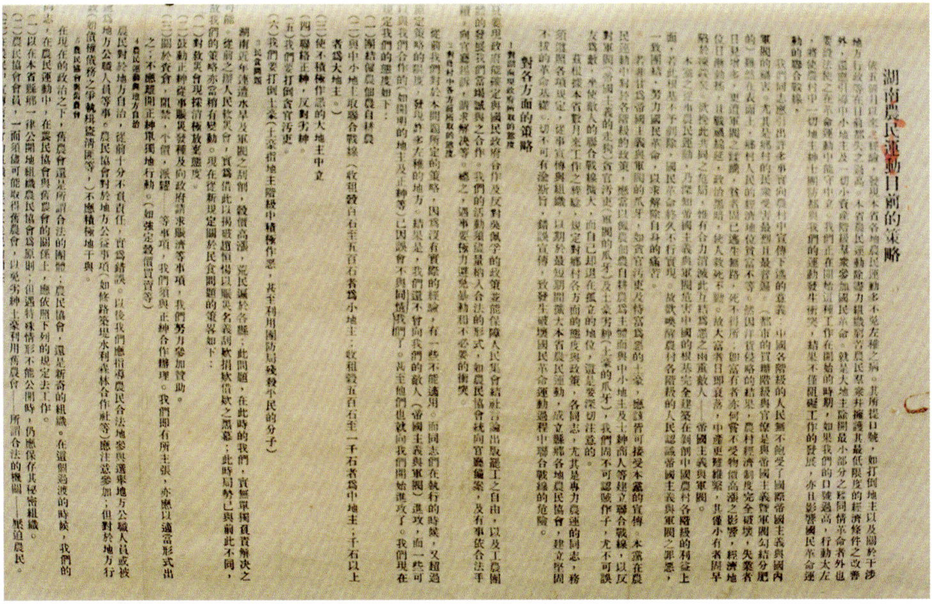

湖南農民運動目前的策略

對各方面的策略

（一）團結農民個農自耕農

（二）與中小地主取聯合戰線

（三）使不積極作惡的大地主中立

（四）聯絡正紳，反對劣紳

（五）我們要打倒貪官污吏

（六）我們要打倒土豪

1926年5月，国民党湖南省党部农民部颁布的《湖南农民运动目前的策略》，提出在农运开始的时候要特别注重农村中以贫苦农民为主体的各阶级的联合战线，以利国民革命的顺利发展。

1926年6月10日，衡阳县农民协会成立，这是大革命时期湖南第二个县级农民协会。

入會須知

湖南省農民協會頒佈

服從農協命令
遵守農協紀律
按章繳納月費
擁護多數議決
不分地方界限
不分姓氏差別
不得藉會營私
私鬥尤須禁絕
凡屬本會會友
務須親愛團結
萬衆一心向前
打倒貪污豪劣
帝國主義軍閥
專吸工農膏血
工農聯合奮鬥
敵人完全消滅

7月25日，以唐生智为首的湖南省政府成立，宣布以长沙县农协代行省农协职权，负责筹组省农协。图为以省农协名义颁布的《入会须知》。

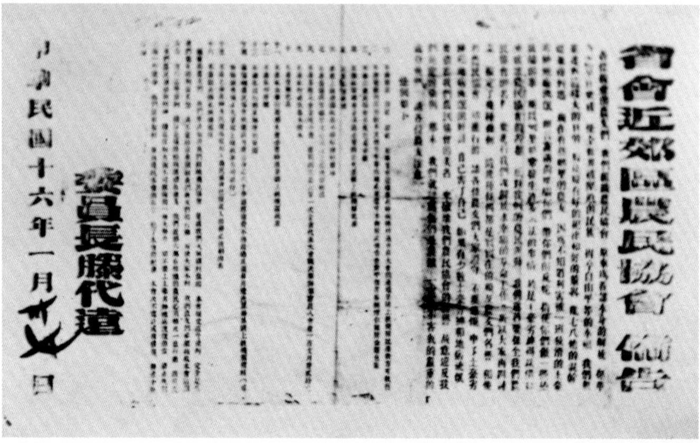

省會近郊區農民協會佈告

委員長滕代遠

中華民國十六年一月廿×日

省会近郊区农民协会成立于1926年8月上旬，委员长滕代远。图为1927年1月近郊区农协发的布告。

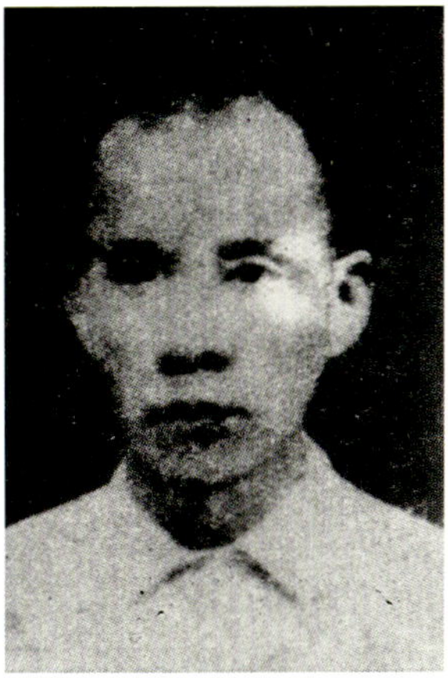

衡山县农民协会成立于1926年7月。图为县农协委员长刘爱农。

图为省会近郊区农民协会副委员长刘树生

醴陵县农民协会成立于1926年8月初。图为县农协委员长孙小山。

长沙县第十区农民协会副委员长叶魁

长沙县涧山乡第六联组农民协会会旗

湘潭县第五区十二乡农民协会印及慈利县第四区第六乡农民协会印

醴陵第十区第十一乡农民协会会牌

湘乡县农民协会成立于1926年8月17日。图为湘乡县同和区农民协会成立会摄影。

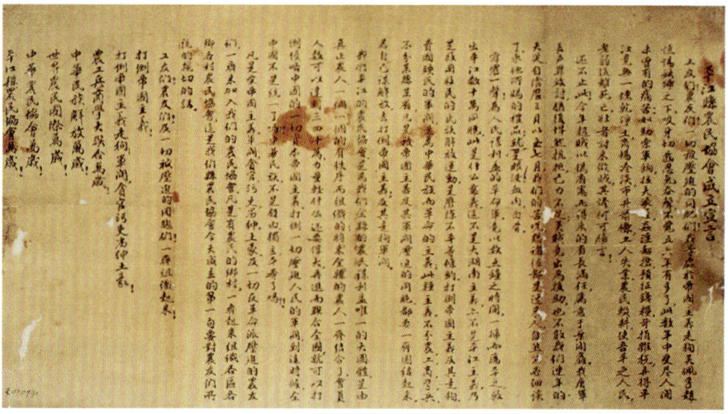
平江縣農民協會成立宣言

打倒帝國主義！

農工兵商學大聯合萬歲！

中華民族解放萬歲！

中華農民協會萬歲！

平江縣農民協會萬歲！

平江县农民协会成立于1926年10月。图为县农民协会成立宣言。

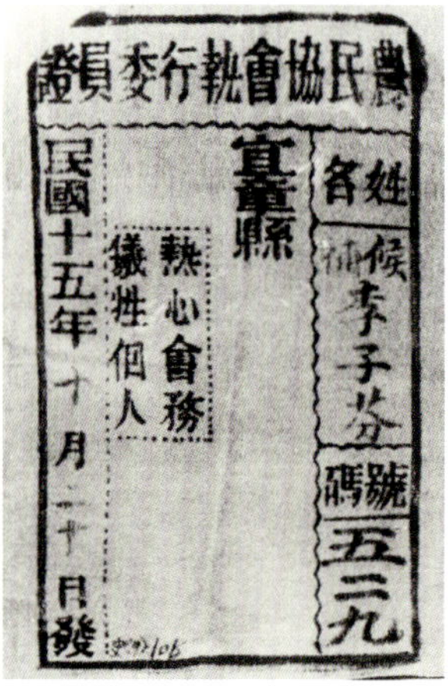
農民協會執行委員證

姓名 候補李子芬

號碼 五二九

宜章縣

熱心會務 犧牲個人

民國十五年十月一十日發

宜章县农民协会执行委员证

祁阳县农民协会办公旧址

中共常德地委农运部长陈昌厚（画照）

常宁县草塘乡农民协会旧址

汝城县第六区农民协会第一次代表会议代表合影

汝城县第六区第五乡农民协会合影

汝城县第六区五乡农协执委合影

汝城县第五区第十四乡农民协会第二次改组执行委员会全体会员大会合影

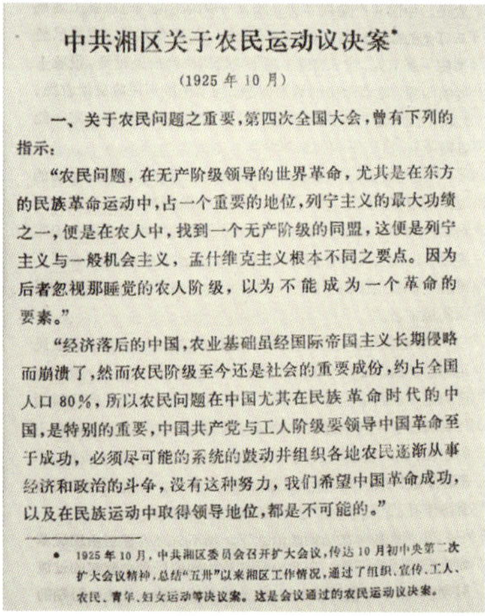

中共湘区关于农民运动议决案*

（1925年10月）

一、关于农民问题之重要，第四次全国大会，曾有下列的指示：

"农民问题，在无产阶级领导的世界革命，尤其是在东方的民族革命运动中，占一个重要的地位，列宁主义的最大功绩之一，便是在农人中，找到一个无产阶级的同盟，这便是列宁主义与一般机会主义，孟什维克主义根本不同之要点。因为后者忽视那睡觉的农人阶级，以为不能成为一个革命的要素。"

"经济落后的中国，农业基础虽经国际帝国主义长期侵略而崩溃了，然而农民阶级至今还是社会的重要成份，约占全国人口80%，所以农民问题在中国尤其在民族革命时代的中国，是特别的重要，中国共产党与工人阶级要领导中国革命至于成功，必须尽可能的系统的鼓动并组织各地农民逐渐从事经济和政治的斗争，没有这种努力，我们希望中国革命成功，以及在民族运动中取得领导地位，都是不可能的。"

* 1925年10月，中共湘区委员会召开扩大会议，传达10月初中央第二次扩大会议精神，总结"五卅"以来湘区工作情况，通过了组织、宣传、工人、农民、青年、妇女运动等决议案。这是会议通过的农民运动议决案。

中共湖南区委第六次代表大会制定的《中共湘区关于农民运动议决案》，是指导湖南农民运动发展的纲领性文件。

湖南农民协会会员铜质证章

城步县农民协会、总工会办公旧址——儒林镇龚家祠堂。

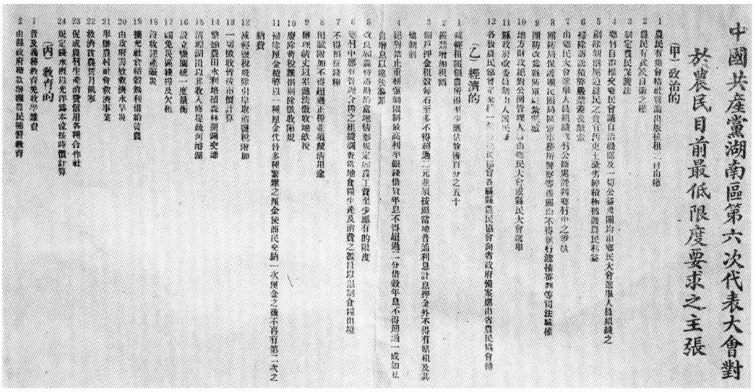

中國共產黨湖南區第六次代表大會對於農民目前最低限度要求之主張

(甲) 政治的

(乙) 經濟的

(丙) 教育的

1926年10月1日至13日，中共湖南区委召开第六次代表大会。会议根据1925年9月召开的中共四届二次中央执委扩大会议精神，提出了关于农民目前最低限度的要求，成为农民协会领导农民为自身解放而奋斗的纲领。

为加强党对农民运动的组织领导，中共湖南区委第六次代表大会还决定在区委设立农民运动委员会，夏明翰任书记。夏明翰，湖南衡阳县人。1921年加入中国共产党。1924年后任中共长沙地方执行委员会书记，湖南区委委员，1927年任全国农民协会秘书长。图为夏明翰与妻子郑佳君的合影。

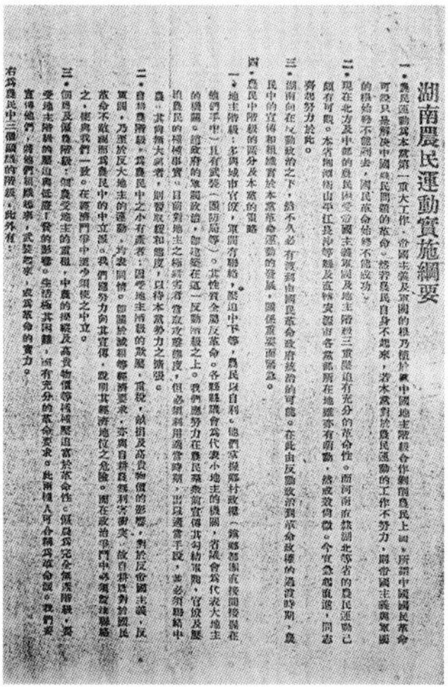

湖南農民運動實施綱要

中共湖南区委在《中共湘区关于农民运动议决案》中建议国民党湖南省党部根据决议案精神制定农运纲要。省党部随即制定了《湖南农民运动实施纲要》。

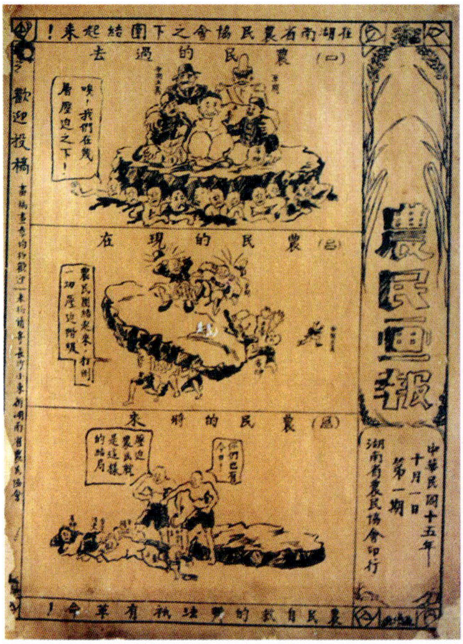

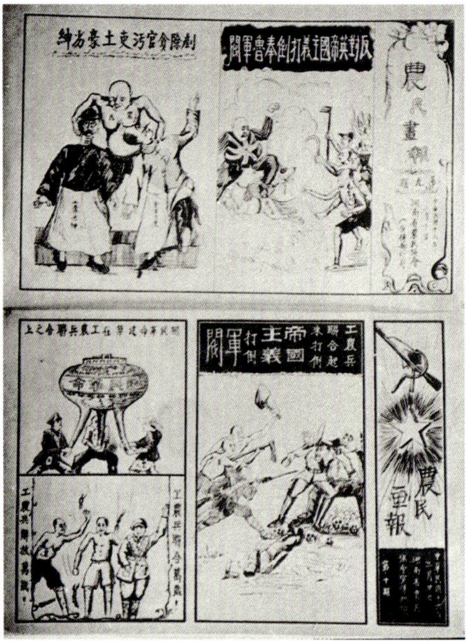

为了进一步向广大农民进行宣传，1926年10月1日，省农协创办了《农民画报》。图为画报的第一期和第九期。

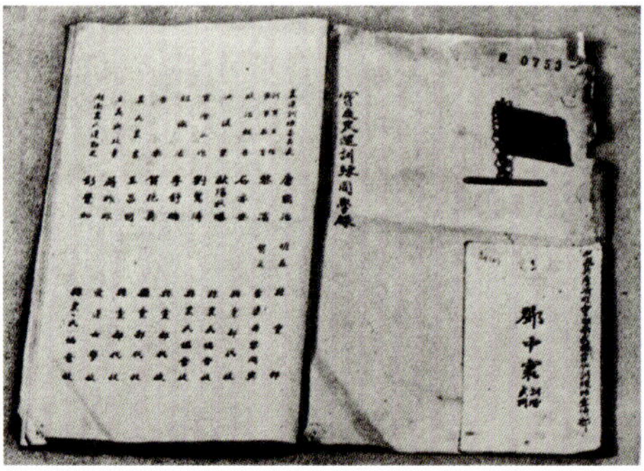

为了培训农运骨干，许多县都办起了农民运动训练班或农民运动讲习所。图为宝庆县农运训练班同学录。

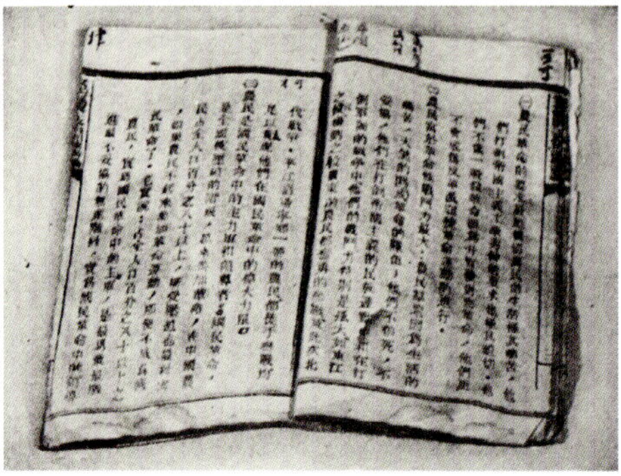

安化县农工政治训练班讲义

成立清算委员会，清算土豪劣绅贪污侵占的族产、庙产和积谷会、桥会、路会、义学等项田产，揭露土豪劣绅的真面目，这是从政治上把土豪劣绅的威风打下去的重要一步。（画照）

对于那些罪大恶极的土豪劣绅，农民协会召开批斗大会，发动农民控诉他们的罪恶，并把他们捆起来送进县监狱或省监狱，请政府予以枪毙。（画照）

对于那些敢与农会作对的土豪劣绅，农民协会往往率领成千上万的农民向他们示威。（画照）

为了阻止土豪劣绅偷运谷米出境，农民开展了阻禁斗争。本乡的谷米要运往他乡，须有农协的放行条。图为湘阴第三区第十九乡农协开出的“食米五车”放行条。

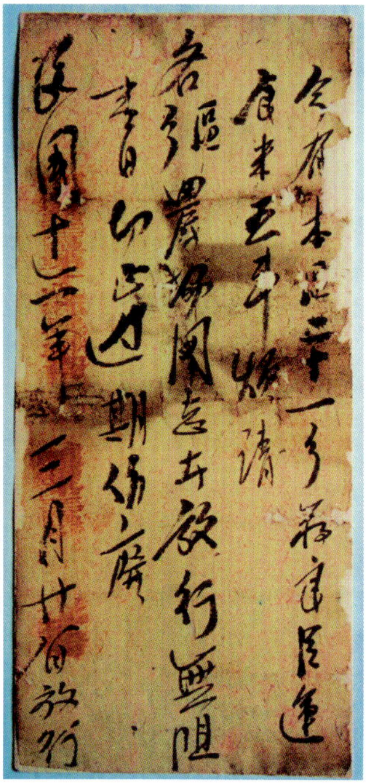

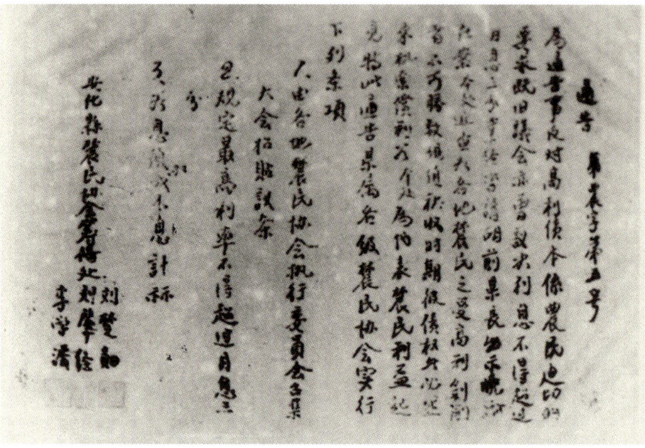

安化县农民协会通令全县各级农民协会实行减息，规定借钱的最高利率不得超过月息三分。

农民运动中，反对地主阶级的高利贷剥削，是农民协会开展经济斗争的重要内容之一。1926年12月，衡山柴山洲特别区农民协会领导成立了“柴山洲特别区第一农民银行”，选举夏兆梅、文海南为正副经理。图为柴山洲特别区第一农民银行旧址。

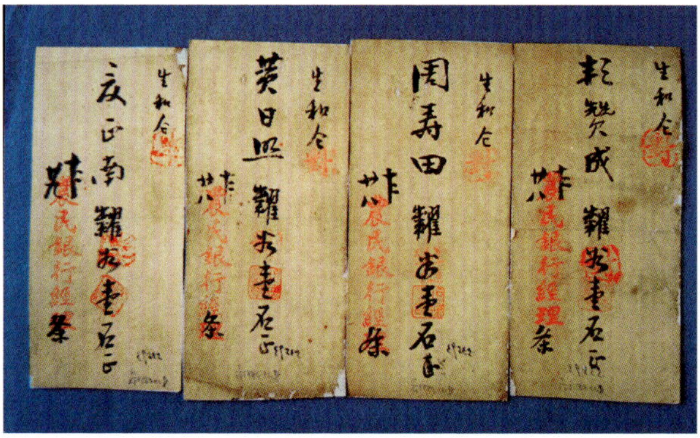

为解决当地的农民粮食问题，柴山洲特别区农协领导开展了平粜谷米的斗争，图为以柴山洲特别区第一农民银行名义发出的粜谷凭条。

政权、族权、神权、夫权这四种权力，代表了全部封建宗法思想和制度，是束缚中国人民特别是农民的四条绳索。图为衡山白果妇女闹祠堂——砸烂祠堂族长的族权。（画照）

农民协会势力强盛的地方，普遍进行了推翻神权、破除迷信的斗争。（画照）

农运兴起后，妇女们提出了“打倒三从四德”、“实行男女平等”、“实行放足剪发”、“反对虐待妇女”、“严禁买卖婚姻”、“实行婚姻自由”等口号，这是继五四运动之后一次比较彻底的妇女解放运动。(画照)

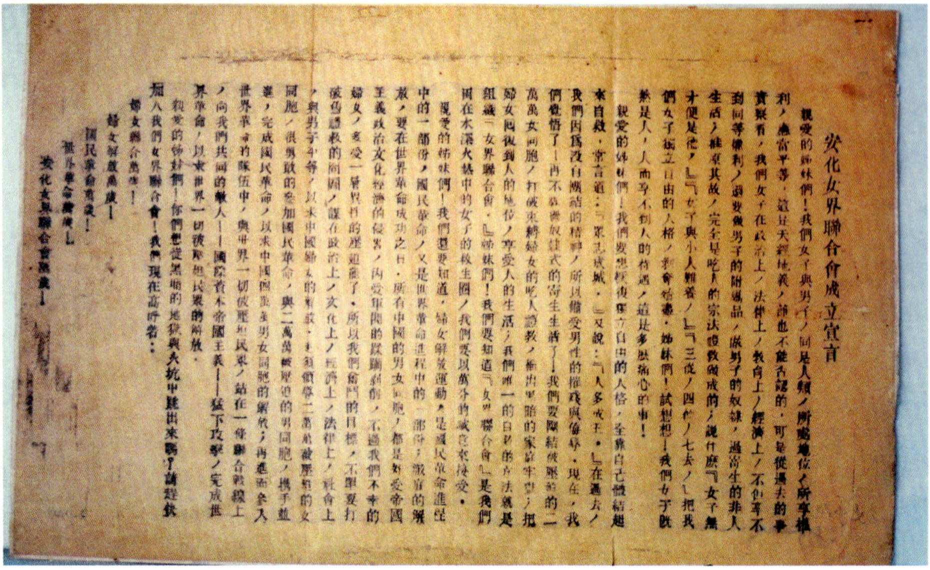

安化女界聯合會成立宣言

親愛的姊妹們！我們女子與男子，同是人類，所處地位，所享權利，應當平等，這是天經地義，誰也不能否認的。可是從過去的事實察看，我們女子在政治上，法律上，教育上，經濟上，不但享不到同等權利，還要做男子的附屬品，做男子的奴隸，過寄生的非人生活，推原其故，完全是吃人的宗法禮教做成的，說什麼『女子無才便是德，』『女子與小人難養，』『三從，四德，七去，』把我們女子獨立自由的人格，剝奪殆盡。姊妹們！試想想！我們女子既然是人，人而享不到人的待遇，這是多麼痛心的事！

親愛的姊妹們！我們要想恢復獨立自由的人格，全靠自己團結起來自救，常言道：『眾志成城。』又說：『人多成王。』在過去，我們因爲沒有團結的精神，所以備受男性的摧殘與侮辱，現在，我們覺悟了！再不甘做奴隸式的寄生生活了！我們要團結被壓迫的二萬萬女同胞，打破束縛婦女的吃人禮教，衝出黑暗的家庭牢獄，把婦女回復到人的地位，享受人的生活，我們唯一的自救的方法就是組織『女界聯合會，』姊妹們！我們要知道『女界聯合會』是我們困在水深火熱中的女子的救生圈，我們要以萬分的誠意來接受。

親愛的姊妹們！我們還要知道，婦女解放運動，是國民革命進程中的一部份，國民革命，又是世界革命進程中的一部份；故徹底的解放，要在世界革命成功之日。所有中國的男女同胞，都是外受帝國主義政治文化經濟的侵害，內受軍閥的蹂躪剝削，不過我們不幸的婦女，多受一層男性的壓迫罷了。所以我們奮鬥的目標，不單要打破舊禮教的閫閾，謀在政治上，文化上，經濟上，法律上，社會上，與男子平等，以求中國婦女的解放，並須領導二萬萬被壓迫的女同胞，很勇敢的參加國民革命，與二萬萬被壓迫的男同胞，攜手並進，完成國民革命，以求中國四萬萬男女同胞的解放；再進而參入世界革命的隊伍中，與世界一切被壓迫民眾，站在一條聯合戰線上，向我們共同的敵人——國際資本帝國主義——猛下攻擊，完成世界革命，以求世界一切被壓迫民眾的解放。

親愛的姊妹們！你們想從黑暗的地獄與火坑中跳出來嗎？請趕快加入我們女界聯合會！我們現在高呼着：

婦女聯合萬歲！

婦女解放萬歲！

國民革命成功！

世界革命萬歲！

安化女界聯合會萬歲！

图为1926年9月安化女界联合会成立时发表的宣言。宣告说：“我们要团结二万万女同胞，打破束缚妇女的吃人礼教，冲出黑暗的家庭牢狱，把妇女回复到人的地位，享受人的生活。”

农民运动对于县政权的改造也有极大的影响，在农会势力极盛的县，各项行政事务都由县长和以农会、工会为主体的各种群众团体的联席会议讨论决定，交县长执行。（画照）

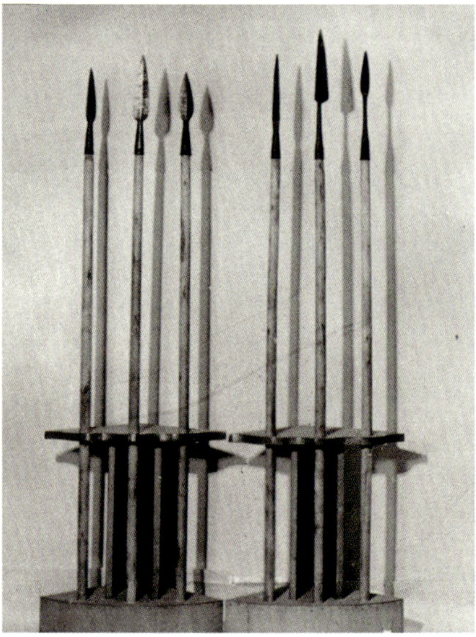

农民运动兴起后，许多农会建立了农民自卫队或农民纠察队（也称梭镖队）。到1926年冬，仅湘乡一县就有梭镖10万支。

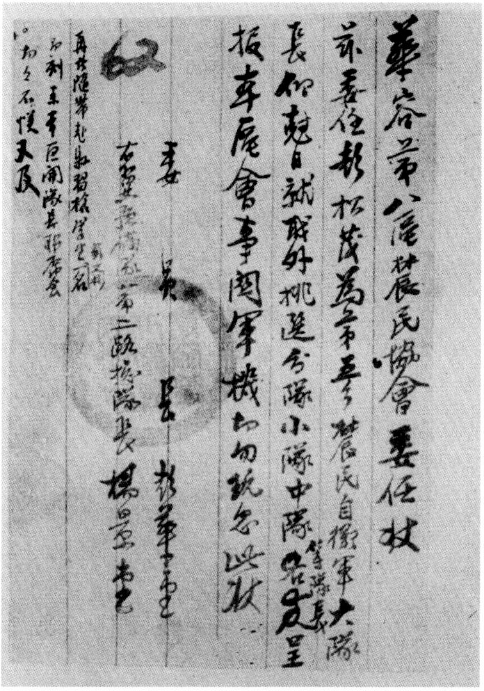
華容第八區農民協會委任状

茲委任彭松茂為第五鄉農民自衛軍大隊長

1926年底，华容县农民自卫军成立。图为该县第八区农民协会委任彭松茂为第五乡农民自卫军大队长的委任状。

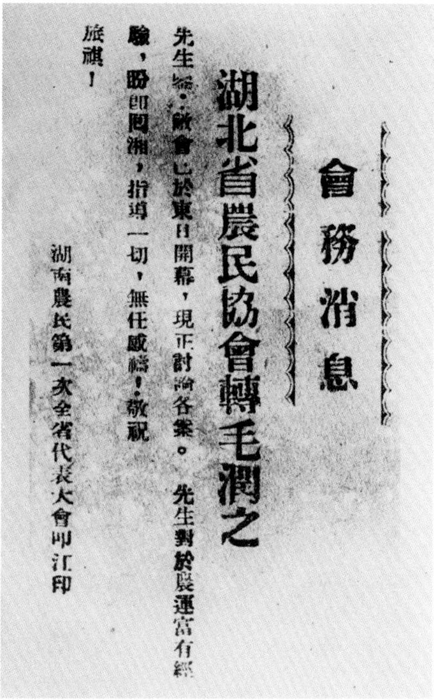
會務消息

湖北省農民協會轉毛潤之

先生鑒：敝會已於東日開幕，現正討論各案。先生對於農運富有經驗，盼即回湘，指導一切，無任感禱！敬祝

旗祺！

湖南農民第一次全省代表大會叩江印

12月3日，大会电邀中共中央农民运动委员会书记毛泽东来会“指导一切”。毛泽东于12月17日由汉口回到长沙，并参加会议至闭幕，给大会以重要的指导。

1926年12月1日，湖南省农民第一次代表大会在长沙召开。到会代表170人，代表会员136万余人。大会选举省农协执委17人，由易礼容、谢觉哉、韩伟、柳直荀、凌炳任常务委员。图为大会代表合影。

湖南農民第一次全省代表大會宣言及決議案

湖南省農民協會印行

大会就湖南农运中的一些重大问题通过了40个决议案，反映了湖南农民在政治、经济、文化等方面谋求解放的强烈要求。

大会选举易礼容为湖南省农民协会委员长

大会选举柳直荀为湖南省农民协会秘书长。柳直荀，长沙县人。1923年加入中国共产党。曾任中共湖南省委委员。图为柳直荀与夫人李淑一合影。

湖南省农民协会印

省农协设置宣传、组织、自卫、建设、教育等5个部为办事机构，又聘请朱剑凡、徐特立等13人为顾问。在省农协的领导下，湖南农运如火如荼，至1927年5月，会员发展到600万人。图为省农协旧址（在长沙市局关祠）。

四、毛泽东考察湖南农运

1927年1月4日至2月5日，毛泽东实地考察了湘潭、湘乡、衡山、醴陵、长沙五县的农民运动，随后撰写了《湖南农民运动考察报告》。在这篇重要著作中，他热情地歌颂了湖南农民运动的丰功伟绩，批判了党内外一切对农民运动的攻击和责难，充分估计了农民在中国民主革命中的主力军作用，阐述了共产党在农村中依靠贫农、团结中农的阶级路线，指出了建立农村革命政权和农民武装的极端重要性。这一光辉著作为进一步解决无产阶级领导权和同盟军问题提供了理论依据，是中国共产党领导农民运动的纲领性文件。在毛泽东的指导下，湖南农运继续深入发展。

湖南全省第一次农民代表大会闭幕后，毛泽东在国民党湖南省监察委员戴晓云的陪同下，从1927年1月4日起，开始实地考察湖南农民运动。图为1月7日毛泽东在他的故乡韶山考察。（画照）

毛泽东考察韶山农民运动旧址——毛鉴公祠

1月9日，毛泽东离开韶山，下午到达湘乡县棠佳阁，10日抵湘乡县城。图为棠佳阁旧址。

1月14日，毛泽东从湘乡县城出发，经肖家冲，衡山的白果、福田铺、世上冲，约于20日到达衡山县城，居住在中共衡山地方执行委员会机关康王庙。21日上午，毛泽东在此召开调查会，听取了县委、县农协、县总工会负责人的汇报。图为康王庙旧址。

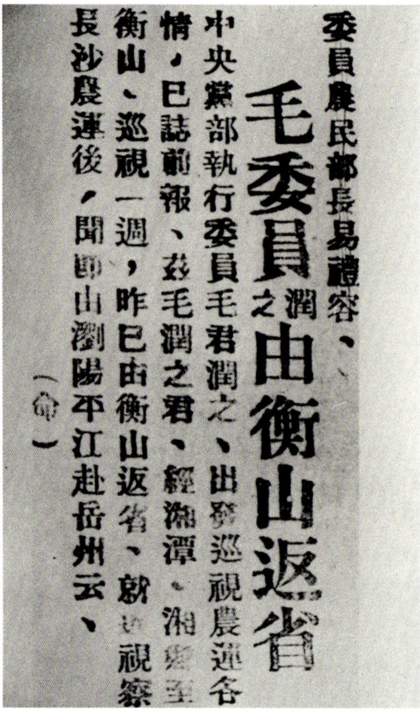

委員農民部長易禮容、

毛委員潤之由衡山返省

中央黨部執行委員毛君潤之、出發巡視農運各情，已誌前報、茲毛潤之君、經湘潭、湘鄉至衡山、巡視一週，昨已由衡山返省、就近視察長沙農運後，聞即由瀏陽平江赴岳州云、（命）

1月24日，毛泽东回到长沙。至26日，他将湘潭、湘乡、衡山三县的调查情况向中共湖南区委作了详细报告，这期间，又考察了长沙近郊区的农运。图为1月24日毛泽东由衡山返省城时某报纸的消息报道。

1月27日，毛泽东从长沙乘火车到醴陵进行考察。图为毛泽东考察农运的旧址醴陵先农坛。

2月1日为农历除夕。毛泽东由县农协委员长孙小山陪同，冒着严寒，从县城出发，步行25里，到醴陵南乡东富考察。图为毛泽东考察农运的旧址醴陵南乡东富寺。

2月3日，毛泽东从东富返回县城，乘火车到姚家坝，下车后，到达北二区渌口。当晚在伏波庙内召开农会、工会、商会和妇联等各团体的负责人会议，听取了各方面的汇报。图为渌口伏波庙旧址。

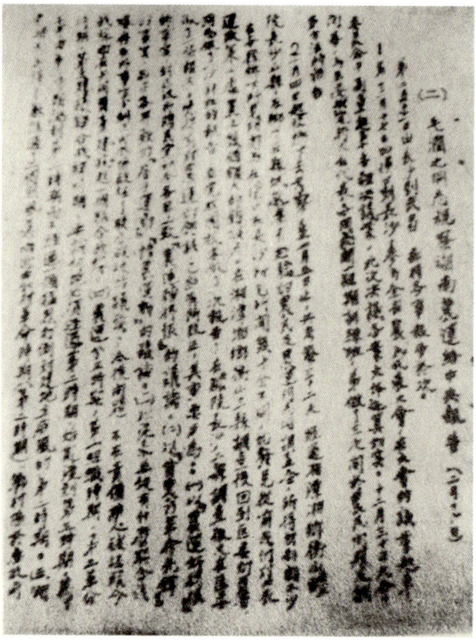
(二)
毛泽东关于视察湖南农运给中央报告(二月十六日)

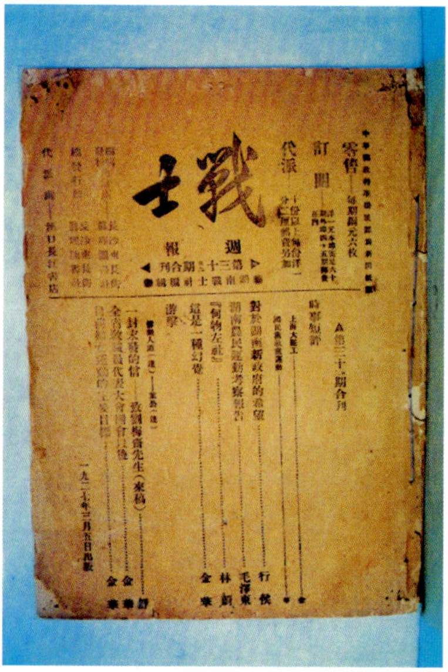

2月16日，毛泽东给党中央写了考察湖南农民运动的报告大纲。接着，又满怀激情地赶写了《湖南农民运动考察报告》。3月5日出版的中共湖南区委机关刊物《战士》周刊（第三十五、三十六期合刊）首先全文刊载了这篇报告。

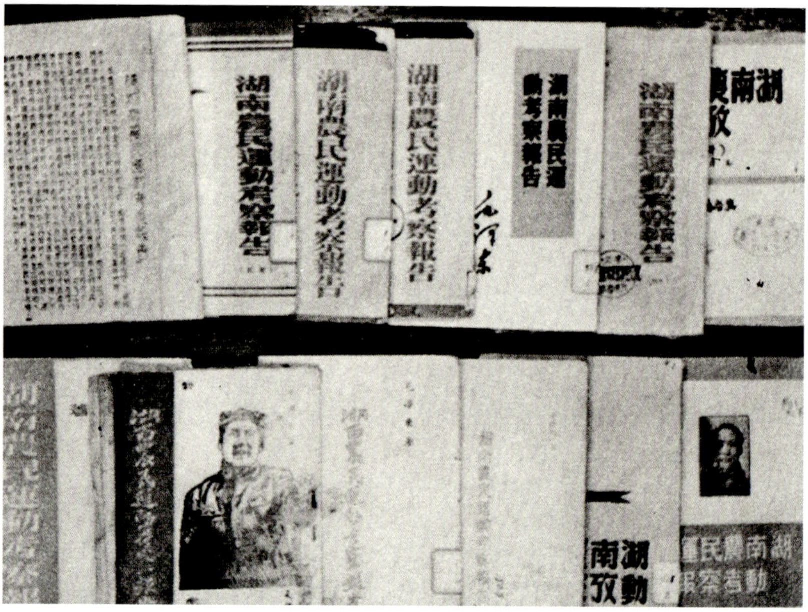

4月，汉口长江书店以“湖南农民革命”为题出版了“考察报告”的单行本，接着汉口的《中央日报》副刊和《湖南民报》也都发表了这篇著作。图为报告的各种版本。

五、农民运动继续发展

1927 年，在全省第一次农民代表大会和毛泽东《湖南农民运动考察报告》精神的鼓舞和指引下，湖南农民更加积极地投入了反帝反封建的斗争，湖南农民运动进入了镇压反革命，扩大农民武装，开始没收地主土地，筹建区乡民主自治政权的新阶段。

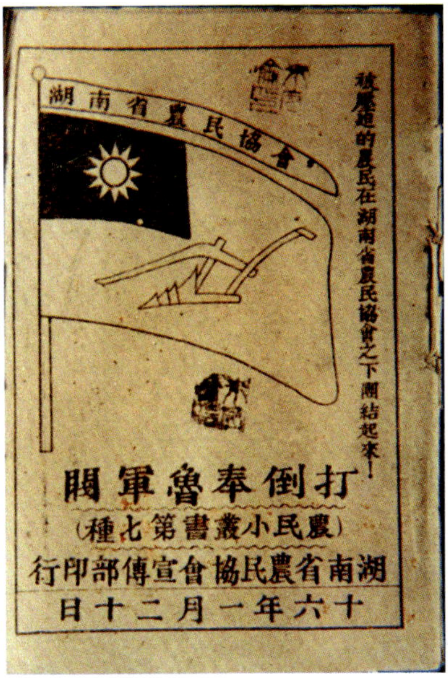

省农协出版的“农民小丛书”《打倒奉鲁军阀》

中共湖南区执委会将1926年10月湖南区委第六次代表会议提出的农民目前的最低要求的条文，编印成通俗易懂的快板诗歌进行宣传。

为讨论解决一些重大问题，农民协会经常召开群众大会。图为衡阳县四乡群众大会的场景。

1927年初，湖南的工人运动与农民运动已开始结合起来。图为1927年1月12日湘乡县农工大联合会议场景。

湘乡县农民协会与各区农民协会第一次联席会议

1927年，国民党宁乡第二次全县代表大会开幕合影。

平江縣農民協會佈告

執行委員會
常務委員余本健
徐體鈞

中華民國十六年四月 日

毛泽东的《湖南农民运动考察报告》发表后，省农协根据考察报告的精神，发出了《省字第六四二号训令》，批判了地主阶级污蔑农民运动的种种谬论。平江县农协的布告体现了省农协训令的内容。

1927年2月，中共湖南区委通知各县农协“设法开办农民训练班”。长沙、衡阳、宁乡、浏阳等30多个县均举办了农运讲习所、研究所或训练班，培训了大批的农运骨干。图为衡阳农运讲习所学员合影。

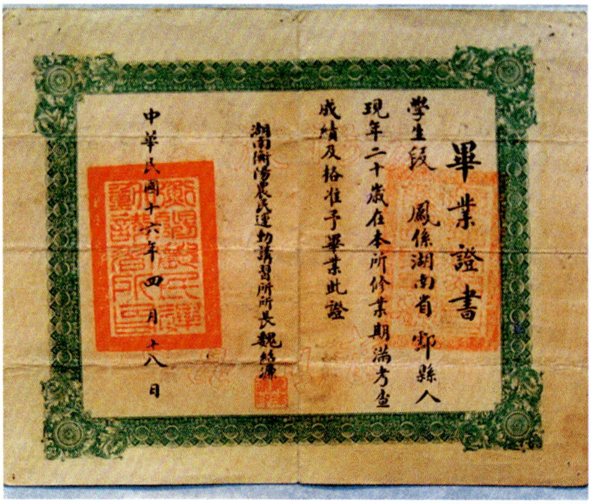
畢業證書
學生段 鳳係湖南省酃縣人
現年二十歲在本所修業期滿考查
成績及格准予畢業此證
湖南衡陽農民運動講習所所長魏鈞濂
中華民國十六年四月十八日

衡阳农民运动讲习所发给学员段凤的毕业证书

衡阳农民运动讲习所证章

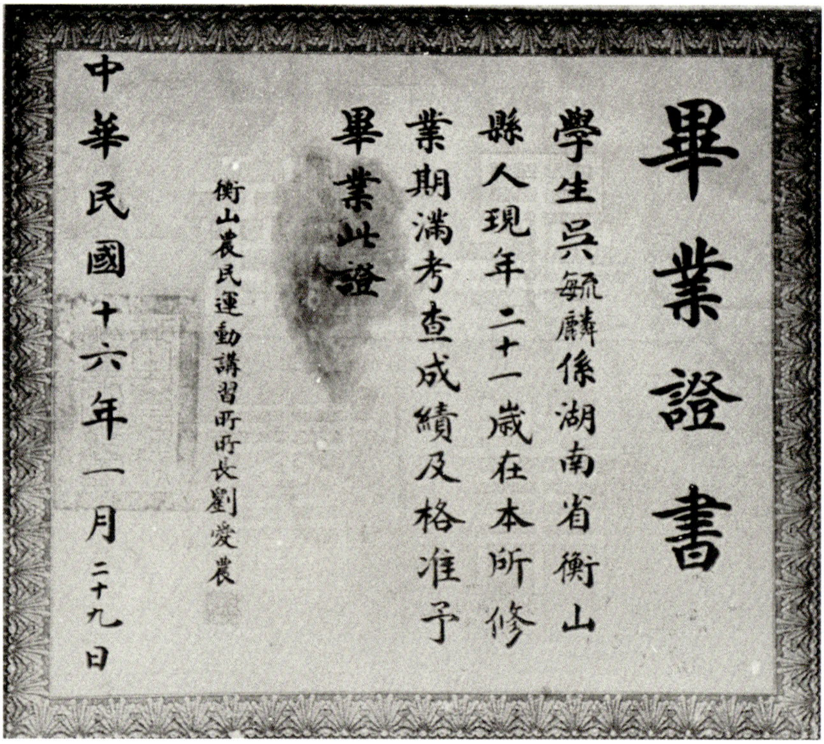
畢業證書
學生吳毓麟係湖南省衡山
縣人現年二十一歲在本所修
業期滿考查成績及格准予
畢業此證
衡山農民運動講習所所長劉愛農
中華民國十六年一月二十九日

衡山农民运动讲习所发给学员吴毓麟的毕业证书

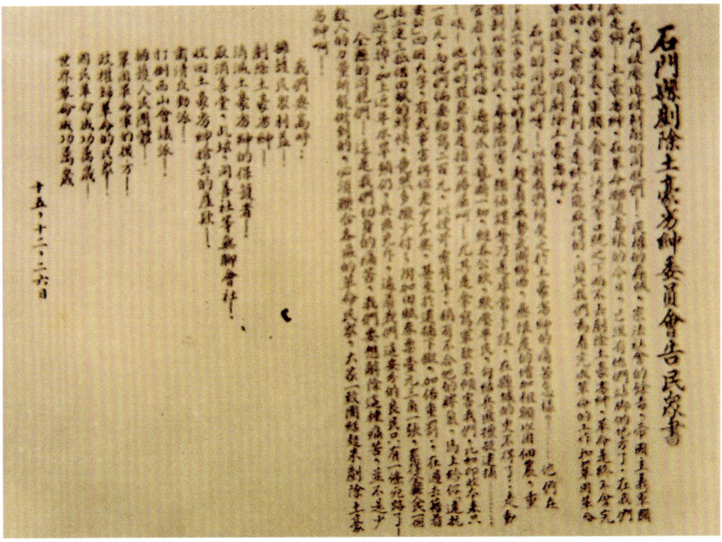

石門縣剷除土豪劣紳委員會告民眾書

十五・十二・二六日

为了反击土豪劣绅、不法地主向农协的进攻，1926年12月石门县建立了铲除土豪劣绅委员会。

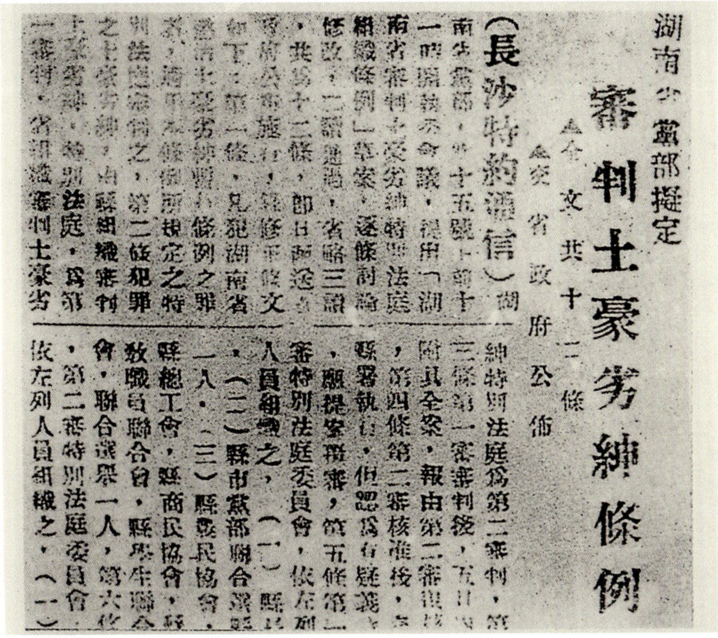

湖南省黨部擬定

審判土豪劣紳條例

全文共十二條

省政府公佈

（長沙特約通信）

1927 年 1 月 4 日，湖南省审判土豪劣绅特别法庭在长沙成立。随后，省政府公布了国民党湖南省党部制定的《审判土豪劣绅条例》。至 5 月初，全省 47 个县先后成立审判土豪劣绅特别法庭或委员会，处决了一些罪大恶极的土豪劣绅，有力地打击了土豪劣绅的反动气焰，推动了湖南农民运动的高涨。

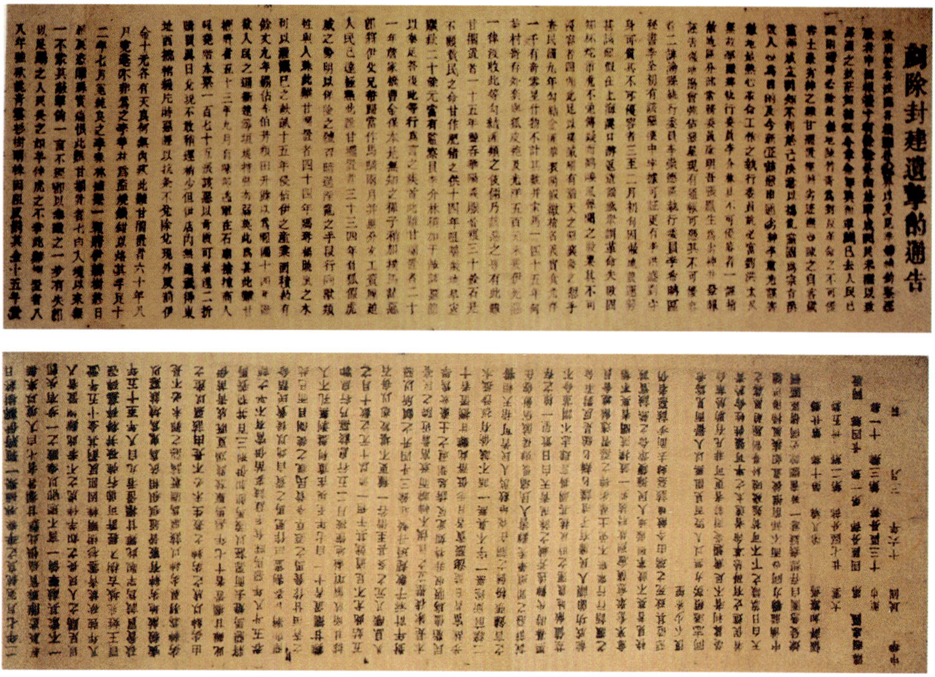

剷除封建遺孽的通告

1927年4月临湘县四区农协发布的《铲除封建遗孽的通告》

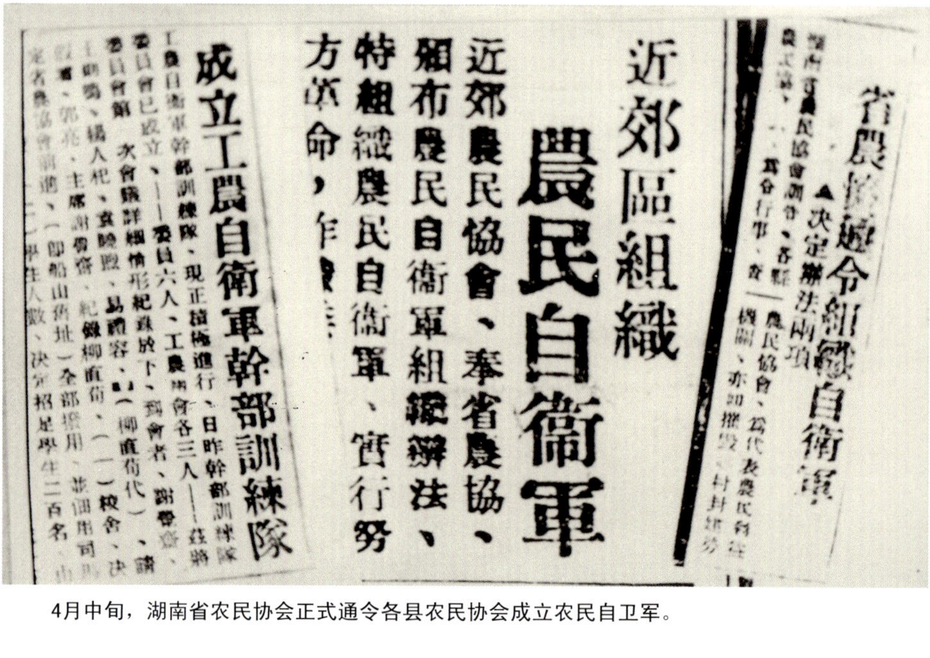

省農協通令組織自衛軍，決定辦法兩項

近郊區組織農民自衛軍

近郊農民協會、奉省農協、頒布農民自衛軍組織辦法、特組織農民自衛軍、實行努方革命，

成立工農自衛軍幹部訓練隊

4月中旬，湖南省农民协会正式通令各县农民协会成立农民自卫军。

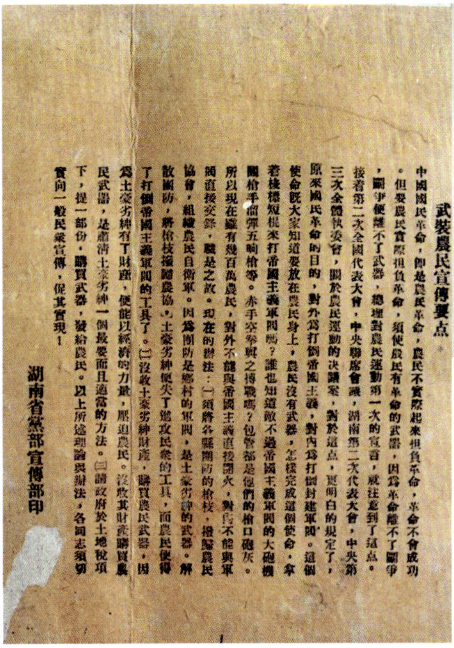
武裝農民宣傳要点

中國國民革命，即是農民革命，農民不實際起來担負革命，革命不會成功。但要農民實際担負革命，須使農民有革命的武器，因爲革命離不了鬬爭，鬬爭便離不了武器，總理對農民運動第一次的宣言，就注意到了這点。接着第二次全國代表大會，中央聯席會議，湖南第二次代表大會，中央第三次全體執委會，關於農民運動的決議案，對於這点，更明白的規定了，原來國民革命的目的，對外爲打倒帝國主義，對內爲打倒封建軍閥。這個使命既大家知道要放在農民身上，農民沒有武器，怎樣完成這個使命，拿着梭標短棍來打帝國主義軍閥嗎？誰也知道敵不過帝國主義軍閥的大砲機關槍手榴彈五响槍等。赤手空拳與之博戰嗎？包管都是他們的槍口砲灰。所以現在雖有幾百萬農民，對外不能與帝國主義直接開火，對內不能與軍閥直接交鋒，職是之故。現在的辦法：㈠須將各縣團防的槍枝，撥歸農民協會，組織農民自衛軍。因爲團防是鄉村的軍閥，是土豪劣紳的武器。解散團防，將槍枝撥歸農協，土豪劣紳便失了進攻民衆的工具，而農民便得了打倒帝國主義軍閥的工具了。㈡沒收土豪劣紳財產，購買農民武器，因爲土豪劣紳有了財產，便能以經濟的力量，壓迫農民。沒收其財產購買農民武器，是肅清土豪劣紳一個最要而且適當的方法。㈢請政府於土地稅項下，提一部份，購買武器，發給農民。以上所述理論與辦法，各同志須切實向一般民衆宣傳，促其實現！

湖南省黨部宣傳部印

湘潭第九区第二十乡农民协会义勇队第二排第二班旗帜

国民党湖南省党部印发的《武装农民宣传要点》

汝城县农民自卫军组建于1927年4月，5月19日在县城的西垣宗庙开办农军干部训练班。图为训练班7月11日结业时的学员临别留影。

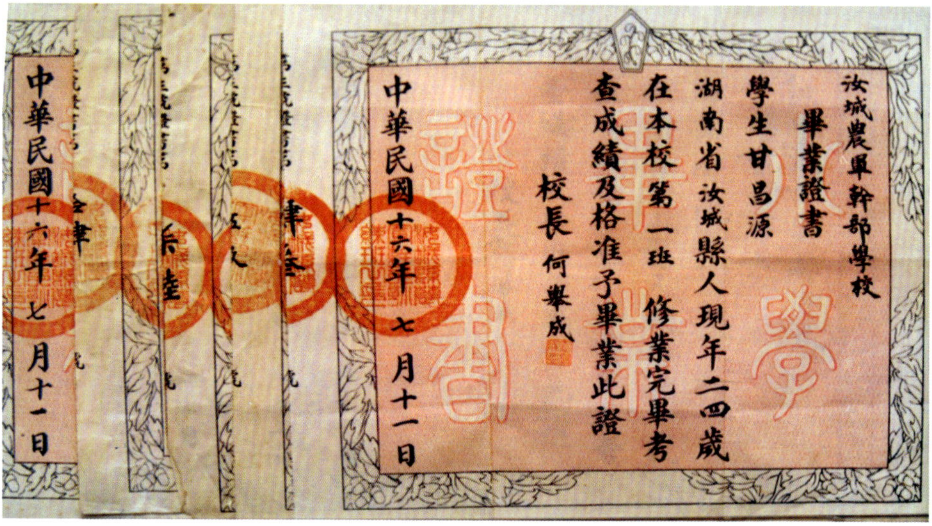

图为汝城农军干部学校毕业证书。校长何举成系中共汝城县特别支部组织委员。训练班的学员回乡后充任本乡农民自卫军队长。

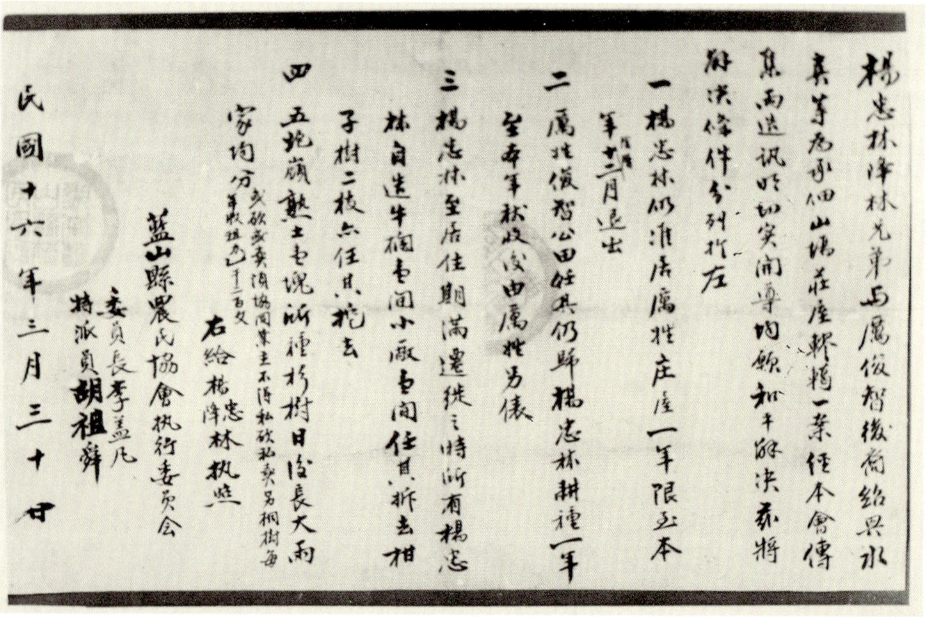

蓝山县农民协会执行委员会调解杨忠林兄弟与厉姓之间租佃田、屋矛盾一事，发给杨忠林兄弟的执照。

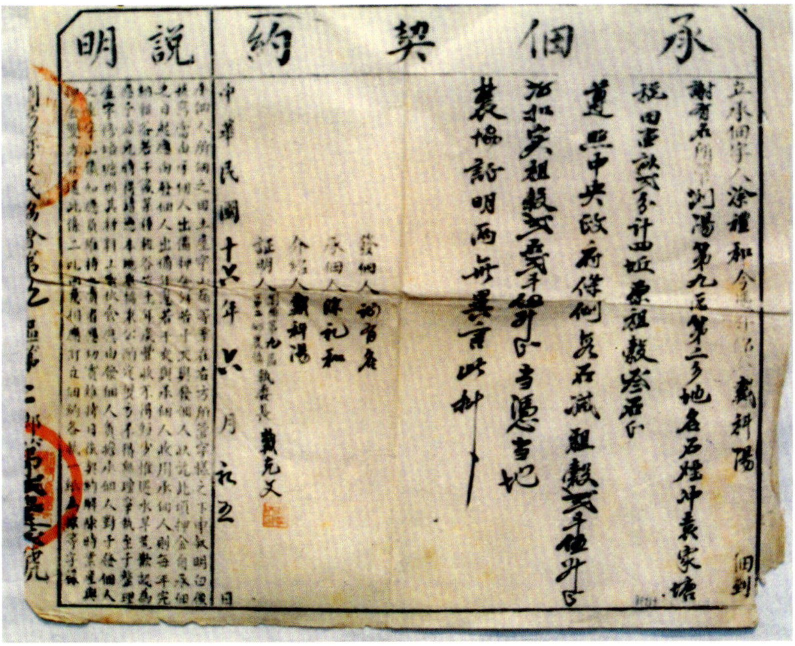

浏阳县农民协会统一印制了《承佃契约》，契约中规定实行“二五减租”，证明人为第九区第二乡农协委员长。

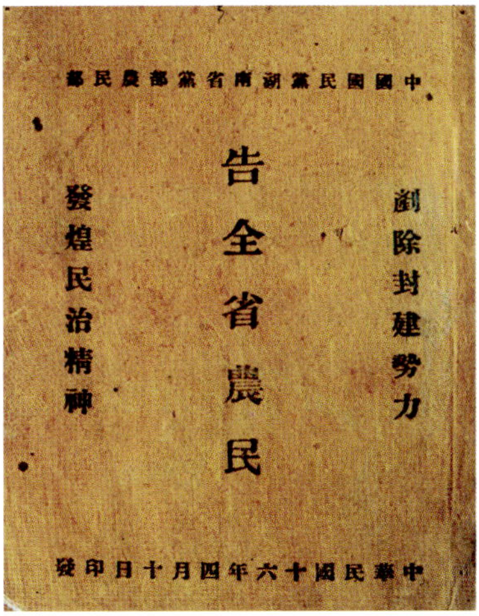

国民党湖南省党部农民部于1927年4月10日印发的《告全省农民》书。文中指出：“农运的目的，不在减租减息，而在解决土地问题”，要实现“耕者有其田”。

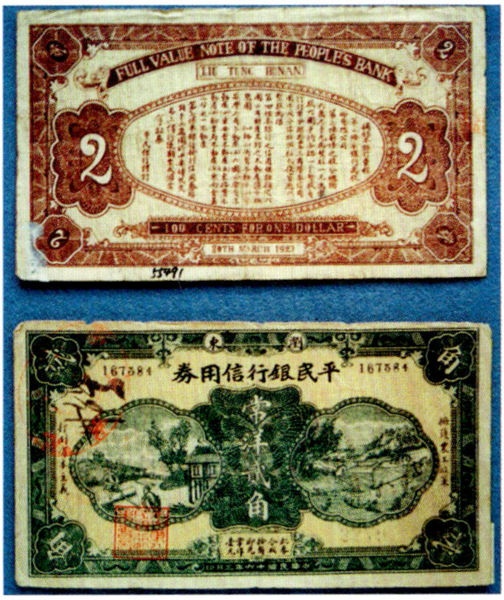

浏东平民银行，是在农民运动的高潮时期建立的，1927年1月开始发行临时兑换券，流通于浏阳县东乡古港、高坪、永和、达浒、东门、张家坊等六个区。同年3月发行信用券。

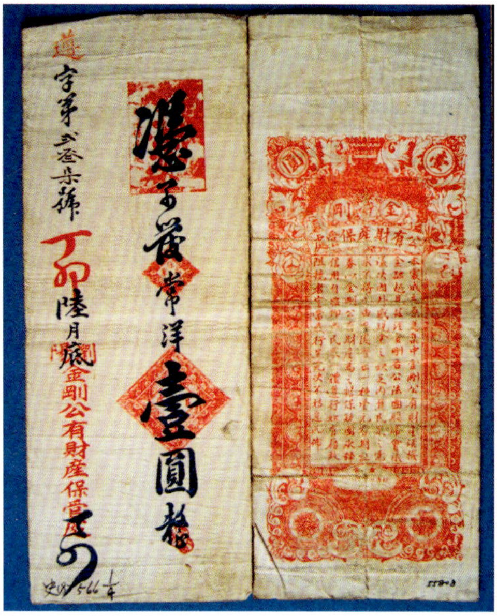

1927 年初，浏阳金刚镇爆竹行老板携款潜逃。为了维持炮竹业，活跃金融，同年 2 月，金刚各公法团体召开联席会议，成立金刚公有财产保管处，发行有期证券。图为 1927 年 6 月底可兑换常洋壹圆的证券。

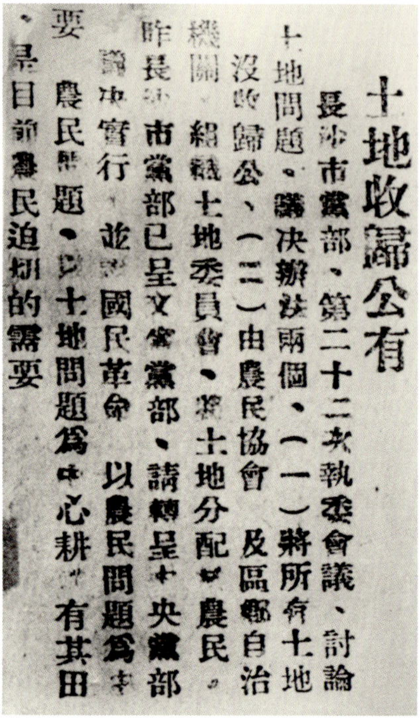

土地收歸公有

長沙市黨部、第二十二次執委會議、討論土地問題。議決辦法兩個、(一)將所有土地沒收歸公、(二)由農民協會及區鄉自治機關組織土地委員會、將土地分配於農民。昨長沙市黨部已呈文省黨部、請轉呈中央黨部議決實行、並謂國民革命以農民問題爲中要農民問題、以土地問題爲中心耕者有其田。是目前農民迫切的需要

国民党长沙市党部第二十二次执委会议，讨论将所有土地没收归公，交由农协及区乡自治机关分配给农民。

从1927年2月开始，中共湖南区委开始为建设联合战线的乡村民主自治政权作各方面的准备。图为3月10日省农协宣传部印行的《区乡自治》一书。

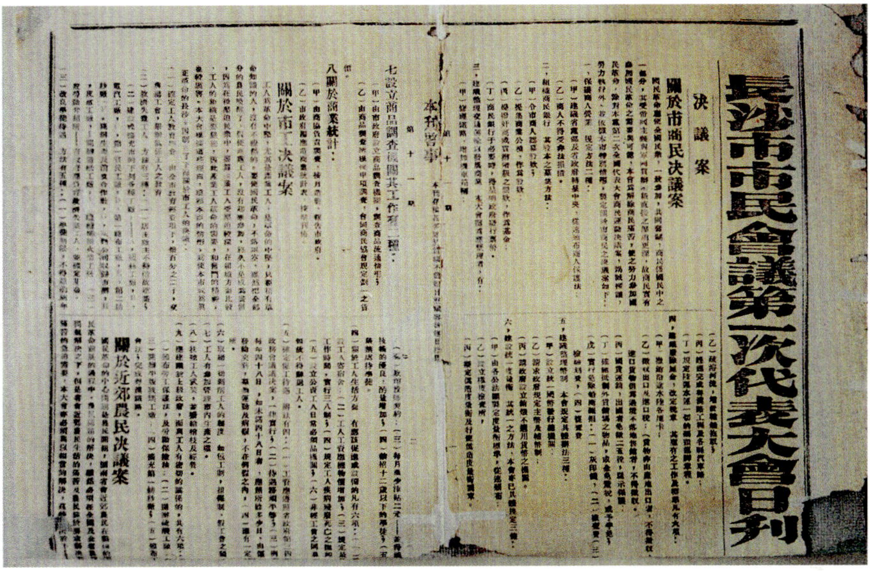

長沙市市民會議第一次代表大會日刊

決議案

關於市商民決議案

關於市工決議案

關於近郊農民決議案

区乡的政权建设，推动了县乡政权的建设。1927年5月6日，长沙市民会议第一次代表大会召开，选举了市政府委员，朱剑凡任市长。这是湖南在大革命时期建立的第一个市级自治政权。

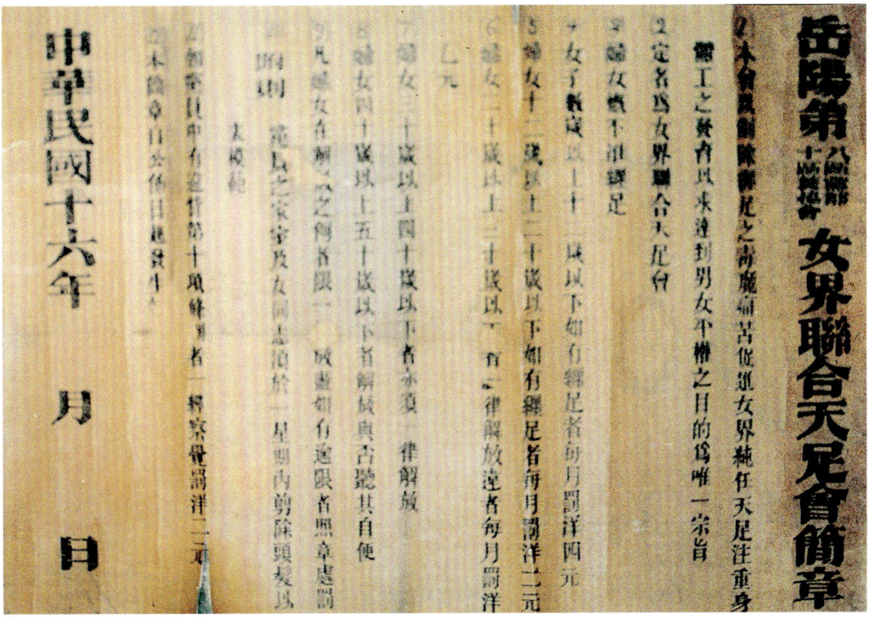

岳陽第八區黨部十區農協會女界聯合天足會簡章

(1)本會以剷除纏足之毒施痛苦促進女界純任天足注重身體工之發育以求達到男女平權之目的為唯一宗旨

(2)定名為女界聯合天足會

(3)婦女概不准纏足

(4)女子纏足以十一二歲以下如有纏足者每月罰洋四元

(5)婦女十二歲以上二十歲以下如有纏足者每月罰洋二元

(6)婦女二十歲以上三十歲以下一律解放違者每月罰洋乙元

(7)婦女三十歲以上四十歲以下者亦須一律解放

(8)婦女四十歲以上五十歲以下者解放與否聽其自便

(9)凡婦女在解放之例者限一……成查如有違限者照章處罰

附則 議長之家宿及女同志須於一星期內剪除頭髮以未竣者

(10)個委員中有違背第十項條例者一律察覺罰洋二元

(11)本簡章自公佈日起發生效力

中華民國十六年 月 日

图为岳阳第八区党部、第十区农协会女界联合会天足会简章。简章中规定：以求达到男女平权之目的是该会唯一的宗旨，“妇女概不准缠足”。

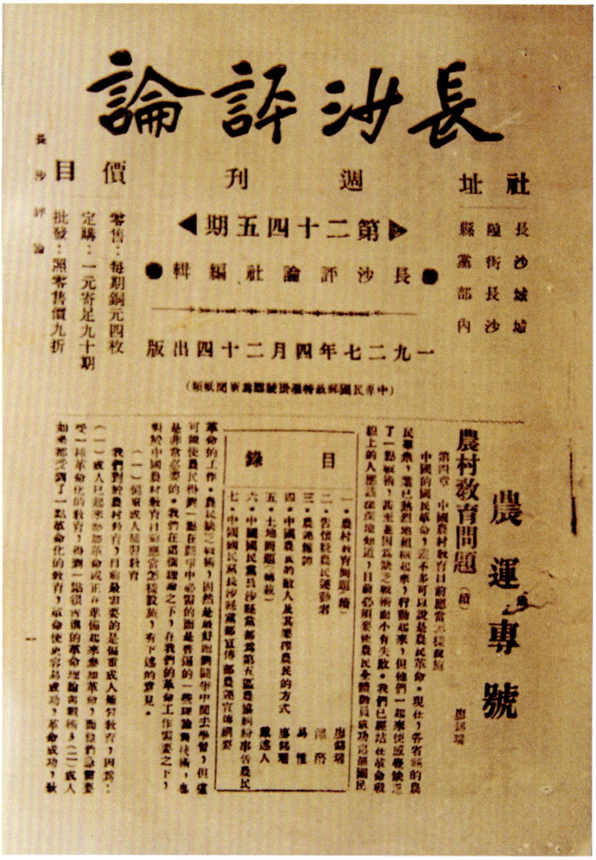

長沙評論

週刊

第二十四五期

長沙評論社編輯

一九二七年四月二十四日出版

社址　長沙城隍街長沙縣黨部內

價目　零售：每期銅元四枚　定購：一元寄足九十期　批發：照零售價九折

長沙評論

農運專號

農村教育問題（續）

目錄

一·農村教育問題（續）
二·告慎快農民運動者
三·農運雜評
四·中國農民的敵人及其應得農民的方式
五·土地問題（續表）
六·中國國民黨長沙縣黨部第五區農協糾紛事告農民
七·中國國民黨長沙縣黨部宣傳部農運宣傳綱要

湖南全省第一次农民代表大会通过的《农村教育决议案》，强调改革农村教育，提出了农民自己办教育的思想，1927年4月，省农协教育部又提出了《农民教育计划大纲》。全省的农民教育以前所未有的速度和规模发展起来。图为《长沙评论》在“农运专号”中讨论农村教育问题。

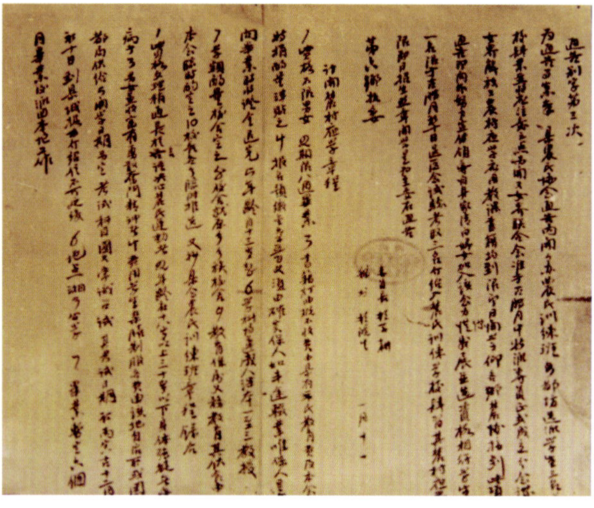

农民协会利用庙宇、祠堂作校址，提取公款，或要地方捐款作经费，举办了大量的农民夜校。图为1927年1月11日湘乡第三区农协关于开办农村夜校的通告。

第六节 马日事变与农军进攻长沙

1927 年春，在北伐战争胜利发展的影响下，工农群众运动蓬勃高涨，国内外反动阶级大为恐慌，积极从革命统一战线内部物色新的代理人，图谋破坏革命。以蒋介石为首的国民党反动集团，勾结帝国主义和封建买办势力，不断制造反共事件，积极准备叛变革命。1927 年 4 月 12 日，蒋介石在上海发动反革命政变，并于 4 月 18 日在南京成立了代表帝国主义和地主买办资产阶级利益的“国民政府”。5 月 21 日晚，在国民党三十五军军长何键指派的高级幕僚余湘三的策划下，三十六军独立三十三团团长许克祥，三十五军教导团团长王东原、留守处主任陶柳及三十六军留守处陈其祥率部 1000 多人，分途袭击、捣毁省总工会、省农民协会及国民党省、市党部等革命机关。省会工人纠察队和农民自卫军奋起反抗，因寡不敌众而失败。共产党员、国民党左派及革命群众 100 多人被杀害，40 余人被捕。因电报韵目代日中 21 日为“马”字，故称这次反革命政变为“马日事变”。5 月 24 日，又由许克祥出面发起召开所谓的各界联席会议，成立了“中国国民党湖南省救党委员会”，取代国共合作成立的国民党湖南省党部，宣布脱离武汉政权，声明“拥护南京中央党部”和“南京国民政府”。紧接着，以代省长张翼鹏为首的国民党右派政权，下令解散各地的工会、农会，恢复全省地主的团防武装和都团组织。与此同时，溆浦、常德、零陵、衡阳等 20 余县，都接连发生了反革命大屠杀事件。半个月中，全省被杀害的革命群众在一万人以上。马日事变严重摧残了湖南的党组织和工农群众团体，是湖南大革命由高潮走向低潮的转折点。面对反动派的血腥屠杀，中共湖南临时省委组织发动十万工农武装进击长沙，在湖南革命史上写下了光辉的一页。

一、何键、许克祥策划发动马日事变

1927 年 4 月底，国民革命军第三十五军军长何键在汉口召集了一次高级将领会议，密商发动清党反共的军事叛变计划，并确定在湖南首先发动。受何键的派遣，余湘三于5月初抵达长沙，担负在湖南策划叛乱的使命。5月17日，余湘三、王东原、许克祥、陶柳等人在许克祥团部举行会议，确选于21日晚发动叛乱，并推选许克祥担任这次叛乱的总指挥，由其三十三团担任叛乱的主力。

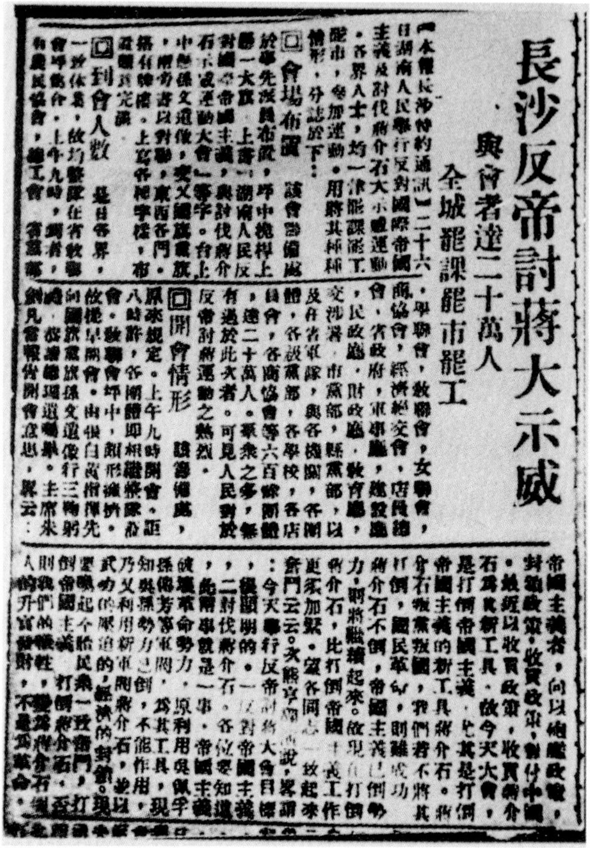

長沙反帝討蔣大示威

與會者達二十萬人

全城罷課罷市罷工

【本報長沙特約通訊】二十六日湖南人民舉行反對國際帝國主義及討伐蔣介石大示威運動，各界人士，均一律罷課罷工罷市，參加運動。用將其種種情形，分誌於下：

[illegible]

1927年4月12日，蒋介石在上海发动反革命政变。4月14日，长沙10万余人集会，举行声讨蒋介石和铲除反动分子大会。4月26日，长沙再次举行湖南人民反帝讨蒋示威大会，到会人数达20万之众。

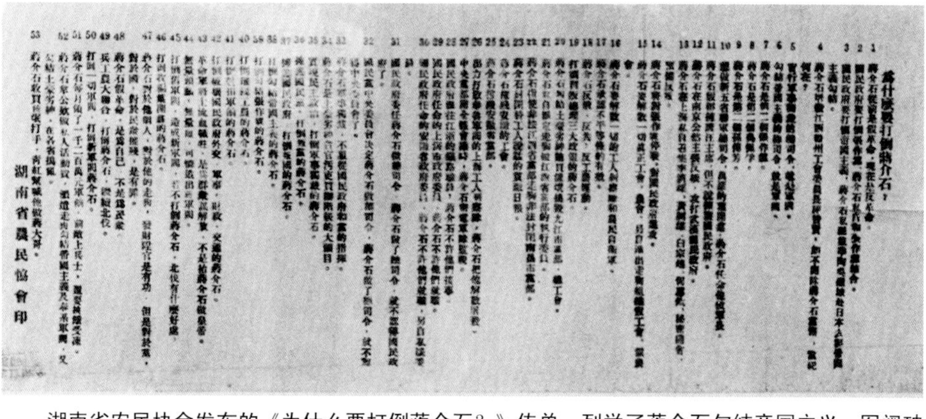

為什麼要打倒蔣介石？

[illegible]

湖南省農民協會印

湖南省农民协会发布的《为什么要打倒蒋介石？》传单，列举了蒋介石勾结帝国主义、军阀破坏革命，屠杀工农的53条罪行。

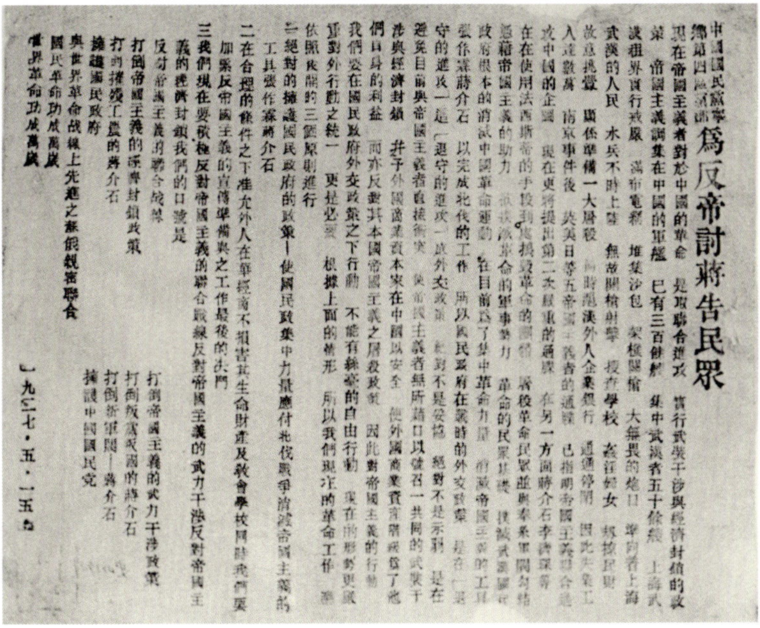

中國國民黨寧鄉第四區黨部

為反帝討蔣告民眾

打倒帝國主義的武力干涉政策

打倒叛黨叛國的蔣介石

打倒新軍閥——蔣介石

擁護中國國民黨

擁護國民政府

與世界革命戰線上先進之蘇俄親密聯合

國民革命功成萬歲

世界革命功成萬歲

一九二七·五·一五

在4月26日成立的湖南人民反对国际帝国主义大同盟的领导和组织下，湖南各县也开展了声讨蒋介石反革命罪行的斗争。图为5月15日国民党宁乡第四区党部印发的《为反帝讨蒋告民众》书。

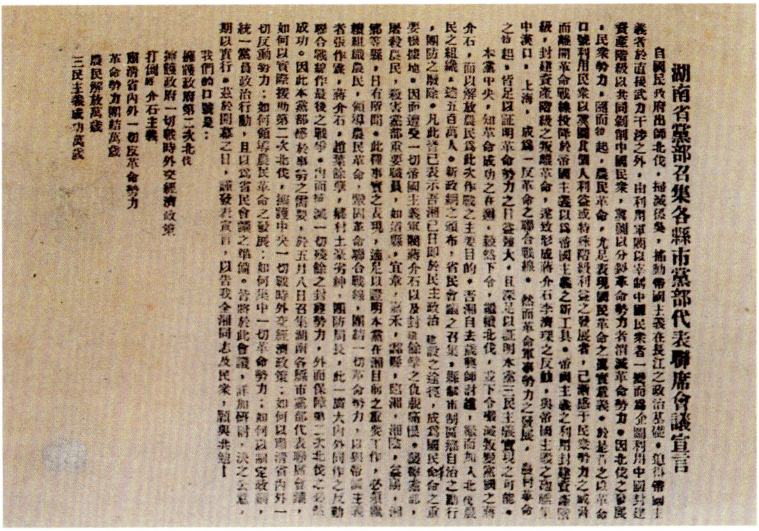

湖南省黨部召集各縣市黨部代表聯席會議宣言

我們的口號是：

擁護政府第二次北伐

擁護政府一切戰時外交經濟政策

打倒蔣介石主義

肅清省內外一切反革命勢力

革命勢力團結萬歲

農民解放萬歲

三民主義成功萬歲

在中共湖南区委的帮助下，国民党湖南省县市特别区党部联席会议于5月8日至19日在长沙召开。会议通过了关于土地、政权、武装等一系列有利于革命运动发展的决议案，进一步推动了革命向纵深发展。图为联席会议宣言。

何键，醴陵人。1926年7月参加北伐，任第八军第一师师长。攻克武汉后升任第三十五军军长。幕后策动“马日事变”。次年任湖南省清乡督办署会办、省政府主席。

许克祥，湘乡人，行伍出身。“马日事变”时担任叛乱总指挥，所部三十三团为叛军主力。后升任副师长。

受三十五军军长何键的派遣，余湘三于5月初抵达长沙策动反革命叛乱。图为5月17日余湘三与独立三十三团团长许克祥（中）、王东原等在许克祥的团部策划，确定于21日晚发动叛乱（剧照）。

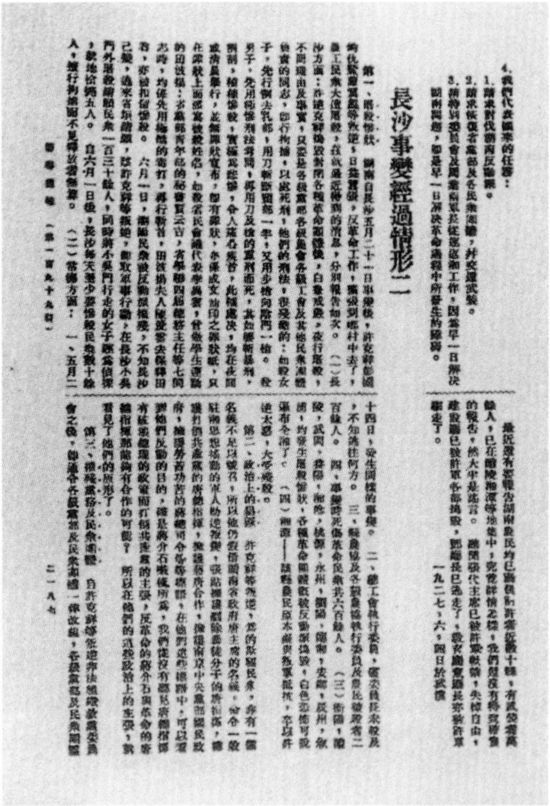

長沙事變經過情形二

5月21日晚，许克祥等部叛军1000多人，分途袭击、捣毁省总工会、省农民协会及国民党省党部和长沙市党部，杀害共产党员、国民党左派及革命群众100多人。图为柳直荀写的马日事变经过情形。

国民党军警在长沙街头抓捕共产党人和革命群众

二、十万工农武装进击长沙

马日事变发生后，湖南共产党人和工农群众没有被反革命屠杀所吓倒，在中共湖南临时省委的动员组织下，十万工农武装向长沙进攻，试图平定这次反革命叛乱，但旋即被迫停止。这一壮举，是大革命时期湖南工农运动发展的最高峰，是湖南党组织独立领导工农武装对反革命叛乱的一次有力反击，在湖南人民革命史上写下了光辉的一页。

5月23日，省农协秘书长柳直荀在湘潭县城召开军事会议，成立湖南工农义勇军总司令部。会议推举柳直荀任工农义勇军总司令，并通电全省各县组织工农武装，约同分路进攻并夺取长沙。

湘乡农军由县农民自卫军副大队长邹祖培（照）带领，奔向湘潭、湘乡、宁乡三县工农武装汇集的地点——湘潭姜畲。

醴陵县农民自卫军总指挥潘疆爪（画照）

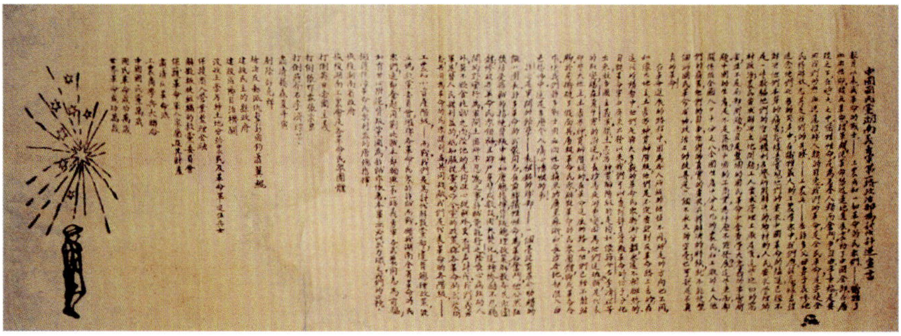

5月28日，柳直荀、杨昭植、罗学瓒、潘疆爪等在株洲召开会议，确定各县工农武装分四路集中向长沙进攻。第一路由湘潭、湘乡、宁乡三县的工农武装组成，图为第一路义勇军政治部印发的讨伐叛军许克祥的宣言。

宝庆县农民协会委员长欧阳秋曝，率农民自卫军数十人向长沙进发，不幸在途中被反动派阴谋杀害。

浏阳农军数万人由县委书记潘心源（画照）等率领，向永安市、黄花市一带集中。

中共湘潭地方委员会书记、湘潭县总工会委员长杨昭植（画照），在姜畲农军失败后于赴长沙途中被捕，6月6日被反动派惨杀于湘潭城内学坪。

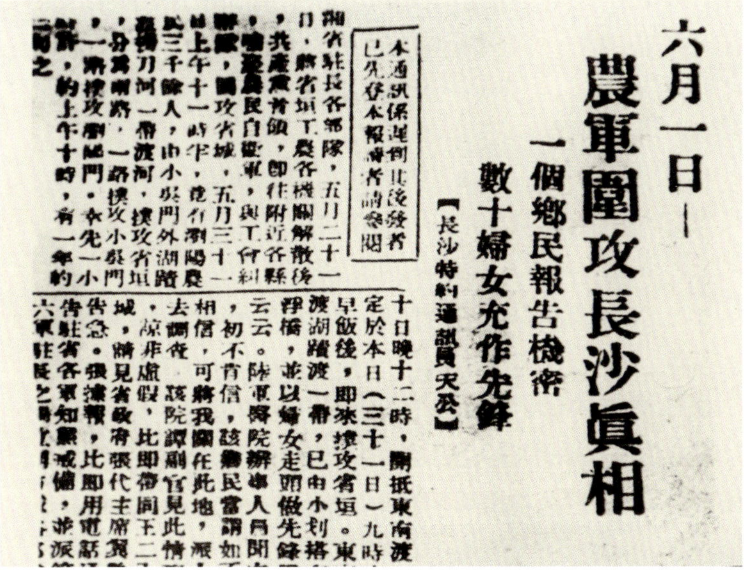

六月一日——

農軍圍攻長沙眞相

一個鄉民報告機密

數十婦女充作先鋒

【長沙特約通訊員（天發）】

湘省駐長各部隊，五月二十一日，將省垣工農各機關解散後，共產黨首領，即往附近各縣……

十日晚十二時，開抵東南渡……定於本日（三十一日）九時早飯後，即來撲攻省垣。東渡湖躧渡一帶，已由小划搭浮橋，並以婦女走頭做先鋒……

各路农军在进军长沙途中，突然接到停止进攻的命令。浏阳农军因未接到命令，于5月31日上午打到长沙小吴门、浏阳门外和南门口，击毙敌军连长1人、排长2人、士兵数十人，但终因得不到配合，被迫退却。图为浏阳农军进攻长沙的报道。

田波扬，湖南浏阳人。1923年加入中国共产党。1924年回家乡进行革命活动，同潘心源等建立了浏阳第一个党组织。1926年夏起，任中国共产主义青年团湖南区委宣传部长、中国共产主义青年团湖南省委书记等职。1927年4月当选为团中央委员。1927年5月21日“马日事变”当晚，与妻子陈昌甫一道被捕，于6月6日在长沙英勇就义。

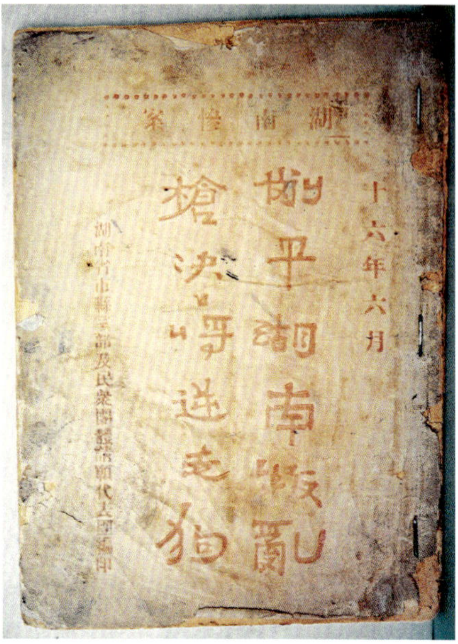

5月下旬至6月上旬，湖南各群众团体不断派代表赴武汉，组成“国民党湖南省市县党部及民众团体请愿代表团”，向国民党中央党部、国民政府、总指挥部进行声势浩大的请愿活动，并向武汉三镇市民散发材料揭露反动派的叛乱罪行。图为代表团编印的《湖南惨案》。

第七节　国民革命时期前后的湖南教育

五四新文化运动的兴起和发展，使“民主”与“科学”的思想逐步深入人心。湖南在“驱张”胜利后，经教育界人士的努力，1920年省议会通过了强迫义务教育案，并于次年1月颁布义务教育实施规程，同时由教职员联合会领导的教育经费独立运动取得初步成功，促使教育事业较快地发展。全省小学校，1920年为8456所，1922年增至9571所，1924年再增至17，009所。中等学校由1920年的37所，发展到1925年的84所，其发展速度，在全国位居第二。女子教育发展得更快，据 1922 年统计，全国有女子职业学校 76 所，其中湖南占 18 所。1926 年 1 月，由原工业、法政、商业三所专门学校合并组成湖南大学，至此，湖南开始有了本省的公立综合大学。几年间，教育研究和教学改革也蔚然成风，其中小学界以楚怡小学最为突出，中等师范的教学改革则首推湖南省立第一师范。自“驱张”运动之后，大规模的平民教育在湖南开展起来，次年由湖南推向其他各省，湖南遂被称为“平民教育策源地”。自湖南实现国共合作和北伐中产生新的省政府后，湖南的文化教育事业进入一个新的阶段。省政府采取了一系列措施革新教育，使全省的教育蓬勃发展起来。特别是农民协会大办教育，取得显著成就。农民夜校、农村小学、农运讲习班如雨后春笋，数十万人在短时间内受到文化教育，创造了中国文化教育发展史上的奇迹。

1903年，明德中学12位学生在周震麟等的支持下，租用高码头民房创办修业小学。辛亥革命前后修业集小学部、师范部、工业部、农业部于一校，成为湖南省最早的综合性学校之一。修业农业部，1923年2月始办于长沙南郊新开铺，利用荒山植树造林，开辟园圃水田，设棉稻试验场。北京《独立评论》称：“湖南水稻改良，修业开先河 ”。图为修业学校校门旧貌。

1905 年民主革命先驱禹之谟创办的唯一学堂，于 1912 年更名为湖南私立广益中学。图为始建于 1905 年的长沙广益中学熙宁街校址。

广益中学教员办公室

广益中学操场

楚怡学校始设于1906年，由著名教育家陈润霖创办，何叔衡、熊瑾玎、黄醒、陈奎生、陈子展等名师曾执教于此。20世纪20年代初，该校的教育改革取得显著的成绩。

何叔衡（前排左三）1918年与楚怡小学师生合影

教育家朱剑凡创办的周南女子中学，1916年改为湖南私立周南女子中学，成为湖南第一所正规女校。图为周南女子中学校门。

周南女校创办人朱剑凡

周南女中校园旧貌

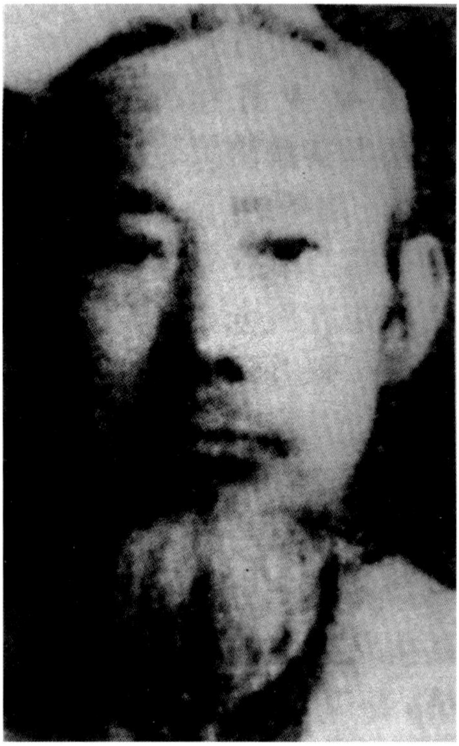

岳云中学校长何炳麟，湖南酃县（今炎陵县）人，1902年入湖南师范馆，任岳云中学校长44年。

1909 年何炳麟创办的南路公学，于 1914 年改名为湖南私立岳云中学。抗日战争中该校迁至南岳，成为衡山第一中学的前身。图为 20 世纪 20 年代的岳云中学长沙经武门校址。

岳云在湖南私立中学首办艺术专科。后来成为著名音乐家的贺绿汀，1923 年春考入该校艺术专科，1924 年冬毕业留校任音乐教员。图为 1925 年贺绿汀（后排右二）与岳云中学国乐研究会同仁合影。

创办于1903年的明德学堂，于辛亥革命后改名为湖南私立明德中学。图为建于1909年的明德中学四箴堂。

长沙明德中学创办人胡元倓1938年与家人合影于明德寓所

福湘女子中学于1913年建于长沙北门外长春巷，由美国基督教长老会、遵道会、循道会成员牧拿亚女士创办。1928年福湘在教育部立案，成为一所私立女子中学，校长改由中国人担任。图为福湘女中教学楼。

福湘女子中学校园建筑——回廊

美国耶鲁大学雅礼协会1906年11月16日在长沙西牌楼创办的“雅礼大学堂”，辛亥革命以后改名为长沙私立雅礼中学。图为雅礼中学老校门。

1919年的长沙雅礼中学麻园岭校舍

麻园岭雅礼中学全貌

1920年后，雅礼大学接办湘雅医学专门学校医学预科，1927年下半年并入武昌文华大学。图为1924年雅礼大学部分毕业生纪念照。

湘雅医学院于1914年由湖南育群学会与美国雅礼协会联合创建，是我国创办较早的一所西医高等学校。图为1918年由长沙潮宗街迁至外麻园岭时的湘雅医学院。

湘雅医学院长沙外麻园岭校址

1937 年湘雅医学院第十一届部分学生毕业合影

1901 年秋，美国传教士海维礼之妻海光中博士在岳阳塔前街乾明寺创办“美立贞信女子学校”，1922 年，国民政府改革学制，更名为“岳阳私立贞信女子中学”，由中国人任校长。图为 20 世纪初的岳阳贞信女子中学。

20世纪40年代，参加大扫除的贞信女子中学学生。

1923年瑞典信义会创办于益阳的“信义大学”。该校设文、理两科，文科设欧洲方言系与社会科学系，理科设数理系、生物系。图为信义大学校舍之一。

1924年1月湖南工业专门学校、商业专门学校、法政专门学校合并，1926年1月定名为湖南大学。这是20世纪30年代湖南大学鸟瞰图。

湖南大学试验工场

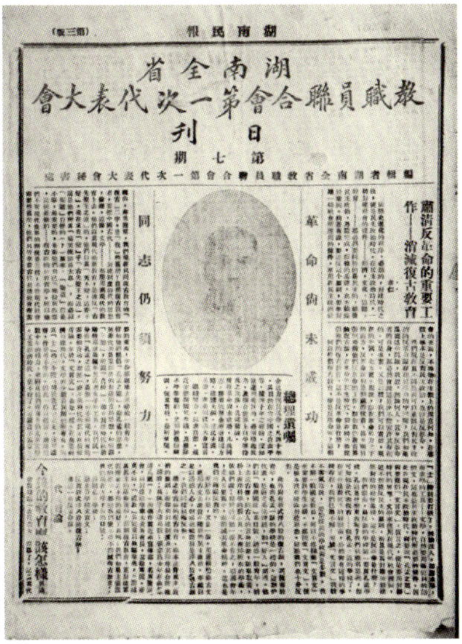

(第三版) 湖南民報

湖南全省
教職員聯合會第一次代表大會
日刊
第七期

肅清反革命的重要工作——消滅復古教育

革命尚未成功
同志仍須努力

總理遺囑

湖南全省教职员联合会第一次代表大会日刊第七期

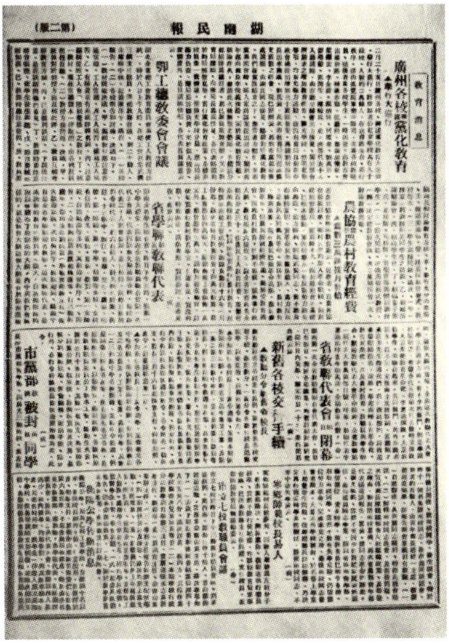

(第二版) 湖南民報

廣州各校黨化教育

鄂工聯教委會會議

省學聯教聯代表

省教聯代表會閉幕

《湖南民报》上刊载的有关湖南教育情况的报道

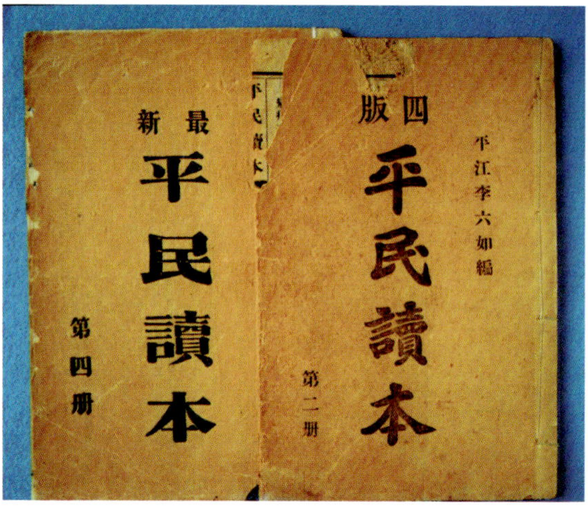

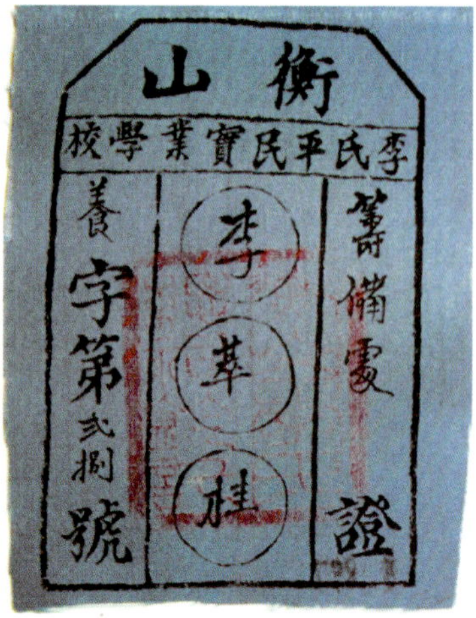

平民教育是五四时期新提出的一个教育口号。1920 年下半年，大规模的平民教育率先在湖南开展起来。1921 年底，教育界人士罗教铎、周方等开始倡办湖南平民教育，租用颜子庙开办“基本平民补习学校”，翌年 5 月正式开学，这是全国第一所专设的平民学校。随后，平民教育由湖南推向全国各地，湖南遂被誉为“平民教育策源地”。中共湖南党组织指派李六如参加平民教育促进会的工作，出任副董事长。左图为李六如编写的《平民读本》。右为衡山李氏平民实业学校筹备处的工作人员证。

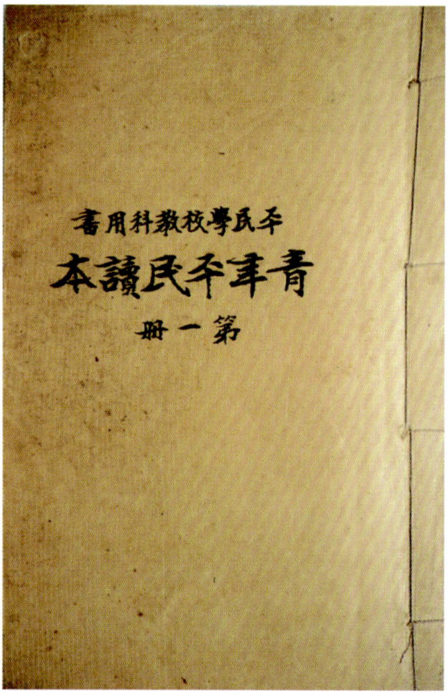

1926年湖南衡山华湘代印的平民学校教科用书《青年平民读本》第一册

1926年湖南衡山华湘代印的平民学校教科用书《青年平民读本》第二册

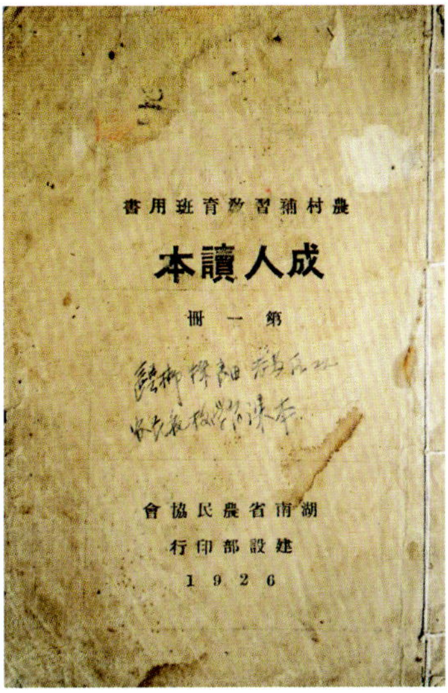

1926年湖南省农民协会建设部编印的农村补习教育班用书《成人读本》第一册

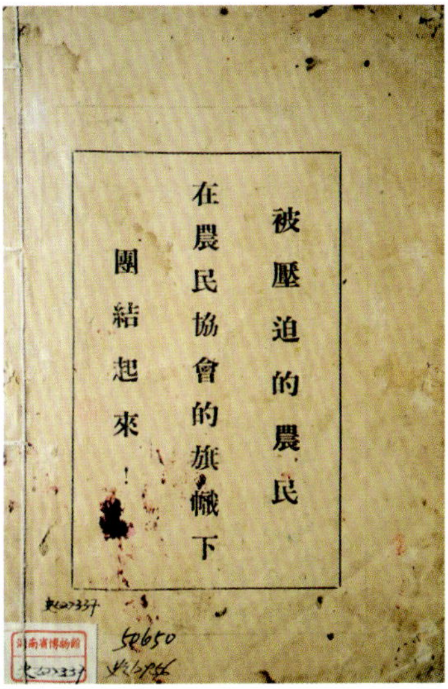

《成人读本》第一册封底

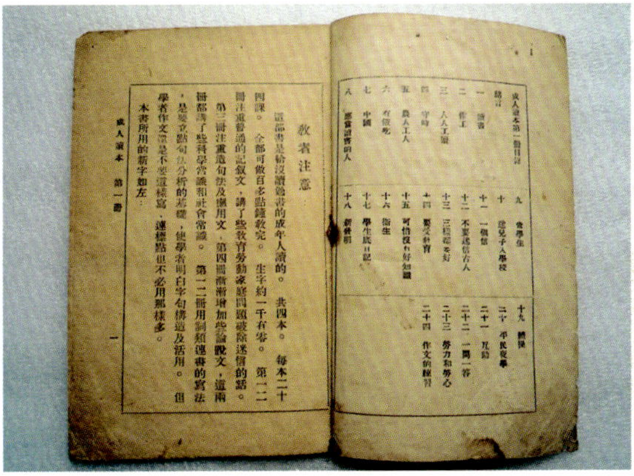

《成人读本》第一册目录与“教者注意”

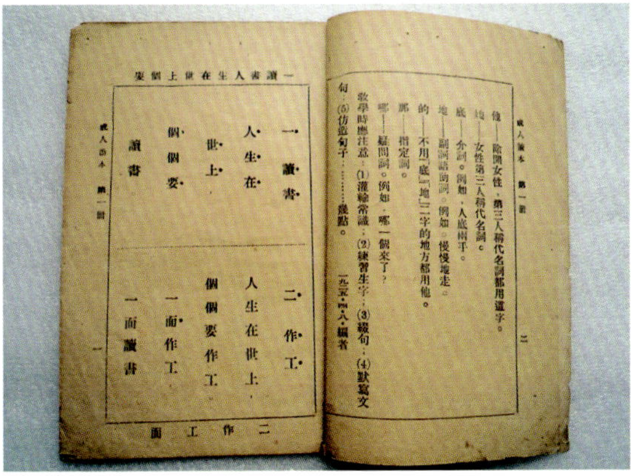

《成人读本》第一册课文

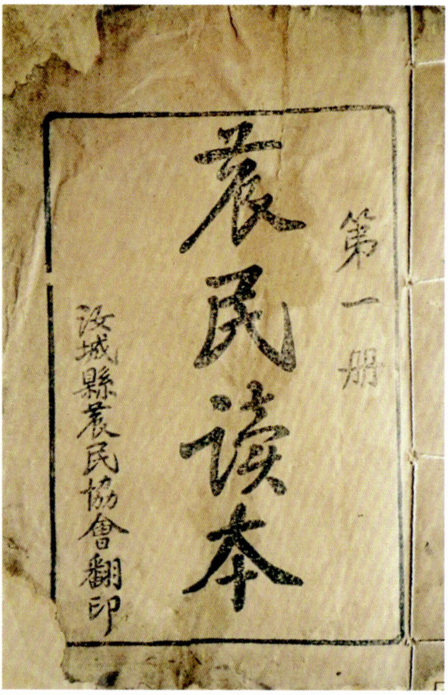
农民读本
第一册
汝城縣農民協會翻印

1927年湖南汝城县农民协会翻印的《农民读本》第一册

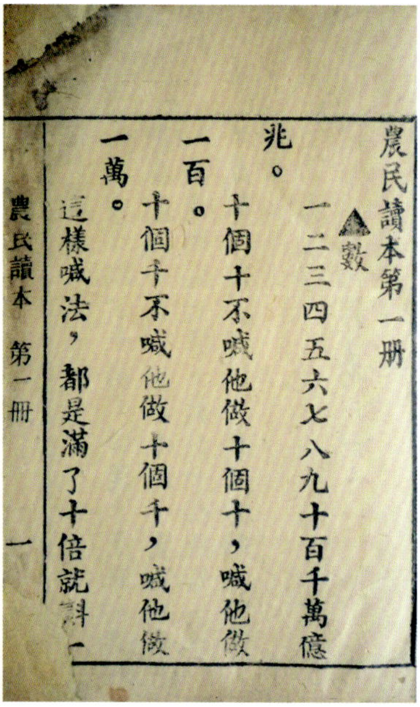
農民讀本第一冊

▲數

一二三四五六七八九十百千萬億兆。

十個十不喊他做十個十，喊他做一百。

十個千不喊他做十個千，喊他做一萬。

這樣喊法，都是滿了十倍就升一

農民讀本 第一冊 一

《农民读本》第一册课文之一

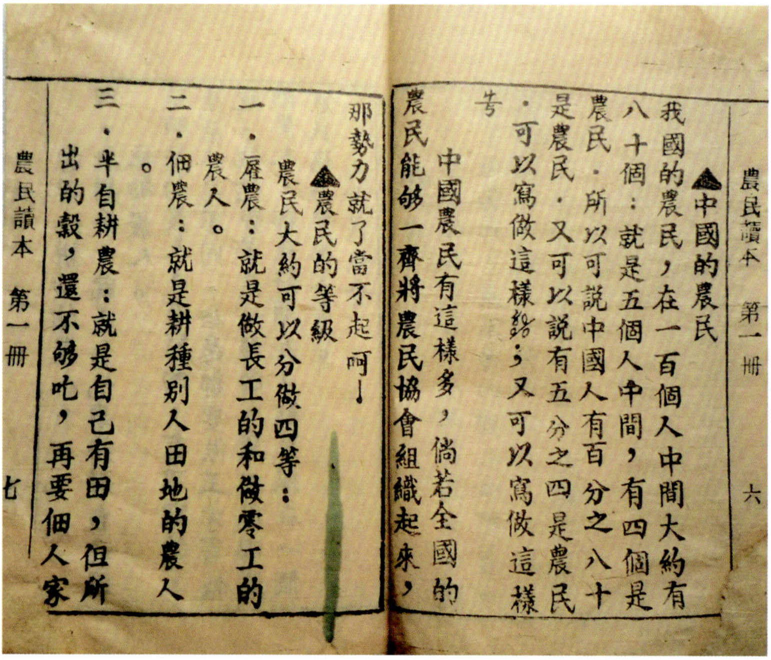
農民讀本 第一冊 六

▲中國的農民

我國的農民，在一百個人中間大約有八十個：就是五個人中間，有四個是農民．所以可說中國人有百分之八十是農民．又可以說有五分之四是農民．可以寫做這樣符；又可以寫做這樣号

中國農民有這樣多，倘若全國的農民能夠一齊將農民協會組織起來，那勢力就了當不起呵！

▲農民的等級

農民大約可以分做四等：

一．雇農：就是做長工的和做零工的農人。

二．佃農：就是耕種別人田地的農人。

三．半自耕農：就是自己有田，但所出的穀，還不夠吃，再要佃人家

農民讀本 第一冊 七

《农民读本》第一册课文之二

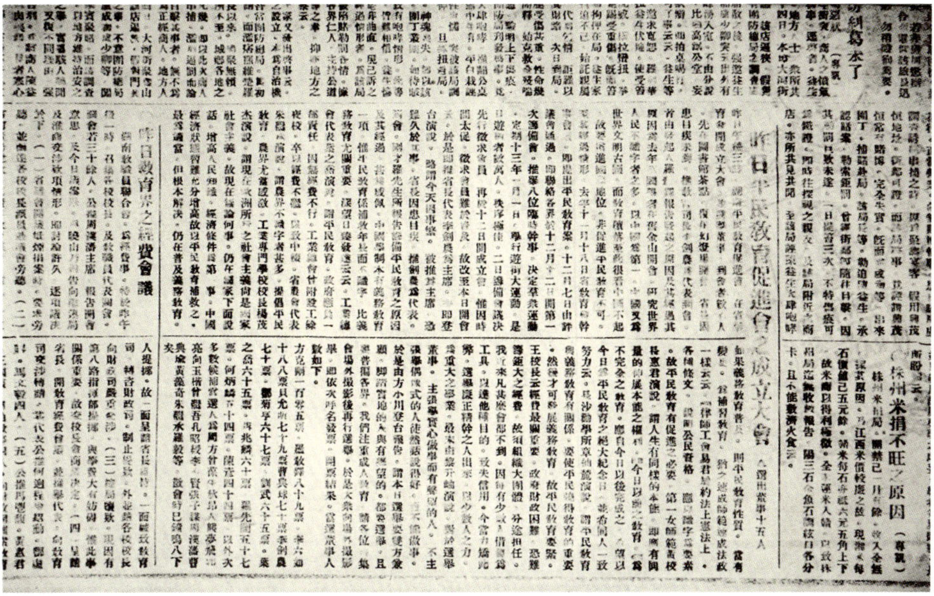

昨日平民教育促進會之成立大會

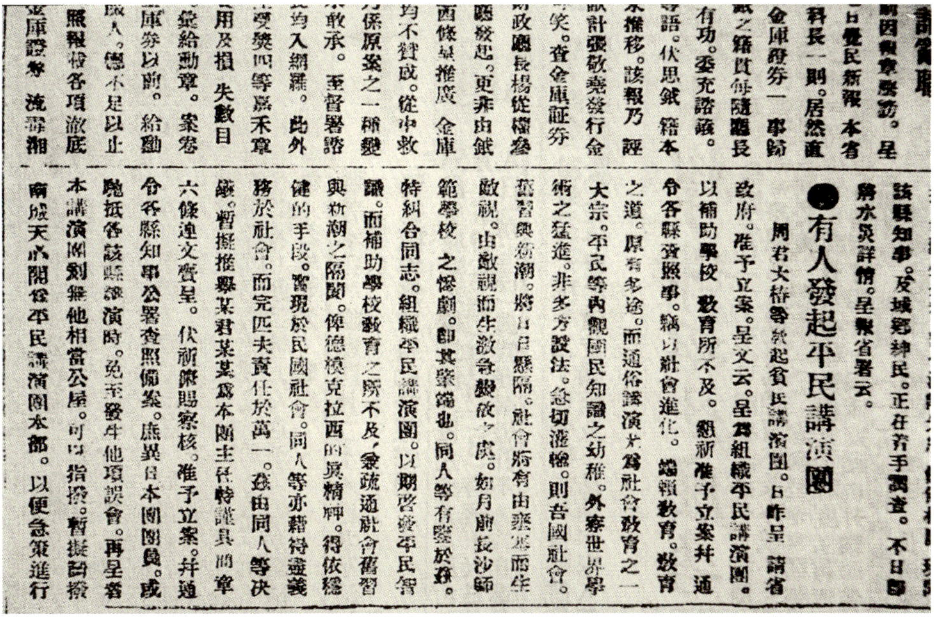

該縣知事。及城鄉紳民。正在着手調查。不日即將水災詳情。呈報省署云。

●有人發起平民講演團

周君文楷等發起貧民講演團。日昨呈請省政府。准予立案。呈文云。呈為組織平民講演團。以補助學校教育所不及。懇祈准予立案并通令各縣資照事。竊以社會進化。端賴教育。教育之道。原有多途。而通俗講演尤為社會教育之一大宗。平民等內觀國民知識之幼稚。外察世界學術之猛進。非多方設法。急切灌輸。則吾國社會。舊習與新潮。將日見懸隔。社會將有由乖離而生敵視。由敵視而生激急變故之虞。如月前長沙師範學校之慘劇。即其察端也。同人等有鑒於茲。特糾合同志。組織平民講演團。以期啓發平民智識。而補助學校教育之所不及。象疏通社會舊習與新潮之隔閡。俾德模克拉西的真精神。得依穩健的手段。實現於民國社會。同人等亦藉得盡義務於社會。而完匹夫責任於萬一。茲由同人等決議。暫擬推舉某君某某為本團主任。特謹具簡章六條連文齎呈。伏祈鈞賜察核。准予立案。并通令各縣知事公署查照備案。庶異日本團團員。或勉抵各該縣講演時。免至發生他項誤會。再呈者本講演團刻無他相當公屋。可以指撥。暫擬西撥南城天心閣為平民講演團本部。以便急策進行

1924年1月15日，湖南省平民教育促进会在省教育会坪开成立大会，推选李剑农、罗先闿、方克刚、罗教铎、郭亮等15人为董事。该会的成立，极大地推动了湖南平民教育运动，到1927年湖南平民教育停办时，全省共开办了近1800所平民学校。图为《大公报》关于平民教育促进会成立大会的消息报道。

本日之反文化侵略運動

蘇俄中山大學生

1926年12月25日，长沙反文化侵略大同盟召开讲演大会，5000余人参加，徐特立、李维汉、朱剑凡、周以栗、夏曦等十余人相继发表演说。同日，各学校上午在校内开讲演会，下午组织200余宣传队分赴各街头、庙宇宣传反对帝国主义文化、宗教侵略。图为《大公报》刊出的消息。

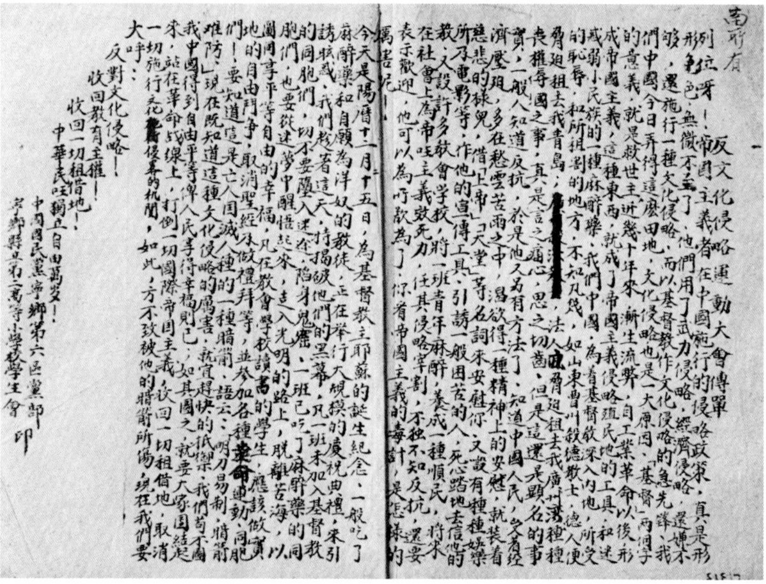
反文化侵略運動大會傳單

国民党宁乡第六区党部、宁乡县立第二高等小学校学生会印发的《反文化侵略运动大会传单》。

第十一章　土地革命战争时期的湖南
(1927.8—1937.6)

国民革命失败后，湖南成为国民党新军阀势力争权夺利的舞台，他们彻底背叛了孙中山联俄、联共、扶助农工三大政策的新三民主义，在湖南逐步形成以何键为代表的反动统治。他们成立了湖南清乡督办署，在全省"清乡铲共"，疯狂摧残工会、农会等革命群众团体，大肆捕杀共产党人、革命群众和青年学生。在1928年5月至11月的半年中，被省清乡督办署直接批准杀害的有1721人。在何键"宁枉勿纵"的大屠杀方针指导下，马日事变至1928年的一年多时间，醴陵有近1万人被杀害，5000多栋民房被烧毁；湘乡大恶霸杨道南在清乡中屠杀工农1200余人。据不完全统计，十年内战时期，湖南被杀害的共产党员和工农革命群众有十几万，其中英名在册的革命烈士有6万多。

为了挽救中国革命，中共中央"八七"会议确定了土地革命和武装反抗国民党反动派的总方针。毛泽东回湖南参与改组中共湖南省委，并领导和发动了秋收起义，在一年多时间里，湖南相继发动湘南起义、桑植起义和平江起义等大小40多起武装起义，先后开辟了井冈山、湘鄂西、湘鄂赣、湘赣和湘鄂川黔等革命根据地，简称苏区，建立了中国工农红军和工农兵苏维埃政权，保存、积蓄了党和红军的力量，成为复兴和发展中国革命的战略基地。井冈山时期，毛泽东著的《中国的红色政权为什么能够存在？》和《井冈山的斗争》，初步地总结了根据地土地革命、武装斗争和党的建设的经验，为工农武装割据，走农村包围城市、武装夺取政权的革命道路奠定了思想基础。1934 年 10 月，中央红军长征，实行战略转移，在湖南突破国民党军的三道防线，在湘江战役中，中央红军虽然遭受惨重损失，但它粉碎了蒋介石消灭红军于湘江以东地区的阴谋，为继续长征夺取胜利创造了条件。从 1934 年 8 月至 1935 年 12 月，中国共产党领导的工农红军第六军团、中央红军和红二、红六军团三支红军队伍相继长征转战或经过了湖南四十多个县市数以千计的乡村，宣传了党和红军的革命政策和政治主张，播下了革命火种。

九一八事变是中华民族局部抗战的开始。湖南人民不分阶级、阶层、性别、民族，纷纷组织起来，投入了抗日救亡运动。一是抗日宣传，揭露日军侵华罪行，激发全民抗日救亡意识；二是抵制日货，打击日军的经济掠夺；三是出钱出力，支援前线抗战。淞沪、长城抗战爆发后，湖南人民以饱满的爱国热情，捐钱捐物，组织青年抗日救国铁血团，成立汽车运输队、医疗救护队，奔赴前线抗战。湖南各界的抗日救亡运动，充分展示了全省人民以爱国主义为核心的民族精神，为七七卢沟桥事变开始的全面抗战作了重要准备。

第一节　新军阀统治在湖南的确立

国民革命失败后，以何键为代表的国民党新军阀统治在湖南确立。1928 年 4 月 27 日，湖南成立全省清乡督办署，划全省为 11 个清乡区，各县设立清乡委员会，实行统一指挥的“清乡铲共”。在“宁枉勿纵”的血腥口号下，大肆屠杀共产党人、工农群众和青年学生。在一年多的时间里，惨死在新军阀“清乡”屠刀下的人数以万计；在强化保甲连坐法的过程中，有近 5 万人以“共产分子”、“暴民”等嫌疑被列入屠杀对象记录在《湖南全省清乡总报告书》中。

何键主湘长达 9 年，在推行“清乡铲共”政策的同时，严厉实施思想文化专制统治。他尊孔复古，围剿革命文化，迫害进步人士，查禁进步书刊。

制定自首自新条例，清查户口，推行保甲连坐法，把广大工农和知识分子列入自首自新名册，践踏他们的人权。在何键反动统治期间，中共湖南地方党组织屡遭破坏，活动日趋艰难，许多党员英勇牺牲，革命形势陷入低潮。面对国民党新军阀的残暴统治和血腥屠杀，湖南人民在中国共产党的领导下，揩干净身上的血迹，掩埋好同伴的尸体，又高举武装斗争的旗帜，为挽救革命而英勇奋斗。

一、新军阀在湖南的反动统治

1929 年 3 月 1 日，蒋介石签署国民政府令，委任何键代理湖南省政府主席，次日，何键宣誓就职，湖南政局纷争结束。为了稳定其反动统治，何键对外采取基本附蒋，又与西南反蒋各派互相勾结的两面派态度；对内厉行“清党铲共”，实施保甲连坐法，大肆屠杀共产党人、革命群众和青年学生。

国民革命失败后，湖南是白色恐怖最严重的省份之一。湖南清乡督办署动用数万军警，在全省城乡疯狂屠杀共产党人、工农群众。这是全省清乡督办署会办何键。

湖南清乡第一区范围包括长沙、岳阳等湘东、湘北 14 个县。这是第一区清乡指挥官张辉瓒。

湖南清乡第二区包括常德、桃源、桑植等湘西北20个县。这是第二区清乡指挥官谭道源。

湖南清乡第四区包括攸县、茶陵等湘东、湘东南21个县。这是第四区清乡指挥官吴尚。

湖南清乡衡永区包括衡阳、衡山、常宁、祁阳、零陵等县。这是衡永区清乡指挥官李朝芳。

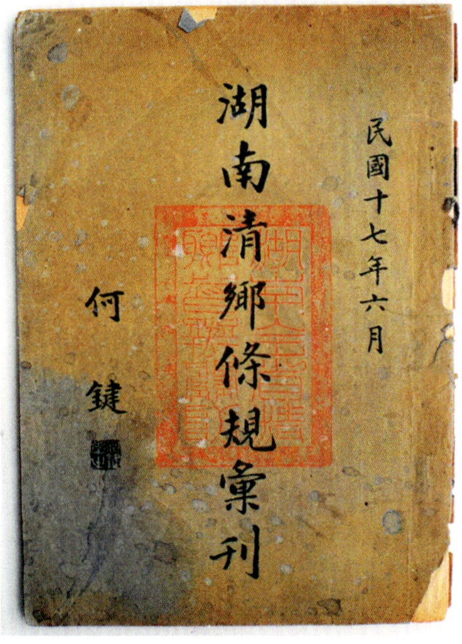

湖南清乡督办署印发的清乡铲共文件《湖南清乡条规汇刊》

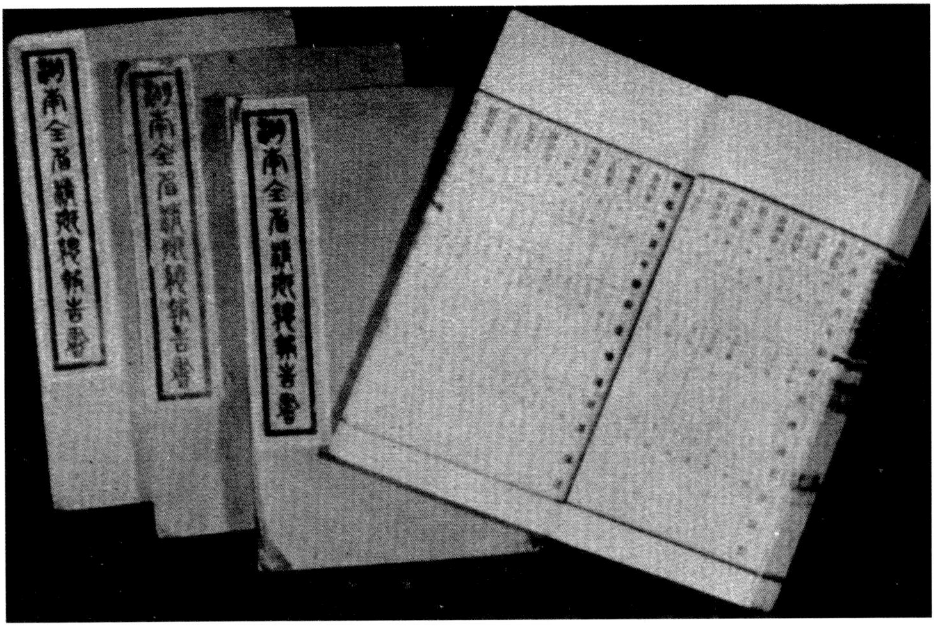

湖南清乡督办署汇编的《湖南全省清乡总报告书》，记录了全省清乡中被杀害的共产党人和革命群众的部分资料，是国民党新军阀在湖南血腥统治的罪证。

1928年3月23日，国民党石门县警察所、团防局勾结当地驻军，包围石门中学和劝学所，捕杀共产党人和国民党左派17人，制造了“石门惨案”。这是石门惨案旧址。

国民党平江县监狱，是国民党湖南当局所设无数地方监狱中的一个，先后有数万共产党人和革命群众在这所监狱里遭受囚禁和杀害。

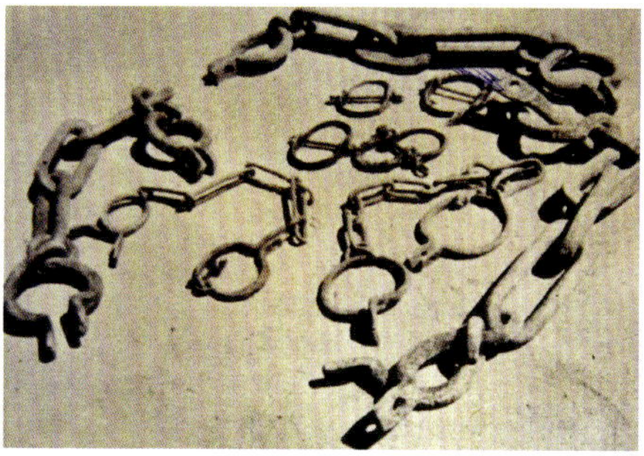

国民党平江县监狱囚禁共产党人和革命群众时使用的脚镣和手铐

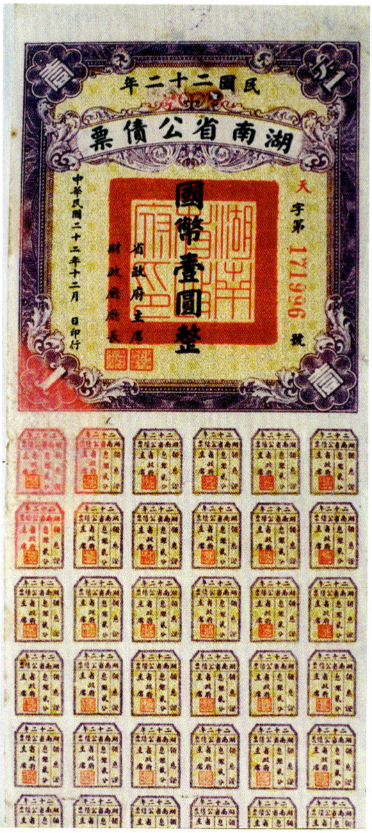

何键政府在政治上实行反动统治的同时，经济上大量发行公债，强迫民众购买。这是何键政府 1933 年发行的公债票。

为禁锢和迫害革命群众，何键在全省推行保甲连坐的“五家连结”法，一家犯事，四家连坐，轻则罚款坐牢，重则杀头。（画照）

二、英勇不屈的共产党人

在国民革命失败后的一年多时间里，惨死在湖南新军阀“清乡”屠刀下的共产党人和革命群众数以万计；在强化保甲连坐法的过程中，有近5万人以“共产分子”、“暴民”等嫌疑，被列为屠杀对象记录在《湖南全省清乡总报告书》中。虽然中共湖南地方党组织屡遭破坏，活动日趋艰难，许多党员英勇牺牲，革命形势陷入低潮，但英勇的湖南共产党人，在党的领导下，不屈不挠地投入新的革命斗争之中。

涂正楚烈士（1900—1928），湖南长沙人，1923年加入中国共产党。长沙“灰日暴动”失败后，任中共长沙市委书记，1928年元月再次组织暴动时，被国民党湖南当局捕杀。

熊亨瀚烈士（1894—1928），湖南桃江人，1926年加入中国共产党。1928年11月，在九江、武汉等地筹划武装斗争时被捕，27日押回长沙，被国民党湖南当局杀害。

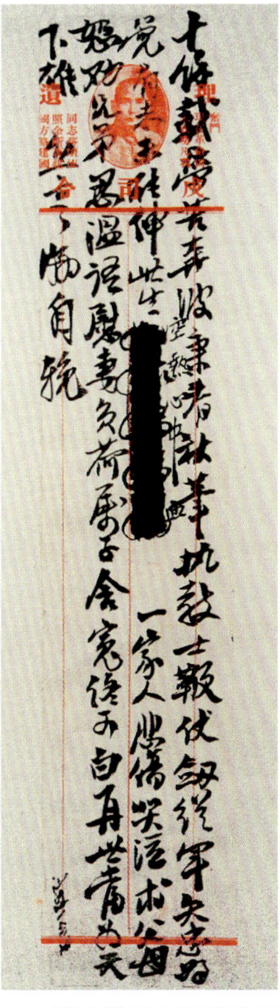

熊亨瀚烈士在狱中写下的自挽绝笔联

向钧烈士（1906—1928），湖南平江人，1923年加入中国共产党，先后担任中共衡阳地委书记、省委农民部长等职务。1928年初被捕，旋即被国民党湖南当局杀害。

郭亮烈士（1901—1928），湖南长沙人，1921年加入中国共产党，湖南著名的工人运动领袖。1928年3月奉命前往岳阳筹建中共湘鄂赣特委时因叛徒出卖被捕，29日被国民党湖南当局杀害于长沙。

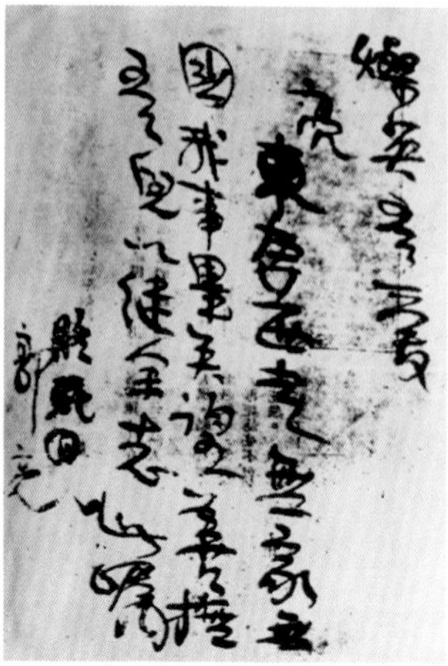

郭亮烈士就义前写给爱妻李灿英的遗书

彭公达烈士（1903 — 1928），湖南湘潭县（今韶山市）人，曾任中共中央政治局候补委员，中共湖南省委书记。1928年7月中旬在安源被捕，8月7日被国民党湖南地方当局杀害于长沙。（画照）

林蔚烈士（1898 — 1928），湖南湘潭县（今韶山市）人，曾任中共湖南省委代理书记。1928年3月12日，在抗击国民党湘东地方当局及地主武装的“清乡”斗争中，受伤被捕，次日就义于醴陵状元洲。

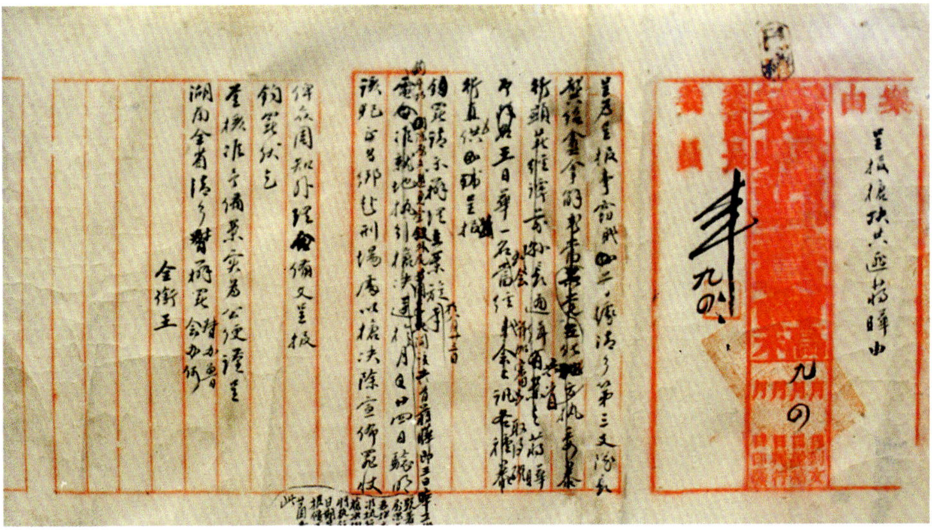

蒋晔烈士（1906—1928），湖南安化人，1926年加入中国共产党，先后担任省农运特派员、中共安化县委书记。1928年7月被捕，8月被国民党湖南当局杀害。这是国民党安化县清乡委员会为枪杀蒋晔给省清乡督办署的呈文。

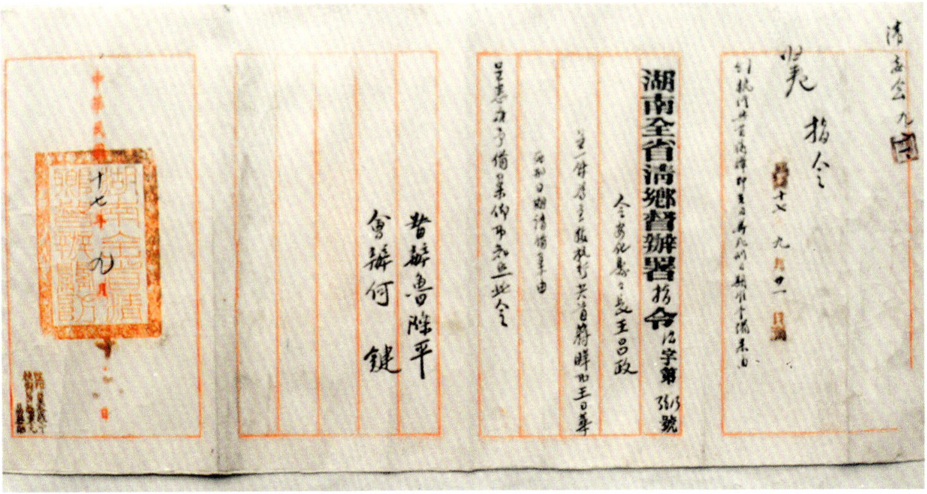

湖南清乡督办署给安化县长王昌政关于限期执行蒋晔死刑日期的指令

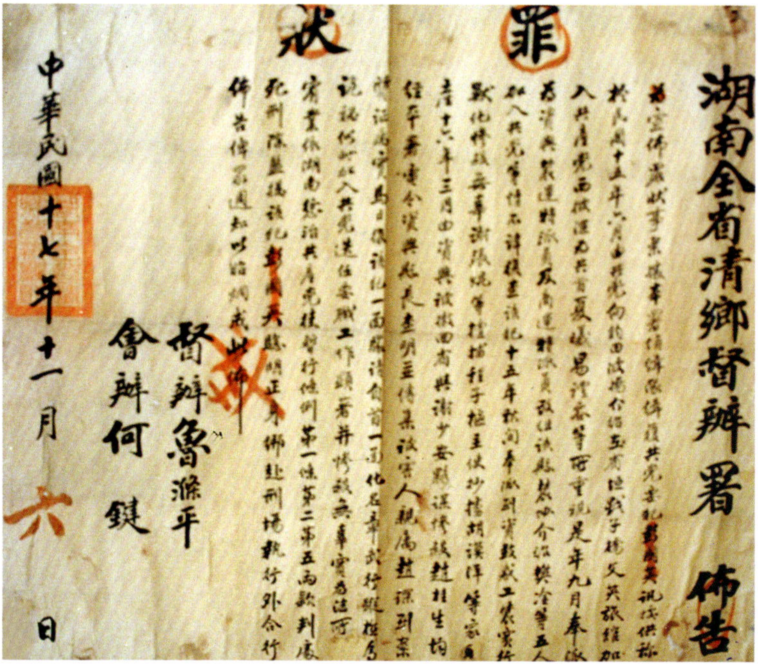

湖南全省清乡督办署 布告

罪状

督办鲁涤平

会办何键

中华民国十七年十一月 六 日

国民党湖南全省清乡督办署枪杀共产党人彭国英张贴的“罪状”布告

刘泽厚烈士（？—1929），湖南常德人，曾任中共湘西特委书记。1929年1月被捕，3月被国民党常德地方当局杀害。

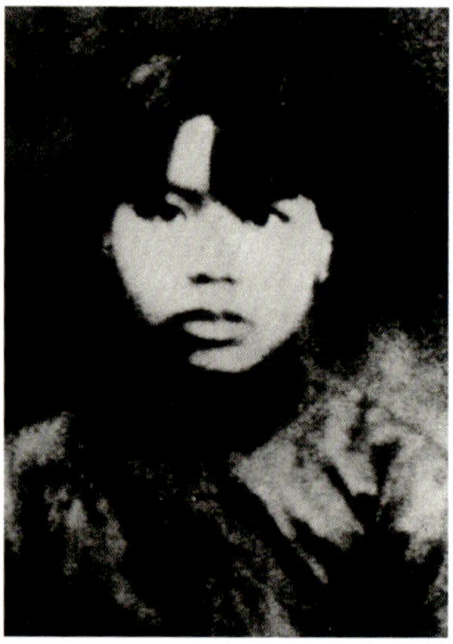

毛泽建烈士（1905—1929），湖南湘潭人，毛泽东堂妹，曾任中共衡山县委妇运委员、耒阳女界联合会负责人。1928年参加湘南起义，5月在一次战斗中被捕，被国民党衡阳地方当局杀害。

陈芬烈士（1903—1928），湖南耒阳人，毛泽建的丈夫，曾任中共湘南地委委员、郴县地方执委会书记、衡山县委书记。1928年参加湘南起义，5月在一次战斗中被捕后被国民党耒阳地方当局杀害。

浏阳文家市群众写的反对清乡标语

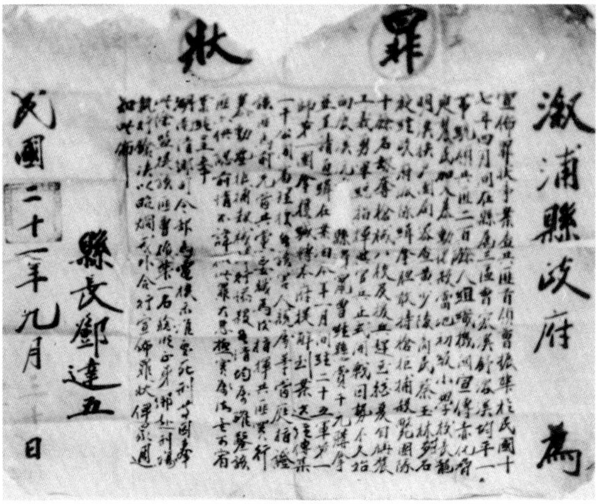

国民党溆浦县政府1932年9月30日枪杀共产党人曹振邦时张贴的布告

1930年10月24日，中国共产党员毛泽东夫人杨开慧在板仓被捕入狱，11月14日被杀害于长沙浏阳门外的识字岭。这是杨开慧生前与子毛岸英、毛岸青在一起。

第二节　工农红军和农村革命根据地的创建

1927年8月7日，中共中央在汉口召开紧急会议，确定土地革命和武装反抗国民党反动派的总方针。毛泽东受中共中央委派回湖南协助改组中共湖南省委，领导、发动了湘赣边界秋收起义，进军湘赣边，建立了中国工农红军，在井冈山创建了第一个农村革命根据地。

此后，中共湖南省委相继发动了湘南起义、桑植起义、平江起义等大小数十次工农武装起义。先后建立起湘鄂赣、湘鄂西、湘赣、湘鄂川黔等边区农村根据地，实行工农武装割据，直接威胁到国民党的反动统治。毛泽东写的《中国的红色政权为什么能够存在？》和《井冈山的斗争》等著作，初步总结了工农武装割据的经验，创造了红色政权建设的理论，也为探索农村包围城市、武装夺取政权的革命道路作了重要准备。

一、秋收起义和井冈山革命根据地的创建

1927年9月，毛泽东受中共中央和湖南省委的委托，在湘赣边界发动和领导秋收起义，公开打出中国共产党的旗帜。起义受挫后，以毛泽东为书记的前敌委员会毅然决定改变原订会攻长沙的计划，率部向敌人统治力量比较薄弱的罗霄山脉中段的井冈山地区进军，开创了中国第一个农村革命根据地——井冈山根据地，开始了中国革命新道路的艰苦探索。

8月下旬，原武汉国民政府警卫团与平江、浏阳农军等单位负责人根据党的指示在江西修水山口镇召开会议，将几支武装队伍编成江西省防军暂编第一师。秋收起义前敌委员会以此为基础组建工农革命军第一军第一师。这是山口会议旧址。

秋收起义前敌委员会（简称前委）书记毛泽东

9月初，毛泽东在安源工人补习学校——张家大屋，主持召开秋收起义军事会议，成立起义指挥机关和工农革命军，部署起义计划。这是安源军事会议旧址——张家大屋。

9月9日，以毛泽东为书记的中共湖南省委前敌委员会，公开打出中国共产党的旗帜，领导湘赣边界工农武装——工农革命军第一军第一师，发动了震惊中外的秋收起义。这是工农革命军第一军第一师旗帜。

秋收起义画照（油画作者何孔德、高泉、纪晓秋、陈玉先）

工农革命军第一军第一师总指挥卢德铭

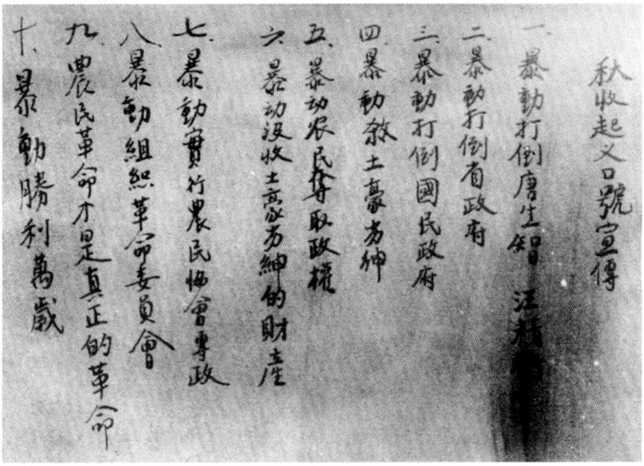

秋收起义口號宣傳

一、暴動打倒唐生智 汪精衛

二、暴動打倒省政府

三、暴動打倒國民政府

四、暴動殺土豪劣紳

五、暴動農民奪取政權

六、暴動沒收土豪劣紳的財產

七、暴動實行農民協會專政

八、暴動組織革命委員會

九、農民革命才是真正的革命

十、暴動勝利萬歲

秋收起义宣传口号

参加秋收起义的工农革命军部分指战员1937年5月在延安合影。前排左起：赖传珠、张宗逊、孙开楚、赖毅、谭冠三等；后排左起：杨立三、陈伯钧、毛泽东、龙开富、周昆、谭希林、罗荣桓、谭政、刘型、杨梅生、胡有才、贺子珍。

根据前委部署，工农革命军师部及第一团拟从江西修水，经平江会攻长沙，进军途中因团长邱国轩率部叛变，师部及一团转平江、浏阳边界，向三团跟进。这是师部与一团起义出发地——江西修水。

工农革命军第二团起义出发地——江西铜鼓萧家祠

起义发动后，前委书记毛泽东随三团行动。这是三团出发地——江西铜鼓。

工农革命军进攻醴陵县城时与敌军激烈争夺的渌江大桥

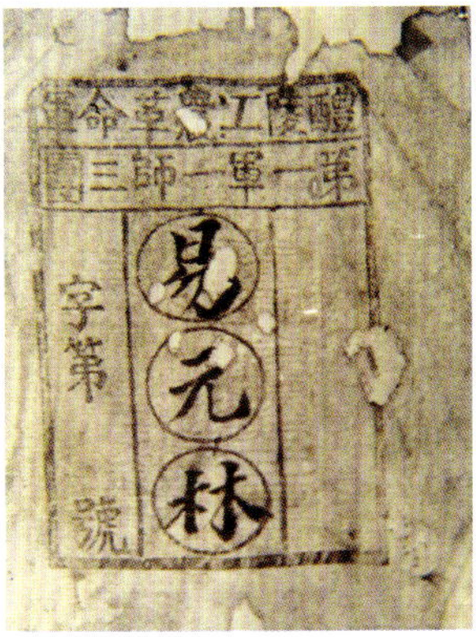

工农革命军攻占醴陵后，成立了中国革命委员会湖南醴陵分会，相继恢复了县总工会和县农民协会，醴陵街头重现轰轰烈烈的革命景象。这是醴陵工农革命军使用的布符号。

9月中旬，因敌强我弱，秋收起义各路武装相继受挫，奉命向浏阳文家市会合。这是浏阳文家市。

19日晚，前委在文家市里仁学校举行会议。毛泽东根据敌强我弱的形势作出到湘粤赣边境农村坚持武装斗争的主张，得到总指挥卢德铭的支持。这是前委会议旧址里仁学校教室。

9月20日早晨，工农革命军1500余人在里仁学校操坪听取毛泽东关于向湘赣边农村转移的动员报告。21日，部队由文家市向湘赣边农村山区进军。这是中国革命从城市退却向农村进军、探索新道路的起点。图为文家市里仁学校操坪。

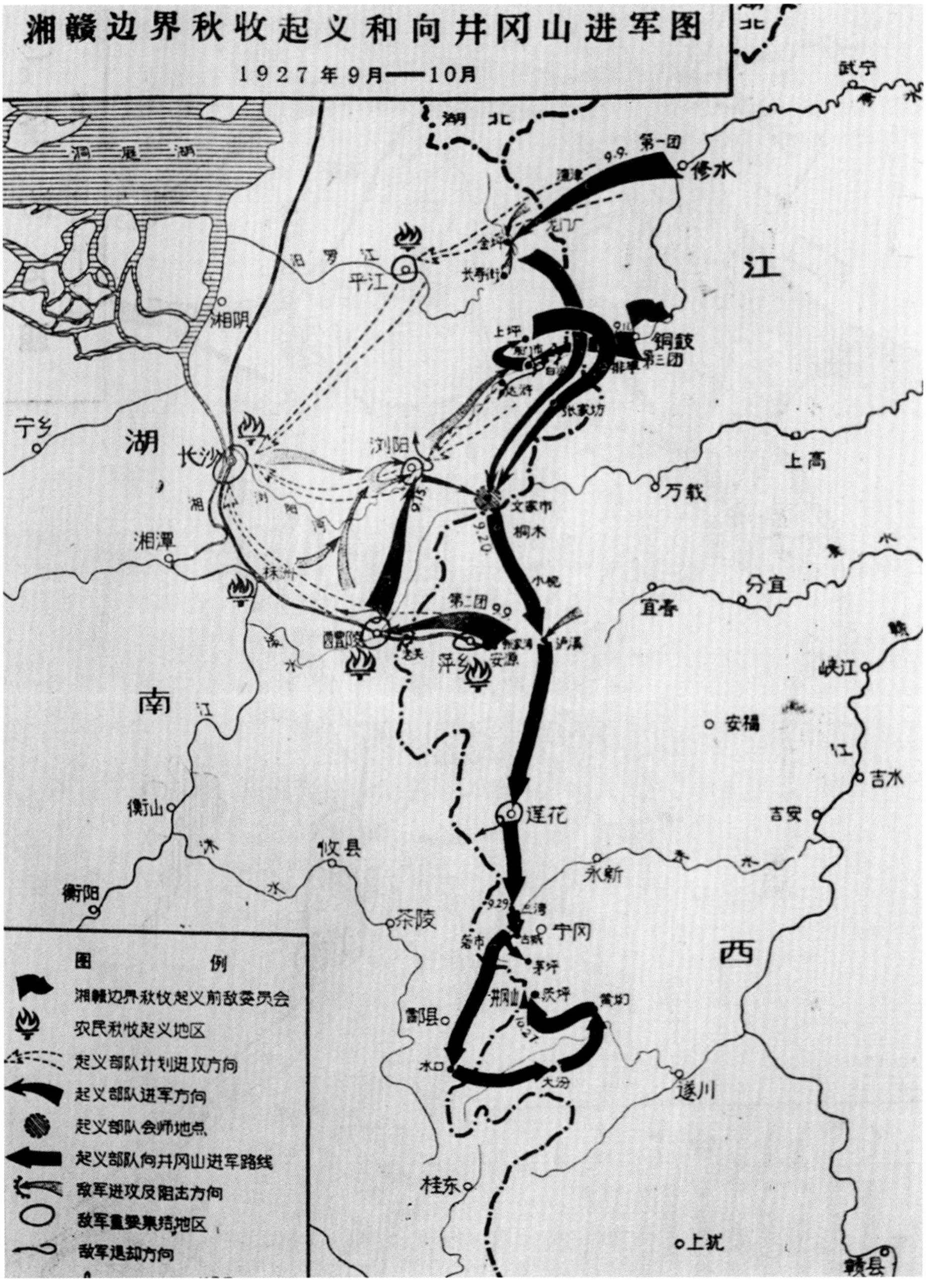

湘赣边界秋收起义和向井冈山进军路线图

9月29日，工农革命军到达江西永新的三湾村，毛泽东对部队进行了改编，作出“将支部建在连上”的重大决策，提出在井冈山地区建立革命根据地的设想。图为毛泽东在作部队改编的动员讲话画照（油画作者：许宝中、李泽浩）。

10月7日，工农革命军在袁文才、王佐的协助下进驻井冈山茅坪，开始创建井冈山革命根据地。这是参加井冈山斗争的部分人员长征到达陕北后在保安合影。前排左起：罗荣桓、谭希林、陈光、杨立三、陈士渠、宋裕和、林彪；后排左一赵尔陆、左五孙开楚、左六毛泽东。

10月中旬，毛泽东率工农革命军沿井冈山边境开展游击战争，队伍由茅坪经酃县（今炎陵县）十都到达水口。毛泽东在水口叶家祠堂主持了赖毅等6名新党员的入党宣誓仪式。这是酃县水口叶家祠堂。

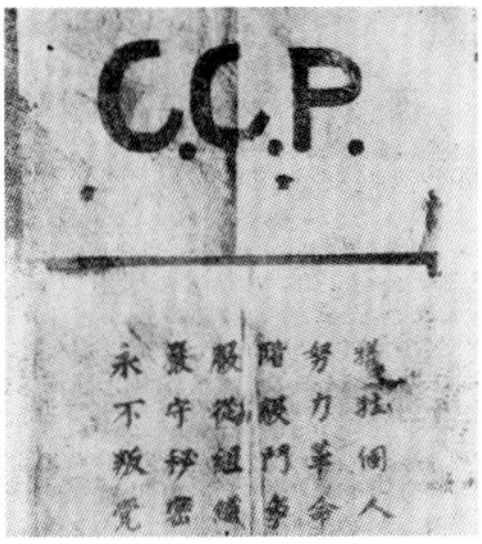

“三湾改编”、“水口建党”，“支部建在连上”，从政治上、组织上奠定了新型人民军队的基础，成为中国共产党建设新型人民军队的伟大开端。这是水口新党员入党宣誓仪式上挂贴的党旗和入党誓词。

1927年11月18日，工农革命军攻下茶陵县城，建立了井冈山根据地第一个县级红色政权——茶陵县工农兵政府，谭震林为主席。这是工农革命军在茶陵的驻址——洣江书院。

工农兵政权建立后，工会等群众组织相继恢复和重建。这是茶陵县总工会旧址——江西会馆。

中共茶陵县委旧址——福音堂

井冈山时期毛泽东在茨坪的旧居

毛泽东主持制定的井冈山《土地法》，这是党领导新民主主义革命制定和实施的第一个土地法。

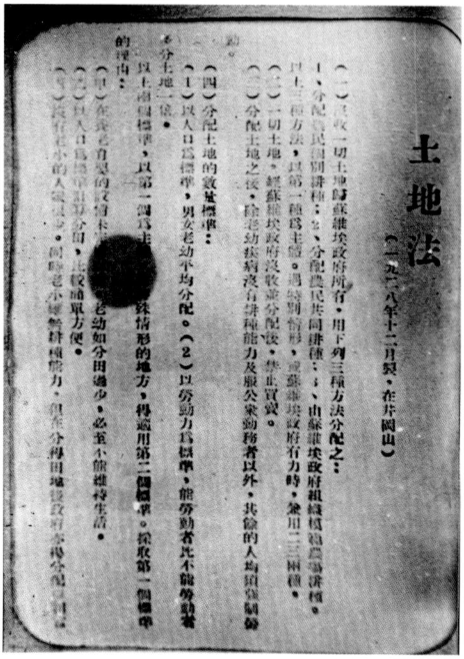

土地法

（一九二八年十二月製，在井岡山）

（一）沒收一切土地歸蘇維埃政府所有，用下列三種方法分配之：1、分配農民個別耕種；2、分配農民共同耕種；3、由蘇維埃政府組織模範農場耕種。以上三種方法，以第一種爲主體。遇特別情形，或蘇維埃政府有力時，兼用二三兩種。

（二）一切土地，經蘇維埃政府沒收並分配後，禁止買賣。

（三）分配土地之後，除老幼疾病沒有耕種能力及服公衆勤務者以外，其餘的人均須強制勞動。

（四）分配土地的數量標準：

（1）以人口爲標準，男女老幼平均分配。（2）以勞動力爲標準，能勞動者比不能勞動者多分土地一倍。

以上兩個標準，以第一個爲[illegible]殊情形的地方，得適用第二個標準。採取第一個標準的理由：

（甲）在養老育兒的設[illegible]老幼如分田過少，必至不能維持生活。

（乙）以人口爲標準計算分田，比較簡單方便。

（丙）沒有老小的人家很少，同時老小雖無耕種能力，但在分得田地後政府可以分配[illegible]

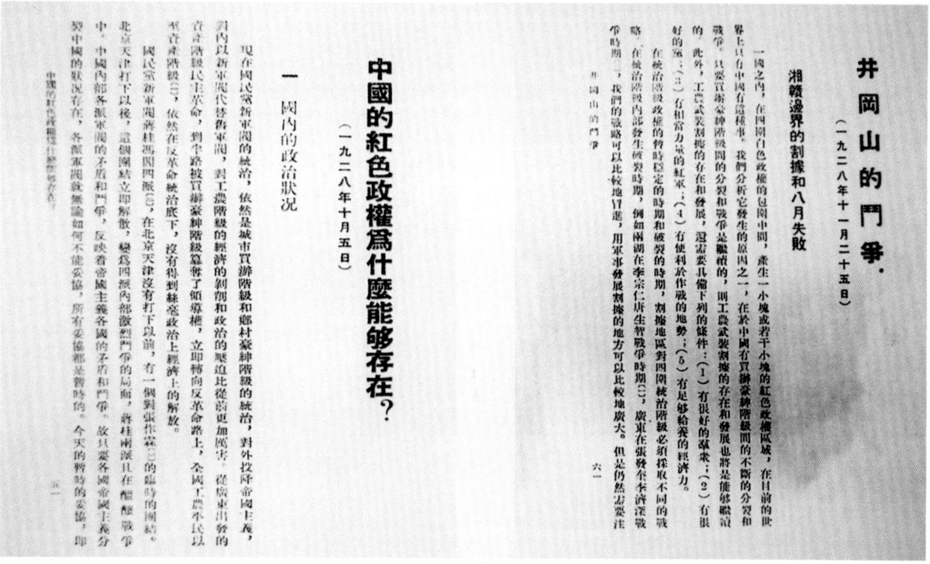

井岡山的鬥爭

（一九二八年十一月二十五日）

湘贛邊界的割據和八月失敗

一國之內，在四圍白色政權的包圍中間，產生一小塊或若干小塊的紅色政權區域，在目前的世界上只有中國有這種事。我們分析它發生的原因之一，在於中國有買辦豪紳階級間的不斷的分裂和戰爭。只要買辦豪紳階級間的分裂和戰爭是繼續的，則工農武裝割據的存在和發展也將是能夠繼續的。此外，工農武裝割據的存在和發展，還需要具備下列的條件：（1）有很好的群衆；（2）有很好的黨；（3）有相當力量的紅軍；（4）有便利於作戰的地勢；（5）有足夠給養的經濟力。

在統治階級政權的暫時穩定的時期和破裂的時期，割據地區對四圍統治階級必須採取不同的戰略。在統治階級內部發生破裂時期，例如兩湖在李宗仁唐生智戰爭時期〔一〕，廣東在張發奎李濟深戰爭時期〔二〕，我們的戰略可以比較地冒進，用軍事發展割據的地方可以比較地廣大。但是仍然需要注

井岡山的鬥爭　六一

中國的紅色政權爲什麼能夠存在？

（一九二八年十月五日）

一　國內的政治狀況

現在國民黨新軍閥的統治，依然是城市買辦階級和鄉村豪紳階級的統治，對外投降帝國主義，對內以新軍閥代替舊軍閥，對工農階級的經濟的剝削和政治的壓迫比從前更加厲害。從廣東出發的資產階級民主革命，到半路被買辦豪紳階級篡奪了領導權，立即轉向反革命路上，全國工農平民以至資產階級〔一〕，依然在反革命統治底下，沒有得到絲毫政治上經濟上的解放。

國民黨新軍閥蔣桂馮閻四派〔二〕，在北京天津沒有打下以前，有一個對張作霖〔三〕的臨時的團結。北京天津打下以後，這個團結立即解散，變爲四派內部激烈鬥爭的局面，蔣桂兩派且在醞釀戰爭中。中國內部各派軍閥的矛盾和鬥爭，反映着帝國主義各國的矛盾和鬥爭。故只要各國帝國主義分裂中國的狀況存在，各派軍閥就無論如何不能妥協，所有妥協都是暫時的。今天的暫時的妥協，即

中國的紅色政權爲什麼能夠存在？　五一

井冈山时期，毛泽东总结了湘赣等根据地的土地革命、武装斗争和党的建设的成绩与经验，著有《中国的红色政权为什么能够存在？》、《井冈山的斗争》等光辉著作，从思想理论及方针政策上阐明和回答了“工农武装割据”和“红色区域的巩固与发展”等重大问题。这是毛泽东在井冈山写的《中国的红色政权为什么能够存在？》和《井冈山的斗争》。

二、湘南起义和朱毛红军会师

1928 年初，朱德、陈毅与中共湘南地方党组织一起领导和发动了声势浩大的湘南起义，起义烽火燃遍十多个县市，参与起义的群众超过百万，工农政权纷纷建立。3 月下旬，朱德、陈毅率领南昌起义余部和湘南起义农军向井冈山转移，与毛泽东领导的工农革命军会师后，合编为中国工农革命军第四军（后改称工农红军第四军），为巩固和发展井冈山革命根据地壮大了力量。

朱德、陈毅率领南昌起义余部，于1928年初由粤北进入湘南后，在宜章莽山洞与湘南党组织负责人举行会议，作出了湘南起义的重要决策。这是会址所在地——莽山洞。

湘南起义的主要领导人和组织者朱德

湘南起义主要领导人之一陈毅

陈佑魁（1900 — 1828）湖南麻阳人，湘南起义地方党组织负责人之一。（画照）

毛科文（1898 — 1929）湖南宜章人，湘南起义地方党组织负责人之一。（画照）

湘南起义宜章指挥部旧址——宜章县立女子职业学校

湘南起义旧址——宜章城关小学

湘南起义期间朱德所部在宜章黄沙的驻地旧址

湘南起义后，蒋介石急令独立第二师师长许克祥率6个团由广东乐昌赶赴宜章镇压。朱德、陈毅等指挥起义部队与农军在宜章坪石大败许师。这是坪石战斗遗址。

湘南起义烽火燃遍湘南大地。2月7日，郴县苏维埃政府成立，以郴县赤色游击队为基础成立了工农革命军第七师，邓允庭任师长，夏明震任政委。这是工农革命军当时佩戴的符号。

中共郴县委员会驻址——郴县西街21号

2 月中旬，朱德率工农革命军由郴县向耒阳挺进，在耒阳农军的配合下攻占县城。19 日，耒阳县苏维埃政府成立，农军改编为工农革命军第四师。这是耒阳召开群众大会的地方——耒阳圣公祠。

耒阳县苏维埃政府发行的“壹圆”劳动券，这是土地革命战争时期苏维埃政府发行最早的货币之一。

3月下旬，国民党重兵围攻湘南起义部队，朱德、陈毅等决定向井冈山地区实行战略转移。这是常宁水口山工人参加朱德、陈毅起义部队后一同向井冈山进军。（画照）

3月19日，毛泽东率部到达酃县（今炎陵县）中村，即派毛泽覃带领特务连前往耒阳与朱德联系，随后毛泽东亦率部前往接应。图为酃县中村。

中共酃县县委驻地石洲乡旧址——石洲厂下

3月30日，为接应湘南起义军，毛泽东率部到达桂东沙田圩。在此成立了桂东县工农兵政府。为密切军民鱼水关系，规范部队行为，毛泽东在此颁布了“三大纪律六项注意”，后来发展成为中国人民解放军军纪——“三大纪律八项注意”。图为桂东沙田圩。

毛泽东颁布“三大纪律六项注意”的地方——沙田戏台

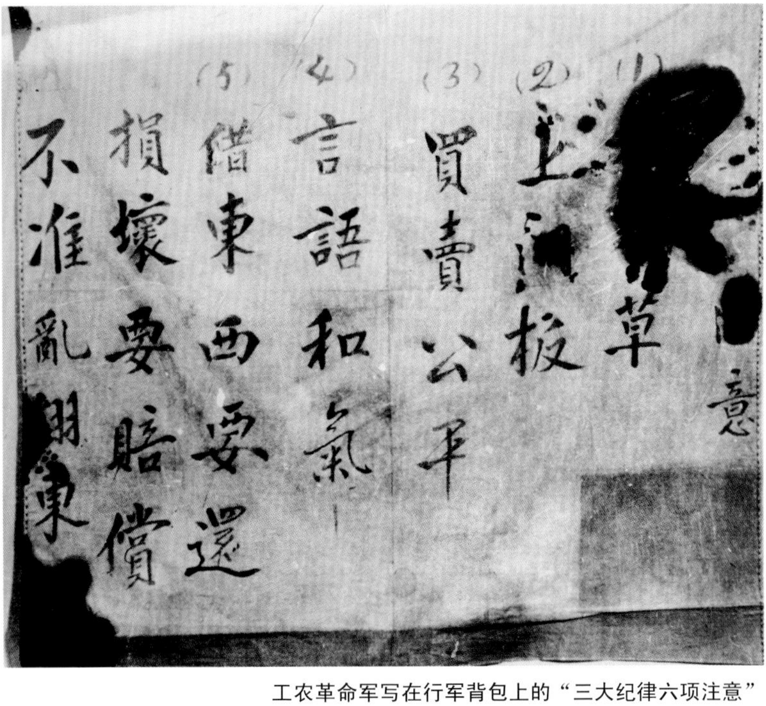

工农革命军写在行军背包上的“三大纪律六项注意”

4月下旬，毛泽东率部到达酃县十都，在十都和朱德进行了具有历史意义的第一次会面。5月4日，朱德、毛泽东两支工农革命军在宁冈砻市沙滩胜利会师，正式成立中国工农革命军（6月改名为中国工农红军），朱德任军长，毛泽东任党代表。这是红四军使用的通行证印章。

三、湘赣革命根据地的斗争与发展

湘赣革命根据地，是1929年初毛泽东、朱德率领红四军主力进军赣南闽西后，井冈山根据地军民及湘赣边、赣西南、湘东南人民在中共湘赣边界特委的领导下，经过近一年的浴血奋战建立起来的，至1929年9月，以永新为中心的湘赣革命根据地基本形成。到1930年夏，根据地由永新、莲花、宁冈、攸县、酃县（今炎陵县）、茶陵扩大到35县，成为中央革命根据地西部地区的重要屏障。

为了加强党对湘赣边界的统一领导，1928年5月20日，在宁冈茅坪召开了湘赣边界党的第一次代表大会。听取了毛泽东关于《中国的红色政权为什么能够存在？》的报告，统一了党内的认识，坚定了“创建罗霄山脉中段政权”的信心，选举产生了毛泽东任书记的第一届边界特委。这是大会会址——谢氏慎公祠。

朱毛会师后参加井冈山斗争的部分指战员 1938 年在延安合影。一排左二起：谭冠三、谭政、滕代远、萧克、林彪、毛泽东、高自立、何长工、曾玉、欧阳毅；二排左三起：谢汉文、江华、朱良才、吴溉之、李寿轩、左十二龙克夫、左十四刘型、左十五陈伯钧、左十六张令彬；三排：左二曹里怀。

4月至9月，井冈山根据地军民在毛泽东、朱德的指挥下，连续粉碎国民党湘、赣两省军队和民团的“会剿”，根据地斗争和建设进入全盛时期。这是5月根据地军民第一次反“会剿”的茶陵高垅战斗遗址。

1929年初红四军主力进军赣南后，留守部队遭到强敌进攻，井冈山根据地一度失守，但斗争仍在继续，至1931年8月中共湘赣省委和湘赣省苏维埃政府相继成立，以井冈山为中心区域的湘赣革命根据地进入巩固和发展时期。这是中共湘赣省委旧址——江西永新县萧氏宗祠。

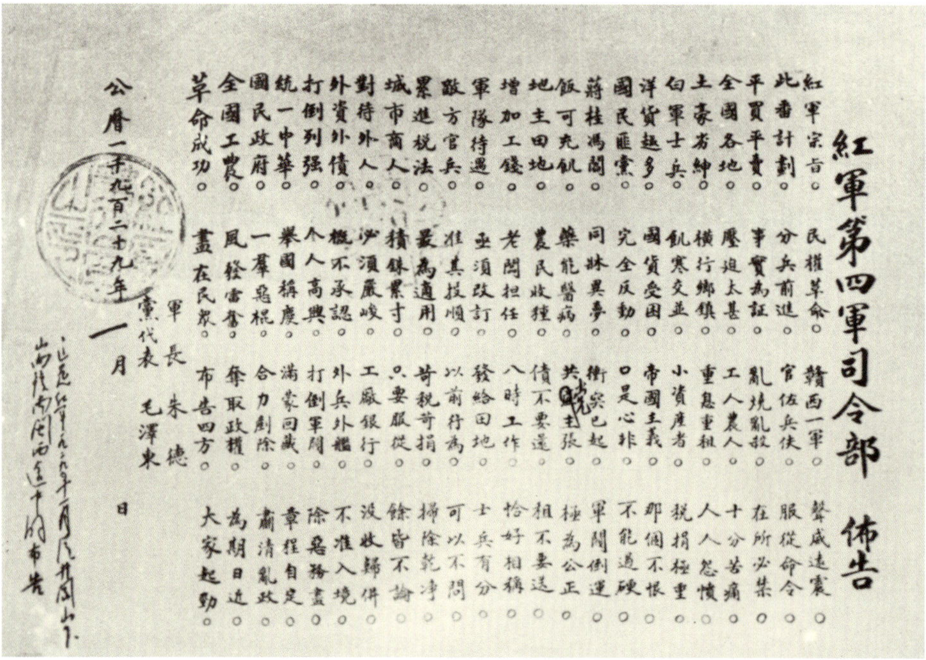

紅軍第四軍司令部佈告

紅軍宗旨。民權革命。贛西一軍。聲威遠震。
此番計劃。分兵前進。官佐兵伕。服從命令。
平買平賣。事實為証。亂燒亂殺。在所必禁。
全國各地。壓廹太甚。工人農人。十分苦痛。
土豪劣紳。橫行鄉鎮。重息重租。人人怨憤。
白軍士兵。飢寒交並。小資產者。稅捐極重。
洋貨越多。國貨受困。帝國主義。那個不恨。
國民匪黨。完全反動。口是心非。不能遮礙。
蔣桂馮閻。同牀異夢。衝突已起。軍閥倒運。
飯可充飢。藥能醫病。共黨主張。極為公正。
地主田地。農民收種。債不要還。租不要送。
增加工錢。老闆担任。八時工作。恰好相稱。
軍隊待遇。亟須改訂。發給田地。士兵有分。
敵方官兵。准其投順。以前行為。可以不問。
累進稅法。最為適用。苛稅苛捐。掃除乾淨。
城市商人。積銖累寸。只要服從。餘皆不論。
對待外人。必須嚴峻。工廠銀行。沒收歸併。
外資外債。概不承認。外兵外艦。不准入境。
打倒列強。人人高興。打倒軍閥。除惡務盡。
統一中華。舉國稱慶。滿蒙回藏。章程自定。
國民政府。一羣惡棍。合力剷除。肅清亂政。
全國工農。風發雷奮。奪取政權。為期日近。
革命成功。盡在民眾。布告四方。大家起勁。

軍長 朱德
黨代表 毛澤東

公曆一千九百二十九年一月 日

为打破国民党新军阀的“会剿”，进一步发展、扩大根据地和红军，1929年1月，毛泽东、朱德率领红四军主力出击赣南。由彭德怀指挥红五军和红四军一部留守井冈山。这是红四军出击赣南时沿途发布的布告。

湘赣省军区总指挥部在永新县的驻地旧址

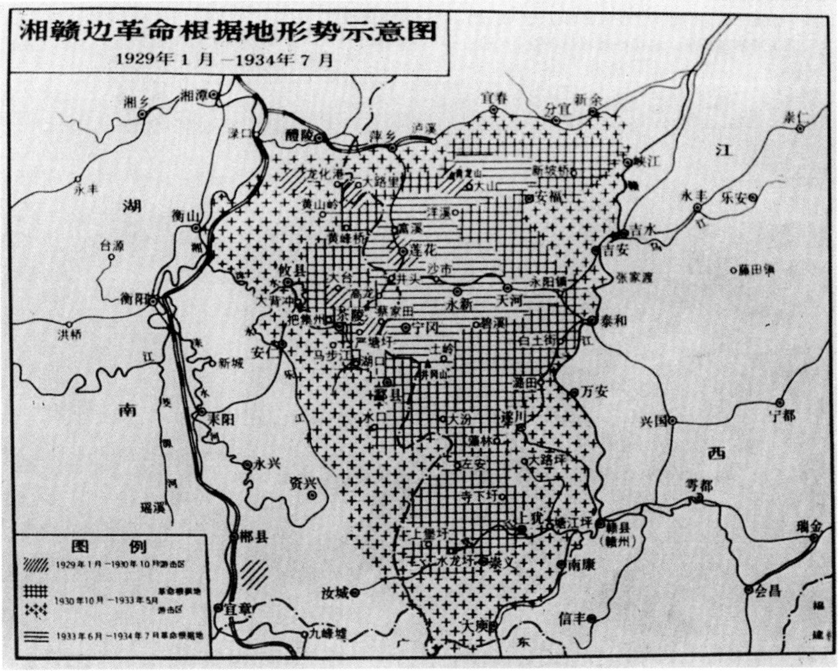

湘赣革命根据地包括湘赣边境数十个县，纵横300余里，同湘鄂赣根据地一起成为中央革命根据地的西部屏障。

红军写在酃县十都乡小江村坳上万纪云家墙壁上的标语

参加创建湘赣革命根据地斗争的部分老战士，1939年5月在延安合影。前排：左五谭余保，左六王首道。

中华苏维埃共和国国家银行湘赣省分行发行流通的“壹圆”货币（正面）

中华苏维埃共和国国家银行湘赣省分行发行流通的“壹圆”货币（反面）

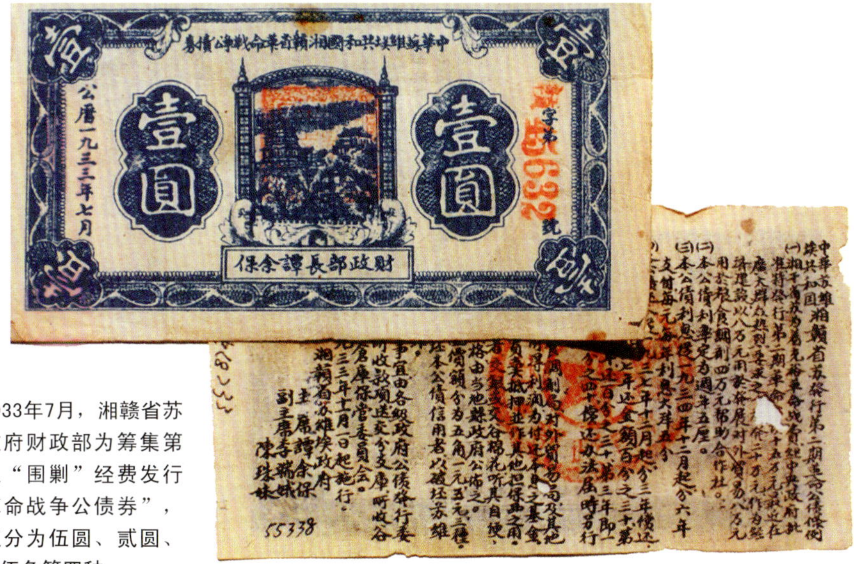

1933年7月，湘赣省苏维埃政府财政部为筹集第五次反“围剿”经费发行的“革命战争公债券”，券面值分为伍圆、贰圆、壹圆、伍角等四种。

湘赣苏区中共酃（县）遂（川）中心县委驻址

湘赣苏区酃县苏维埃政府旧址

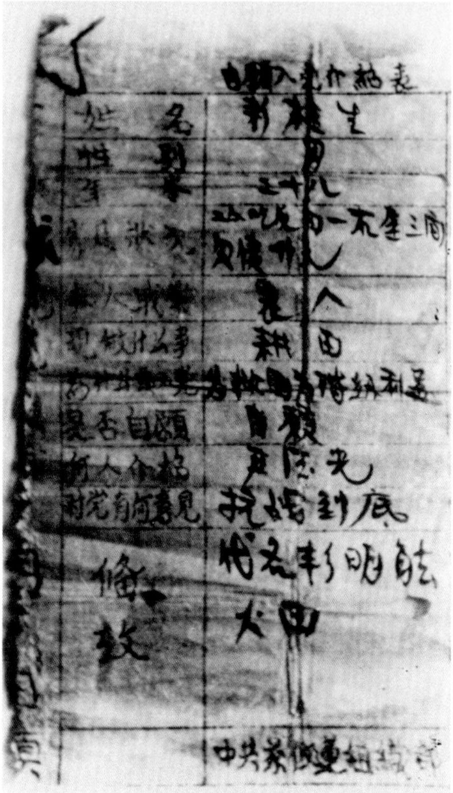

湘赣苏区中共茶（陵）攸（县）莲（花）中心县委组织部油印的“自愿入党介绍表”

湘赣苏区中共茶陵县委在茶陵县严尧湾里村的驻地旧址

湘赣苏区茶陵县苏维埃政府木条印

湘赣苏区攸县红军兵工厂旧址

湘赣苏区井冈山荆竹山要隘

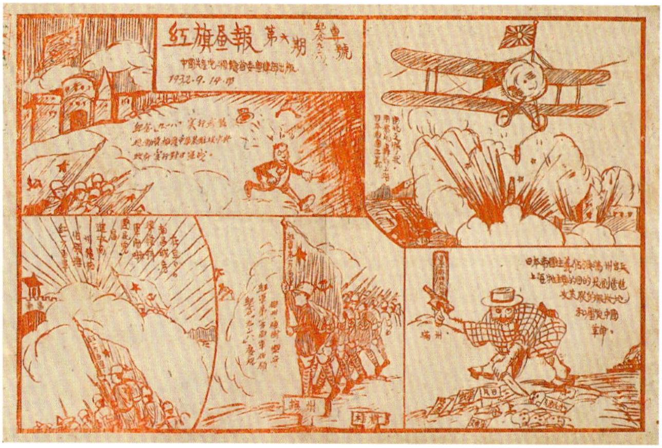

中共湘赣省委宣传部编印的《红旗画报》

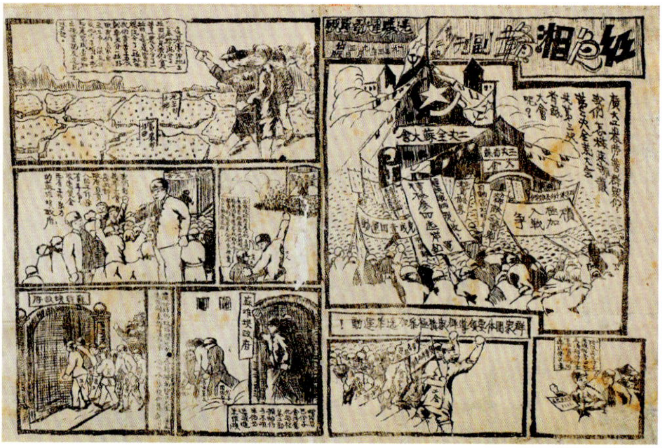

湘赣省苏维埃政府机关报《红色湘赣》画报副刊

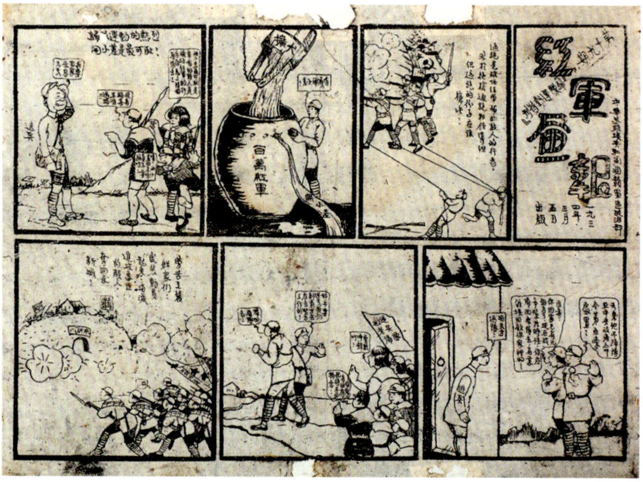

中国工农红军湘赣军区政治部编印的《红军画报》

1934年秋，湘赣红军主力和中央红军相继突围长征后，湘赣苏区的斗争进入非常艰难时期，这是湘赣红军游击队的野外驻地。

湘赣红军游击队活动地区——九龙山

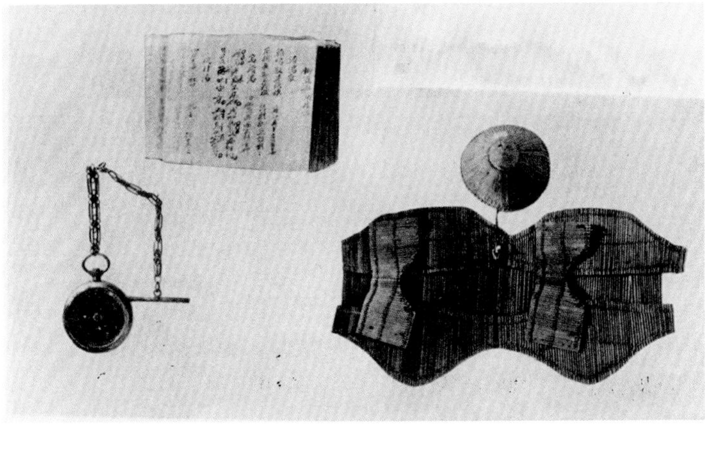

湘赣红军游击队指战员穿戴的蓑衣、草帽和使用的怀表等物品。

四、桑植起义和湘鄂西根据地的开辟

1927 年 9 月，南昌起义军在广东潮汕地区被打散后，总指挥贺龙辗转抵达上海，报请中共中央批准，在湘西桑植等地开辟根据地。1928 年初与周逸群等回到桑植洪家关，联络旧部，组织农民武装，创建工农革命军，开展武装斗争。1930 年 6 月，根据中共中央指示，贺龙率部与活跃于洪湖地区的段德昌部会合，组成中国工农红军第二军团，开辟了湘鄂西革命根据地，至 1932 年春夏进入鼎盛时期。

1928 年初春，贺龙与周逸群等受中共中央委派，回到湘西洪家关，组织领导湘鄂边武装斗争。这是桑植洪家关贺龙的故居。

4 月 2 日，周逸群、贺龙等组织一支 3000 多人的武装，在桑植发动武装起义，占领县城，成立了桑植县革命委员会和工农革命军第四军，贺龙任军长。这是桑植起义时的贺龙。

周逸群（1896 — 1931），贵州铜仁人，1924 年加入中国共产党。北伐战争时到贺龙部工作，参加南昌起义。1928 年 1 月，与贺龙领导发动桑植起义，创建湘鄂西革命根据地。1931 年 5 月遭国民党军伏击壮烈牺牲。

段德昌（1904－1933），湘鄂西革命武装和根据地的创建人之一，湖南南县人，1925年加入中国共产党，黄埔军校四期毕业，参加北伐。大革命失败后，在南县、华容、石首等地组织领导农民起义，历任县委书记、红二军团第六军军长、政委、中华苏维埃共和国临时中央政府执委等职。1933年在湘鄂西苏区因左倾肃反扩大化殉难。

1928年5月，袁任远、陈昌厚等人领导发动石门南乡暴动，建立以太浮山为中心、纵横200余里的工农武装割据。这是南乡暴动中农民起义军使用的火药武器。

中共湘西特委地下联络机关——常德壁斋书纸刻字社旧址

1929年6月，在湘鄂边开展游击战争的贺龙挥师再克桑植县城后，成立桑植县苏维埃政府。图为桑植县苏维埃政府旧址。

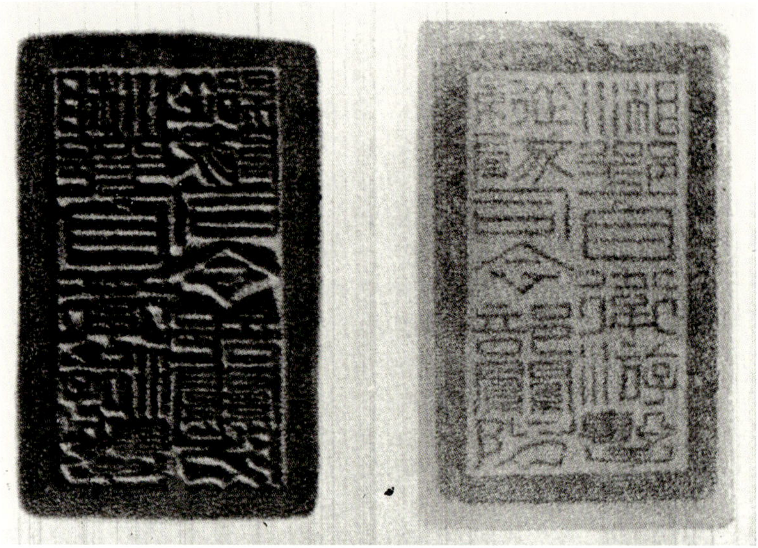

1929 年 7 月，桑植、鹤峰两县红色区域连成一片，贺龙领导的湘鄂边武装割据初步形成。这是边区工农武装“湘鄂自卫游击纵队司令部”使用的关防。

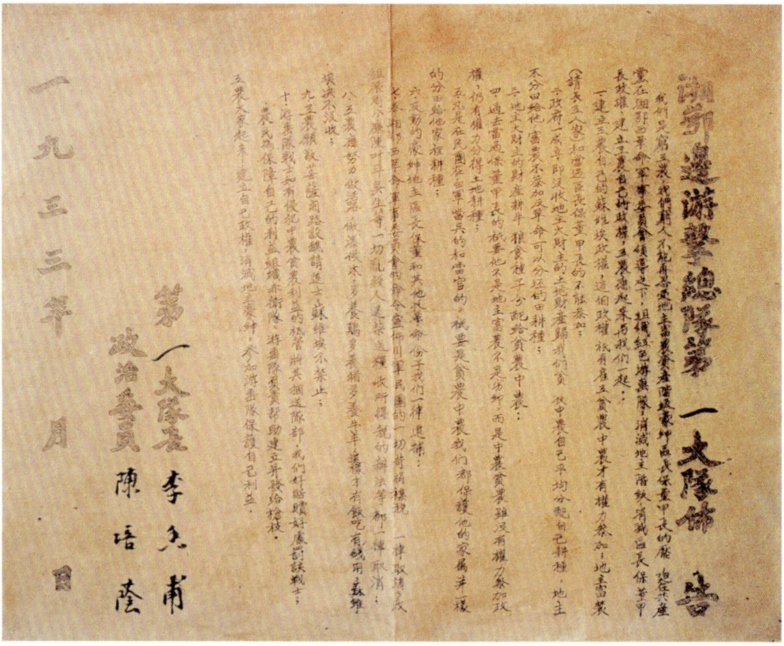

湘鄂边游击总队第一大队布告

我们是穷工农，我们穷人不能再受地主富农资产阶级豪绅区长保董甲长的压迫，在共产党在湘鄂西革命军事委员会领导之下，组织红色游击队，消灭地主阶级，消灭区长保董甲长政权，建立工农自己的政权，工农起来与我们一起：

一、建立工农自己的苏维埃政权，这个政权只有雇工贫农中农才有权力参加，地主富农（请长工人客）和当过区长保董甲长的不能参加；

二、政府一成立即没收地主大财主的土地财产归我们贫农中农自己平均分配自己耕种，地主不分田给他，富农不参加反革命可以分坏的田耕种；

三、地主大财主的财产耕牛粮食种子分配给贫农中农；

四、过去当过保董甲长的只要他不是地主富农不是劣绅，而是中农贫农，虽没有权力参加政权，仍有权力分得土地耕种；

五、凡是在民团在白军当兵的和当官的，只要是贫农中农我们都保护他的家属并一样的分田给他家庭耕种；

六、反动的豪绅地主区长保董和其他反革命份子我们一律逮捕；

七、奉湘鄂西革命军事委员会的命令宣布川军民团的一切苛捐杂税一律取消，反动组织团防小队陈叶年吴先等一切乱杀人送柴送米收所得税的办法等都一律取消；

八、工农应努力做活路做庄稼，木多养鸡多养猪多养牛羊，这样才有饭吃有钱用，苏维埃决不没收；

九、工农愿意去当红军游击队的，苏维埃决不禁止；

十、游击队战士如有侵犯中农贫农利益的，报告游击队部，我们好赔偿好处罚该战士；

十一、农民为保障自己的利益，组织赤卫队，游击队负责帮助建立并发给枪枝。

工农大家起来，建立自己政权，消灭地主豪绅，参加游击队保护自己利益。

第一大队长 李[illegible]甫

政治委员 陳培蔭

一九三三年 月 日

1933年湘鄂边游击总队张贴的油印布告

1930年7月，贺龙率部东出洪湖，与段德昌等领导的红六军会师，组成中国工农红军第二军团，贺龙任总指挥，周逸群任政委，开始进入湘鄂西革命根据地的创建和发展时期。（画照）

贺龙与段德昌两路红军会师旧址——湖北公安县陡湖堤

洪湖府场红二军团总指挥部驻地旧址

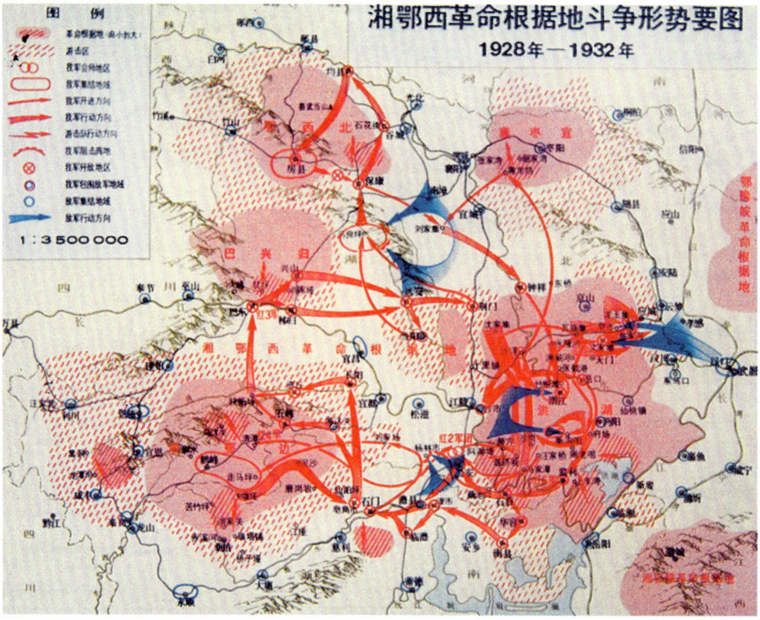

以洪湖为中心的湘鄂西革命根据地形势图

1931年3月，夏曦作为王明路线的代表到湘鄂西和红二军团工作，他以中央分局的名义开始在苏区全面推行王明“左”倾错误路线，给苏区的发展造成了严重的危害。这是位于洪湖瞿家湾的中共中央湘鄂西分局旧址。

位于洪湖瞿家湾的中共湘鄂西省委旧址

位于洪湖瞿家湾的湘鄂西革命军事委员会旧址

位于洪湖瞿家湾的湘鄂西省苏维埃政府旧址

1930年10月，湘鄂西第二次工农兵代表大会在湖北监利召开，成立了湘鄂西苏区联县政府，至1931年秋改名为湘鄂西省苏维埃政府。这是湘鄂西第二次工农兵代表大会纪念章。

鄂西农民银行成立于1930年4月，以根据地土地税和商业税作为保证金发行信用券和纸币，流通于湘鄂西地区。图为鄂西农民银行旧址。

鄂西农民银行发行的纸币

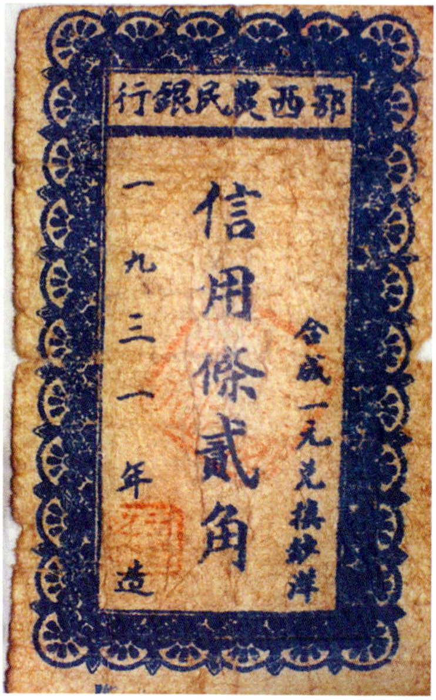

鄂西农民银行发行的信用券

1931年11月，原鄂西农民银行改名为“中华苏维埃共和国国家银行湘鄂西特区分行”，发行分行纸币和银币，在苏区各县设立分行和汇兑总所。这是湘鄂西特区分行发行的纸币。

1931年6月，中共湘鄂西中央分局举行各县县委书记参加的扩大会议，宣告成立由崔琪任书记的中共湘鄂西临时省委。这是省委机关报《红旗》报社旧址。

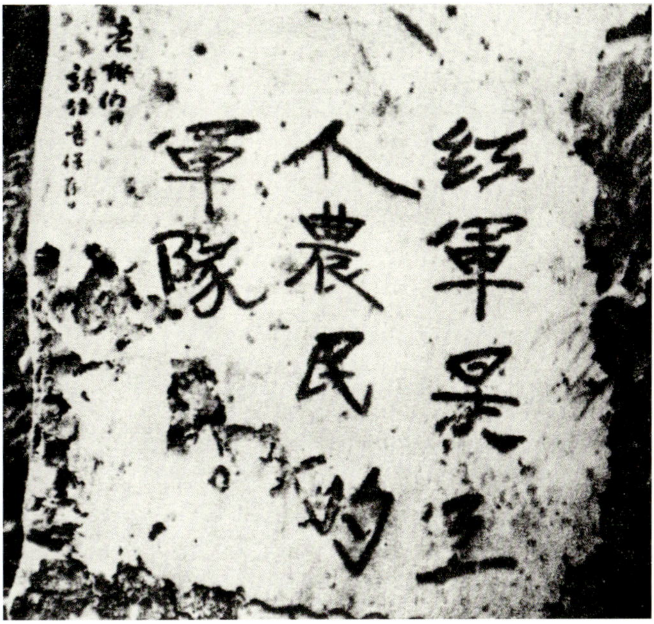

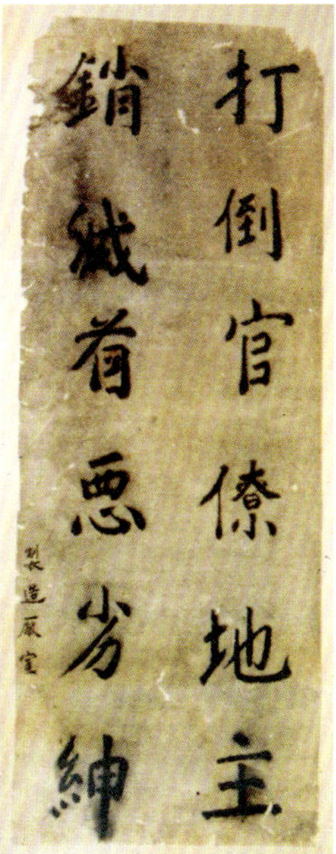

湘鄂西革命根据地的宣传标语

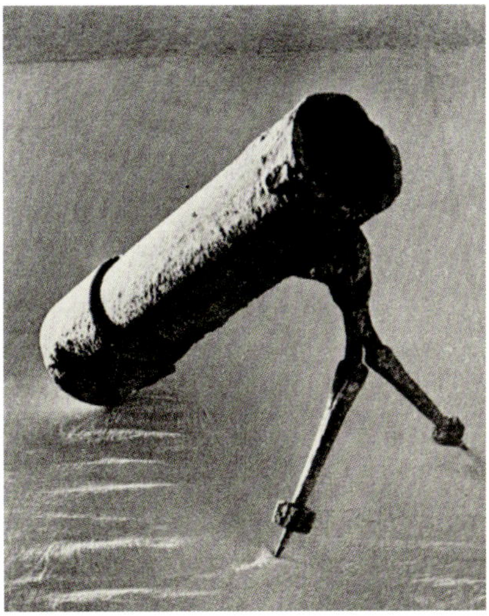

湘鄂西革命根据地红军自造的铁炮

1930年10月中旬，贺龙挥师南渡长江，22日攻占湖南南县县城，成立了以谭旷任主席的南县苏维埃政府，成为湘鄂西苏区的组成部分。这是南县苏维埃政府旧址。

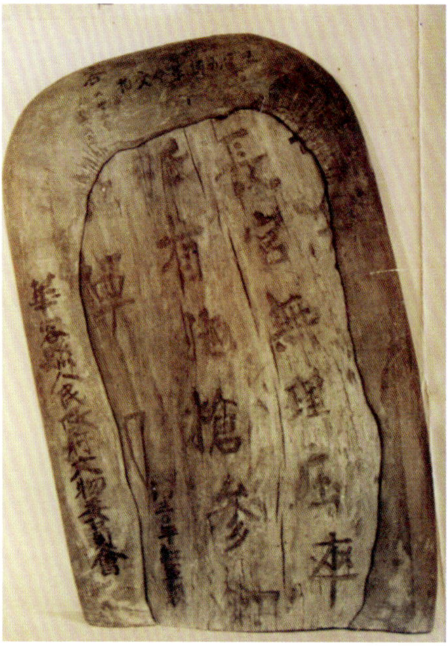

10月22日，渡江南下的红六军在地方游击队的配合下攻占华容县城，成立由蔡玉坤任主席的华容县苏维埃政府，为湘鄂西苏区的组成部分。这是红军在华容转战时写在树干上的宣传标语。

华容红军游击队队员使用的绑腿

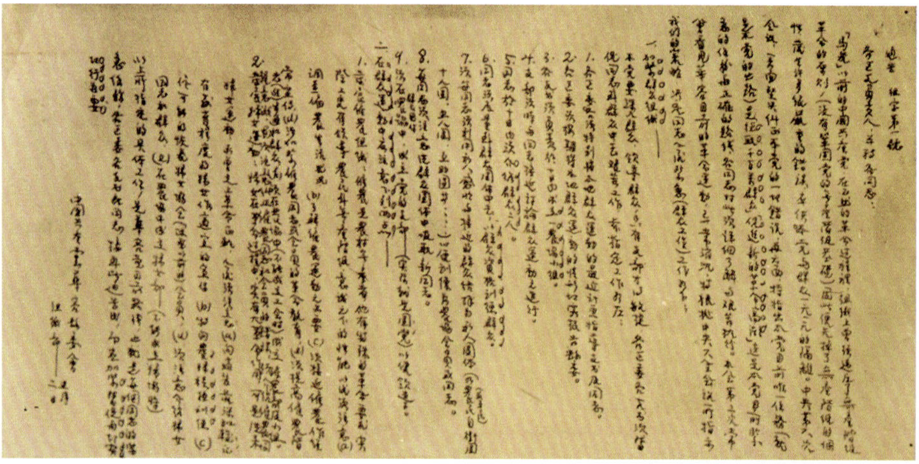

湘鄂西苏区中共华容县委为发动群众向各区乡负责人发出的通告

五、平江起义和湘鄂赣根据地的建立

1928 年 7 月 22 日，彭德怀、滕代远、黄公略等在平江领导武装起义，创建红五军。起义后，彭德怀等红五军领导人与平江县委及湘鄂赣边党的地方组织一起，开创了湘鄂赣革命根据地，1931 年 7 月，粉碎了国民党军队的第三次“围剿”，根据地扩展到湘鄂赣三省边界的 20 余县，人口达到 300 多万。湘鄂赣根据地成为中央革命根据地西北的重要屏障。

平江是大革命时期湖南工农运动蓬勃发展的地区之一，较早建立了中国共产党组织和工农武装。这是大革命后期的平江县城。

1928年7月22日，彭德怀、滕代远、黄公略等领导平江起义，创建了红五军。这是起义部队举行起义誓师的旧址——平江天岳书院。

黄公略领导起义的旧址——平江县嘉义镇

平江起义主要领导人、红五军军长彭德怀。

平江起义主要领导人、红五军党代表滕代远。

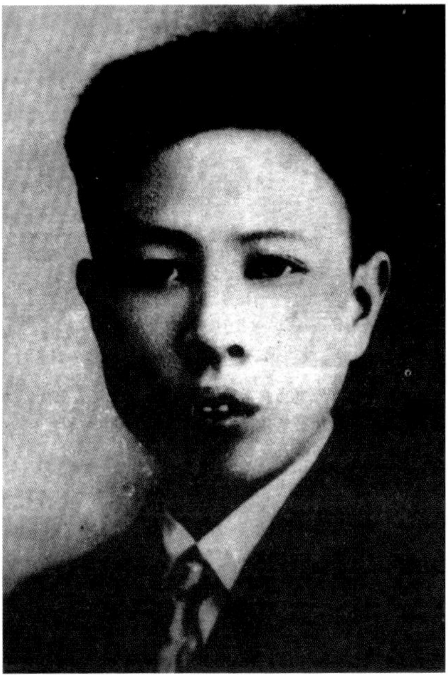

平江起义主要领导人黄公略

红五军参谋长、军委书记邓萍。（画照）

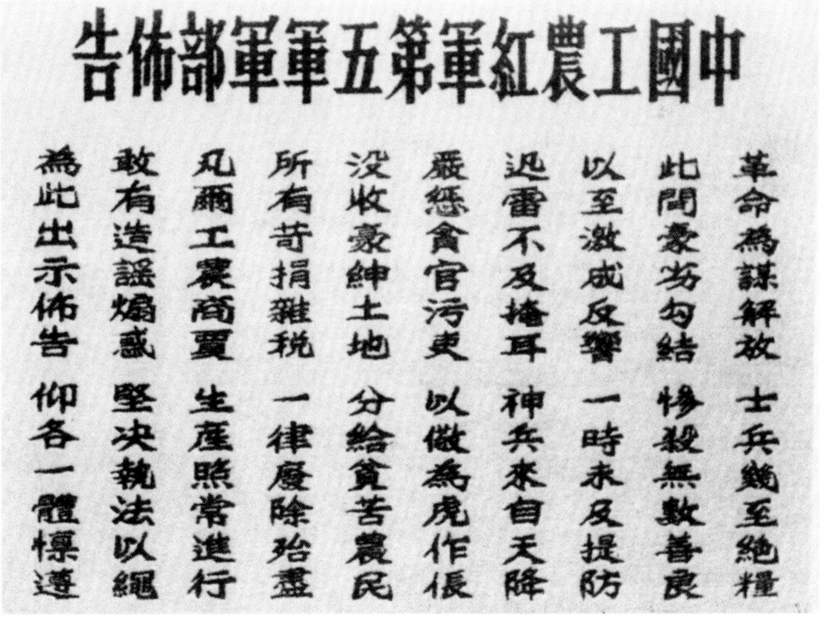

中國工農紅軍第五軍軍部佈告

革命為謀解放　士兵饑至絕糧
此間豪劣勾結　慘殺無數善良
以至激成反響　一時未及提防
迅雷不及掩耳　神兵來自天降
嚴懲貪官污吏　以儆為虎作倀
沒收豪紳土地　分給貧苦農民
所有苛捐雜稅　一律廢除殆盡
凡爾工農商賈　生產照常進行
敢有造謠煽惑　堅決執法以繩
為此出示佈告　仰各一體懔遵

红五军成立时发布的布告

7月24日，中共红五军军委和平江县委在县月池塘广场召开军民大会，宣布成立了以胡筠任主席的平江县工农兵苏维埃政府。这是会议旧址——平江县月池塘广场。

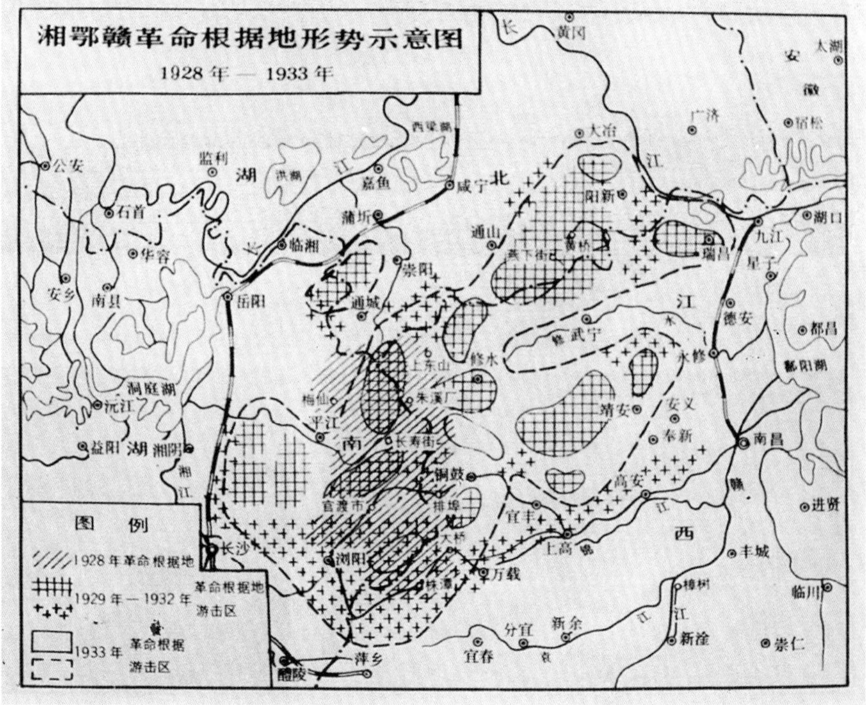

1930年夏，湘鄂赣苏区进入巩固发展时期，这是根据地发展形势图。

平江、浏阳是湘鄂赣苏区的核心区域，1930年7月12日，平江县第一次工农兵代表大会召开，成立了以张怀一任主席的平江县工农兵苏维埃政府。这是大会旧址。

平江县工农兵苏维埃政府旧址

1930年7月，浏阳县成立黄仁任主席的浏阳县苏维埃政府，这是浏阳县苏维埃政府旧址——首和乡心田大屋。

1930年7月，刚成立的中国工农红军第三军团在彭德怀、滕代远的领导下，挥师转战于湘鄂赣边境地区，27日攻占湖南省会长沙，掀起了湘鄂赣边革命的高潮。这是参加攻占长沙战斗的部分指战员1938年在延安合影。

7月29日长沙市10万市民集会庆祝红军攻占长沙

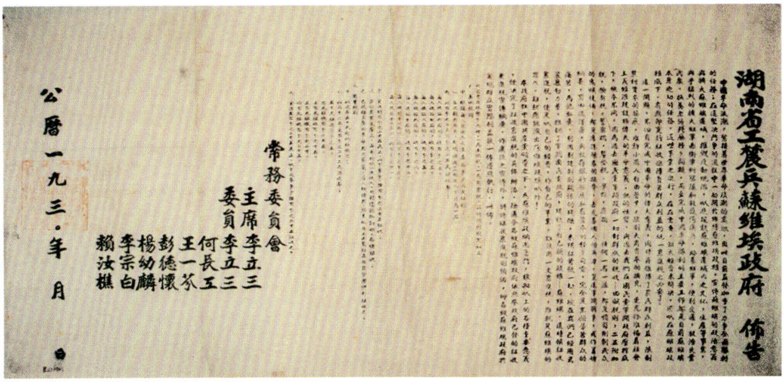
湖南省工農兵蘇維埃政府　佈告

常務委員會
主席李立三
委員李立三
何長工
彭德懷
楊幼麟
李宗白
賴汝樵

公曆一九三〇年　月　日

7月30日，湖南省工农兵苏维埃政府成立，这是中国苏维埃运动中诞生的第一个省级革命政权。图为湖南省工农兵苏维埃政府颁布的《土地（农业）商业税则》布告。

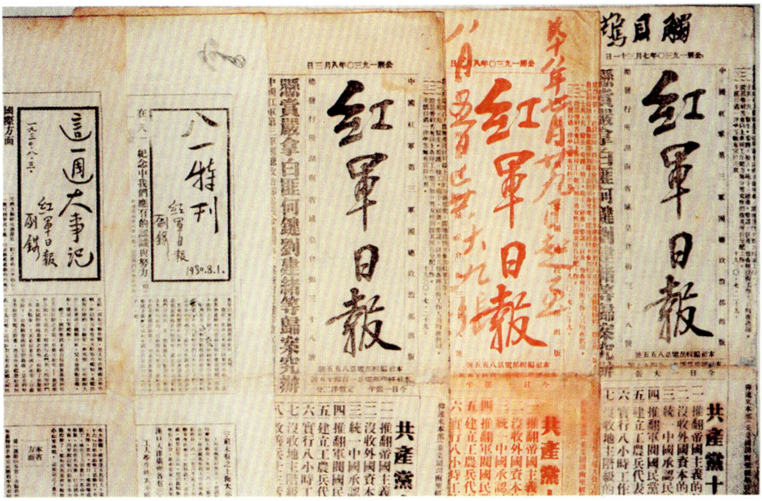
紅軍日報

這一週大事記　紅軍日報副刊

八一特刊　紅軍日報副刊　1930.8.1

懸賞緝拿白匪何鍵劉建緒等歸案究辦

共產黨十大政綱

一　推翻帝國主義的
二　沒收外國資本
三　統一中國承認
四　推翻軍閥國民黨
五　建立工農兵代表
六　實行八小時工作
七　沒收地主階級

红三军团攻占长沙后，军团政治部利用国民日报馆编辑出版的《红军日报》。

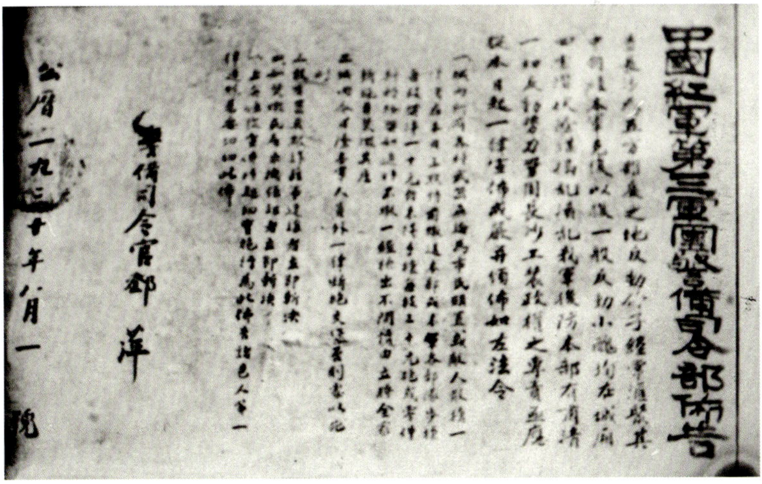
中國紅軍第三軍團警備司令部佈告

警備司令官鄧萍

公曆一九三〇年八月一

红三军团攻占长沙后，军团参谋长兼军团警备司令部司令员邓萍签发的“防止反动势力破坏，在长沙实行戒严”的布告。

8月5日，在国民党军队反扑之前，红三军团主动撤离长沙向浏阳方向转移。这是撤离长沙后省工农兵苏维埃政府在浏阳东门楚东山的驻地旧址。

8月23日，红一军团与红三军团在浏阳永和会师，组成中国工农红军第一方面军，第二次攻打长沙城。根据中央指示，兵分三路攻打长沙城。经十多天的僵持后，红军主动撤出战斗，安全转移。这是两军会师地浏阳永和镇。

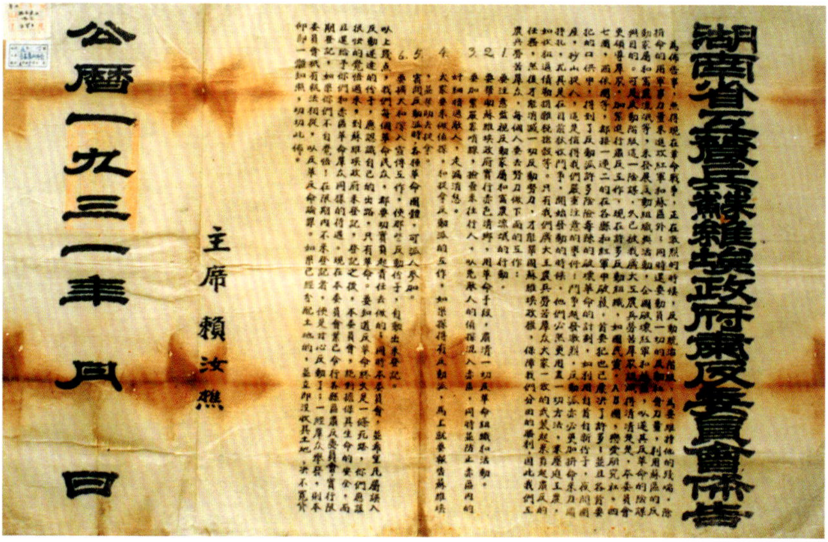

1931年湖南省工农兵苏维埃政府肃反委员会发布的布告

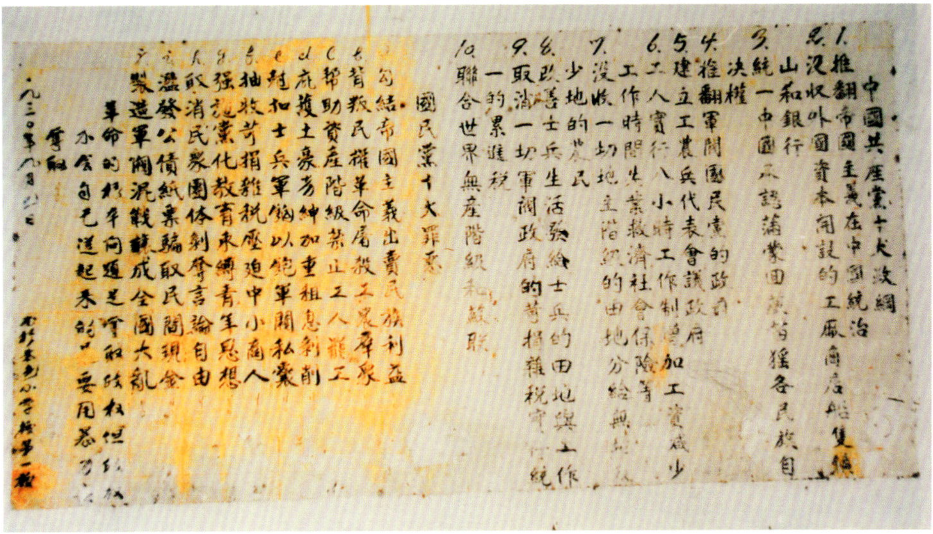

红军写在浏阳官渡镇兵山村周家祠堂墙壁上的“中国共产党十大政纲”和“国民党十大罪状”的标语

湖南省工农兵苏维埃政府铸造的“壹圆”银币

1931 年 9 月 23 日，湘鄂赣边区第一次工农兵代表大会在平江长寿街召开，宣布撤销“湖南省工农兵苏维埃政府”，成立“中华苏维埃共和国湘鄂赣省苏维埃政府”，管辖湘东北、鄂东南、赣西北地区。这是大会旧址——平江县长寿街天主堂。

“中华苏维埃共和国湘鄂赣省苏维埃政府”印章。

湘鄂赣革命根据地生产的“工农专政”日用瓷器

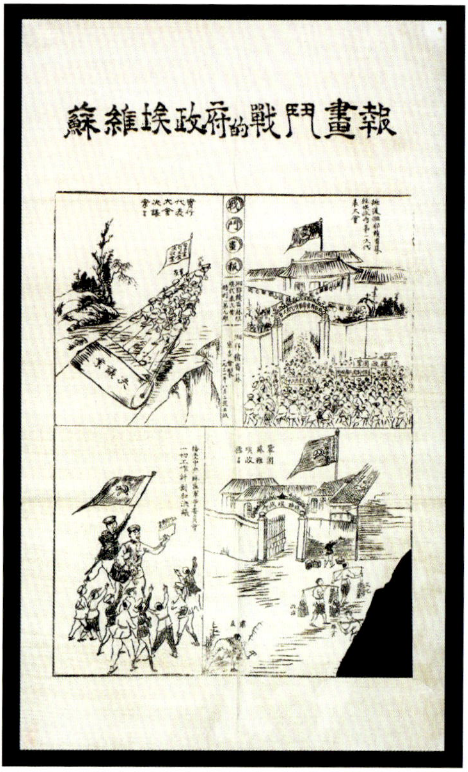

1931年8月，湘鄂赣省苏维埃政府文化部编印的《战斗画报》省苏维埃代表大会特刊。

湘鄂赣省苏维埃政府在江西修水县上杉的驻地旧址

1931年4月，少共（青年团）湘鄂赣省第一次代表大会在浏阳东门召开，这是大会旧址。

1931年11月，湘鄂赣省工农银行在平江黄金洞成立，各县、区设立分行和支行。这是省工农银行驻地旧址——平江棠长乡小洞兰家大屋。

湘鄂赣省工农银行统一苏区货币前浏阳县工农银行发行流通的银洋纸币

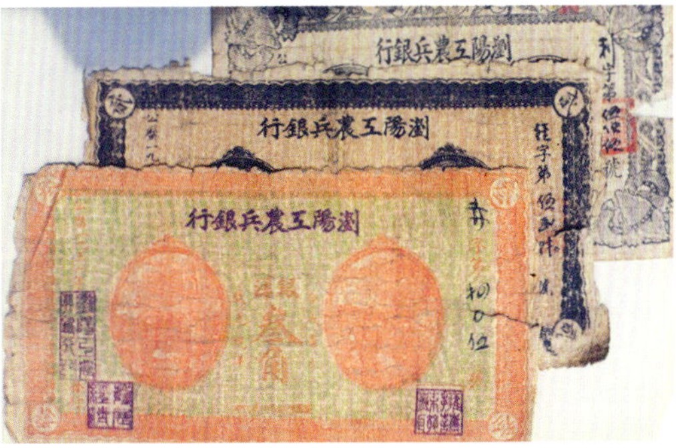

湘鄂赣省工农银行统一苏区货币前平江县工农银行发行流通的光洋纸币和银洋纸币

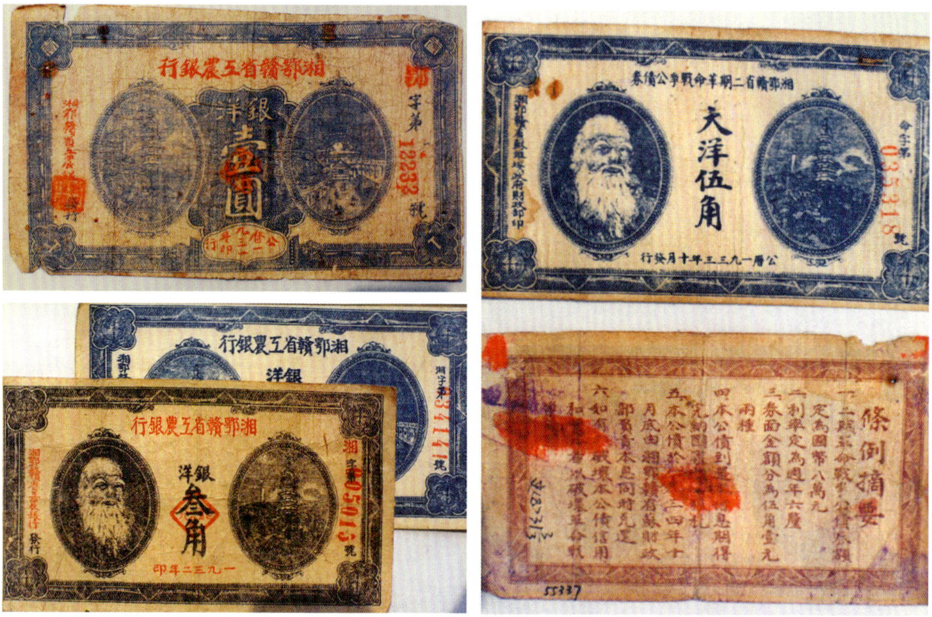

湘鄂赣省工农银行发行流通的银洋纸币

湘鄂赣省工农银行铸造银币用的工具

湘鄂赣苏区红军兵工厂制造的手枪

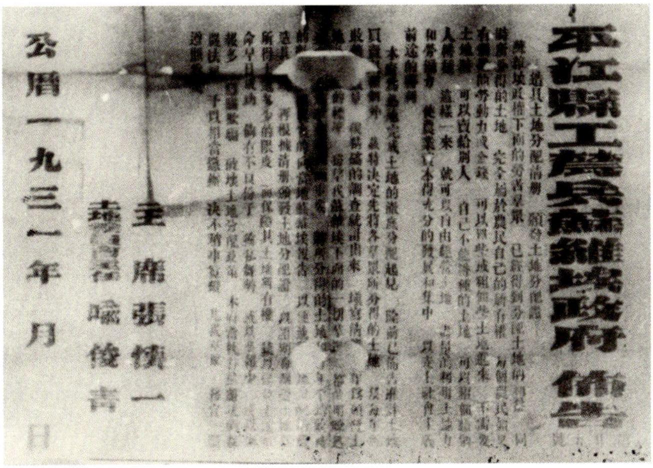

平江縣工農兵蘇維埃政府佈告

主席 張慎一

公曆一九三一年 月 日

没收地主、富农土地分配给广大农民，是根据地建设的重要内容。这是平江县苏维埃政府关于颁发土地分配证的布告。

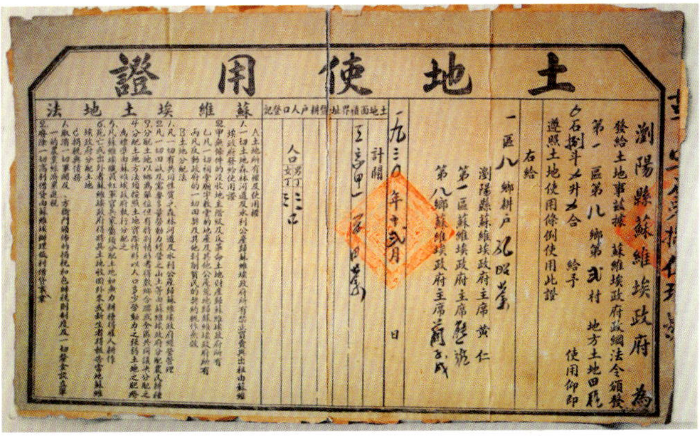

土地使用證

瀏陽縣蘇維埃政府 為

發給土地事茲據 蘇維埃政府政綱法令頒發

第一區第八鄉第弍村 地方土地田瓩

六石捌斗乂升乂合 給予 使用仰即

遵照土地使用條例使用此證

右給

一區八鄉耕户孔昭業

瀏陽縣蘇維埃政府主席 黄仁

第一區蘇維埃政府主席 熊巍

第八鄉蘇維埃政府主席 蘭玉成

一九三〇年十弍月 日

浏阳县苏维埃政府发给第一区第八乡农民孔昭业的土地使用证

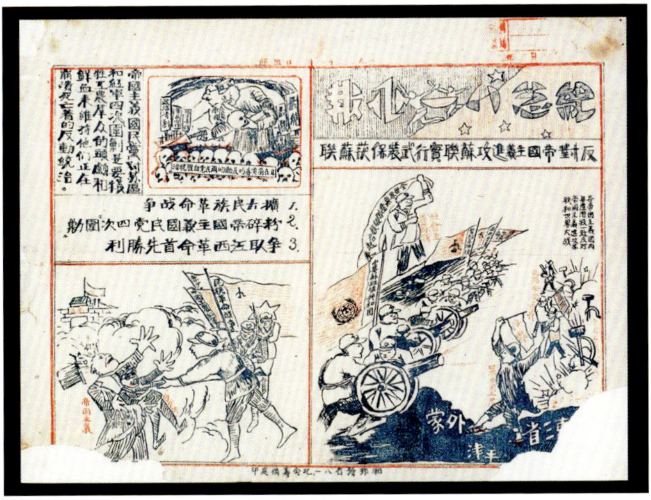

1932年8月中华苏维埃共和国湘鄂赣军区政治部宣传部编印出版的《铁军画报》八一特刊

1932年10月中华苏维埃共和国湘鄂赣军区政治部宣传部编印出版的《铁军画报》

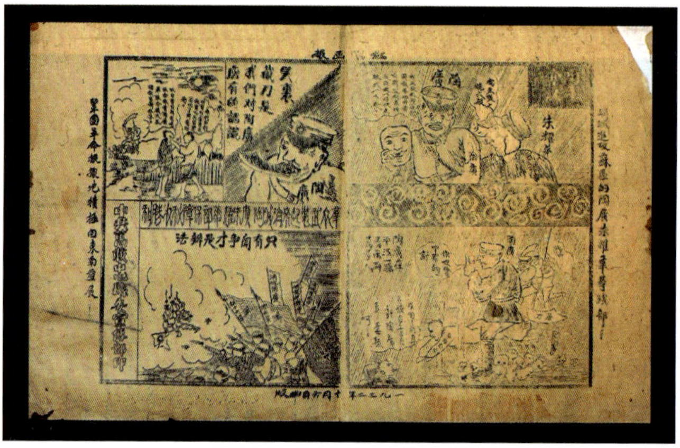

1932年10月30日湘鄂赣省苏维埃政府文化部编印出版的《战斗画报》

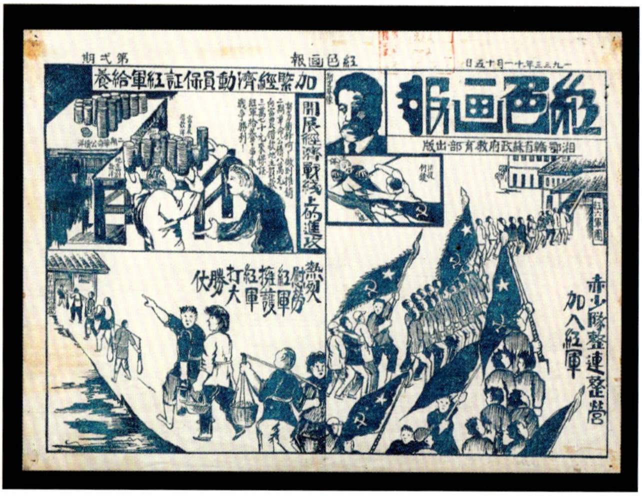

1933年11月15日湘鄂赣省苏维埃政府教育部编印出版的《红色画报》

1934年湘鄂赣省赤色职工联合会宣传部编印的《工人画报》

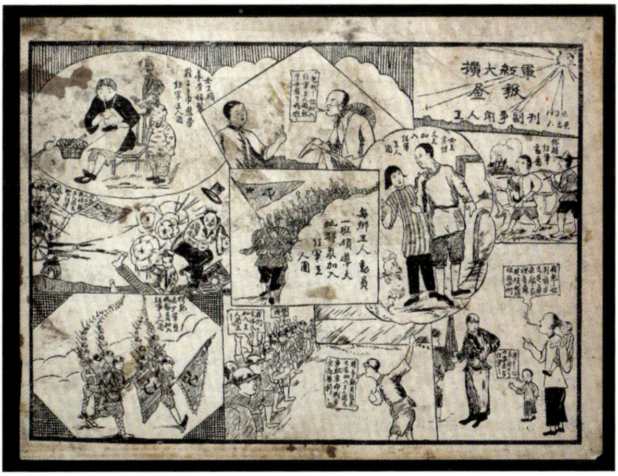

1934年1月湘鄂赣省赤色职工联合会宣传部编印的《工人画报》副刊《扩大红军画报》

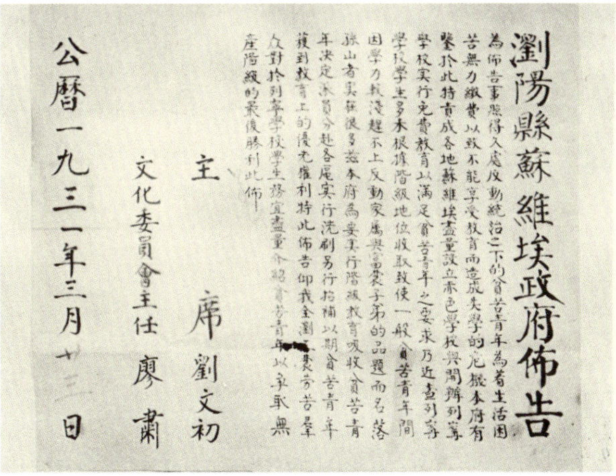

瀏陽縣蘇維埃政府佈告

為佈告事照得入處反動統治之下的貧苦青年為着生活困苦無力繳費以致不能享受教育而造成失學的危機本府有鑒於此特責成各地蘇維埃盡量設立赤色學校與開辦列寧學校實行免費教育以滿足貧苦青年之要求乃近查列寧學校學生多未根據階級地位收取致使一般貧苦青年間因學力較淺趕不上反動家屬與富農子弟的品題而名落孫山者實在很多茲本府為要實行階級教育吸收貧苦青年決定派員分赴各屆實行洗刷另行指補以期貧苦青年獲到教育上的優先權利特此佈告仰我全瀏[illegible]貧苦羣眾對於列寧學校學生務宜盡量介紹貧苦青年以爭取無產階級的最後勝利此佈

主席 劉文初
文化委員會主任 廖肅

公曆一九三一年三月十三日

随着苏区军事斗争的发展和政权的稳定，文化教育也得到发展。据统计，浏阳县1931年上学期有列宁小学、赤色小学、赤色女子职业学校、工农夜校等122所学校 。这是浏阳县苏维埃政府关于接收贫苦青年入学的布告。

平江列宁小学旧址

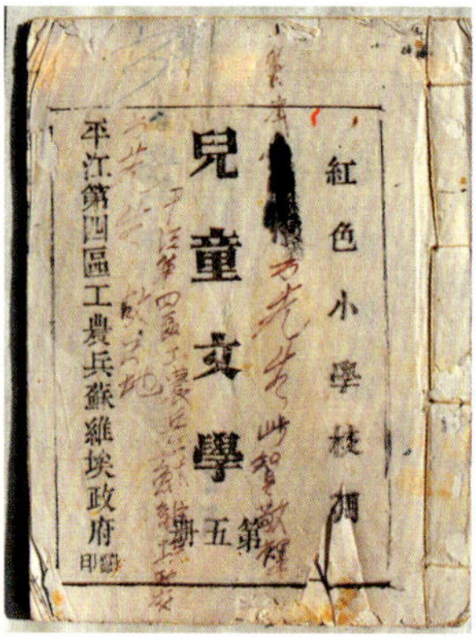

湘鄂赣苏区列宁红色小学使用的教科书

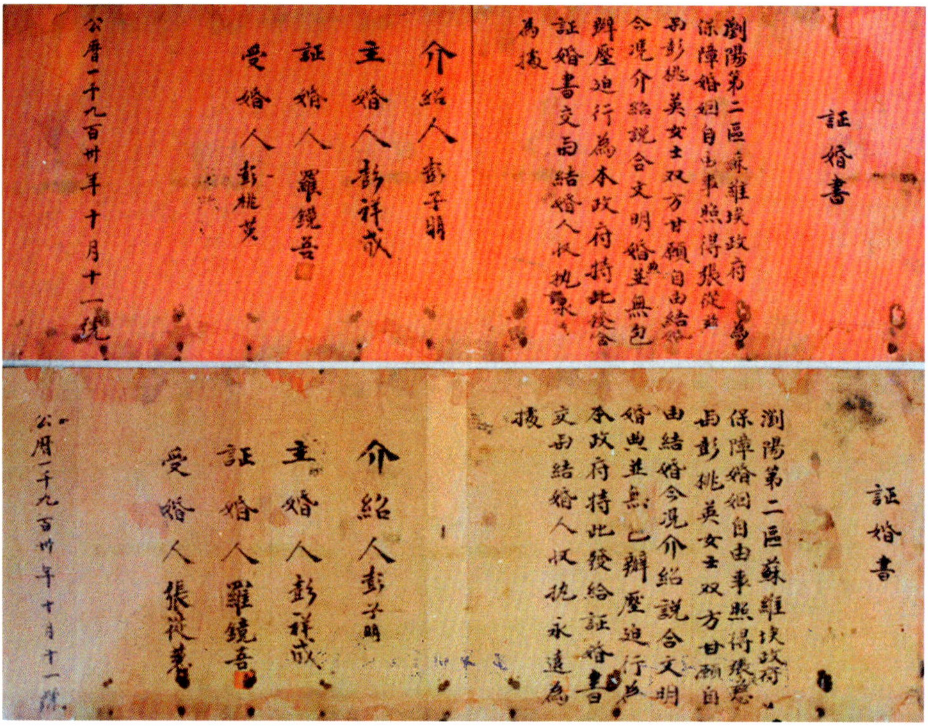

證婚書

瀏陽第二區蘇維埃政府保障婚姻自由事照得張從慈與彭桃英女士双方甘願自由結婚今憑介紹說合文明婚典並無包辦壓迫行為本政府特此發給證婚書交兩結婚人収執永遠為據

介紹人 彭子明
主婚人 彭祥成
証婚人 羅鏡吾
受婚人 彭桃英

公曆一千九百卅年十月十一號

證婚書

瀏陽第二區蘇維埃政府保障婚姻自由事照得張從慈與彭桃英女士双方甘願自由結婚今憑介紹說合文明婚典並無包辦壓迫行為本政府特此發給證婚書交兩結婚人収執永遠為據

介紹人 彭子明
主婚人 彭祥成
証婚人 羅鏡吾
受婚人 張從慈

公曆一千九百卅年十月十一號

婚姻状况反映社会文明进步的程度。这是1930年湘鄂赣苏区浏阳县第二区苏维埃政府签发给青年张从慈、彭桃英的证婚书。

三年游击战争时期湘鄂赣边区红军游击队队员穿的棉袄

三年游击战争时期湘鄂赣边区红军游击队队员使用过的炊具、手电筒等物品。

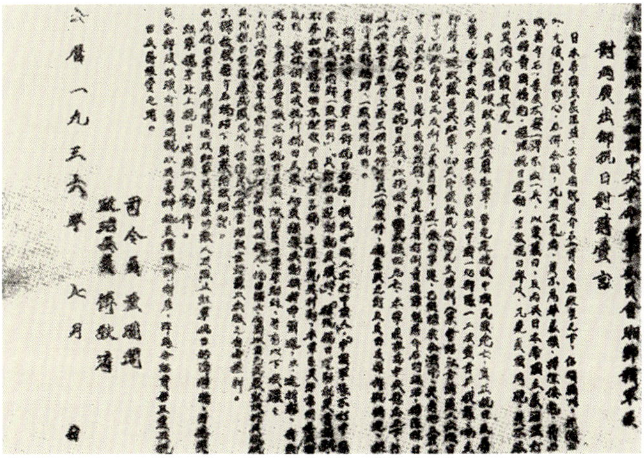

對兩廣出師抗日討蔣宣言

司令員
政治委員 傅秋濤

公曆一九三六年七月 日

1936年7月湘鄂赣军区发表的对两广出师抗日讨蒋宣言

六、红六军团西征和湘鄂川黔根据地的创立

1934年8月，红六军团作为中央红军长征的先遣队，奉命从湘赣边区西进湘中，开展游击战争，建立新根据地，牵制敌人兵力，策应中央红军长征。红六军团突破敌军数道封锁线，到达湘东南桂东县，在此正式成立军团领导机构。中共中央代表任弼时任军团军政委员会主席，萧克为军团长，王震任军团政委。10月24日，红六军团与贺龙、关向应领导的转战黔东地区的红三军胜利会合，两军在任、贺、关的统一指挥下，粉碎了敌军多次“围剿”，建立了拥有200多万人口的湘鄂川黔根据地，牵制了敌人的大量兵力，有力策应了中央红军的长征行动，成为长江以南苏维埃运动的重要战略基地。1935年11月中旬，红二、红六军团从桑植突围，转移长征。

1934年8月12日，奉命西征执行中央红军长征先遣任务的红六军团在桂东寨前圩正式组成，中共中央代表任弼时任军团军政委员会主席，萧克任军团长，王震任政委。这是红六军团誓师地桂东寨前圩。

中共中央代表、红六军团军政委员会主席任弼时。

红六军团军团长萧克

红六军团军政委王震

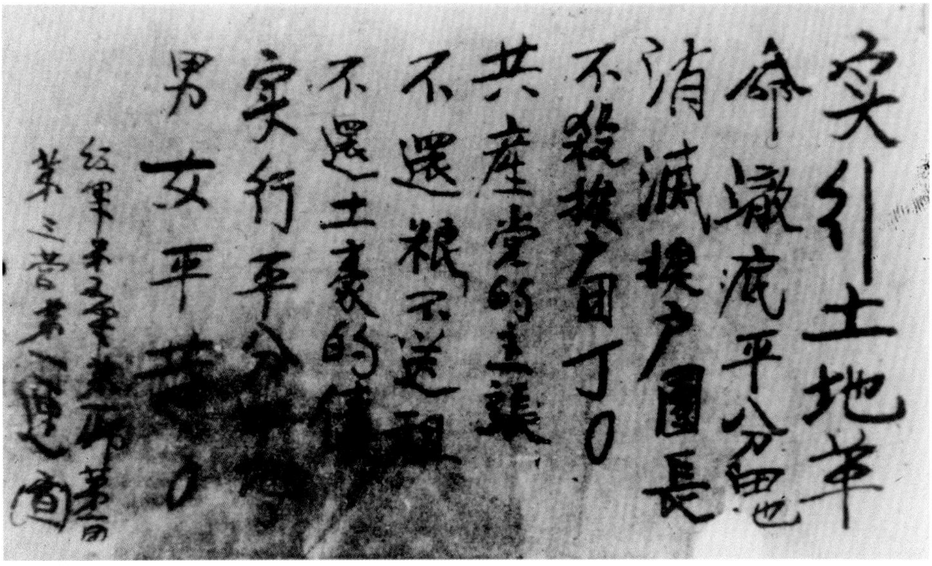

红六军团西征途中在桂东县城郊书写的标语

8月15日晚，红六军团在资兴县东江桥击溃国民党军的阻击后兼程西进。这是东江桥战斗遗址。

8月17日，红六军团到达郴县后，当地中共地下组织动员群众配合游击队在元冲、后塘等地架设茅棚，帮红军救治伤病员。这是郴县后塘。

红六军团攻占新田县城后写下的宣传标语

8月，红六军团由零陵阳明山经新田进入嘉禾、蓝山、宁远、道县和江永。这是红六军团司令部在嘉禾广发圩的驻地旧址。

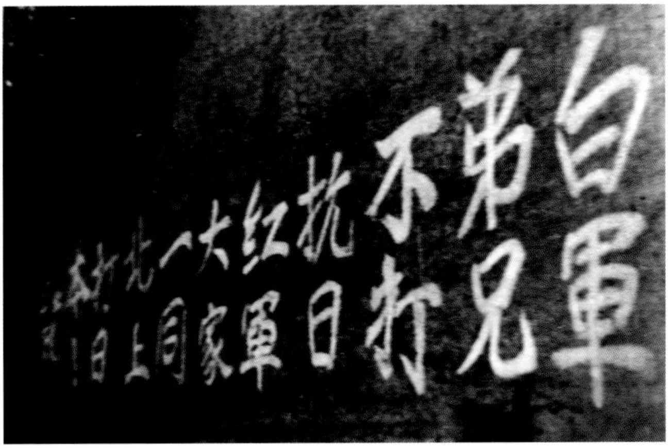

8月底，红六军团经过道县时写下的宣传标语。

9月初，红六军团在湘桂边境的道县蒋家岭击溃桂军第十九师及民团的阻击后，进入广西灌阳以北地区。这是道县蒋家岭战斗遗址。

红六军团在湘桂边境艰苦转战80多天，于10月24日与贺龙、关向应领导的红三军在贵州印江县会师，完成中央红军长征先遣队的任务。会师后，红三军恢复“红二军团”番号。这是红二、红六军团会师时部分指战员的合影。

红二、红六军团会师后，在任弼时、贺龙、关向应的指挥下，发动湘西攻势，11月16日于永顺十万坪设伏歼灭国民党湘西陈渠珍部主力，为创建湘鄂川黔革命根据地打开了局面。这是永顺十万坪战斗遗址。

十万坪大捷后，红军相继收复和攻克永顺、桑植、大庸等县城和湘西广大地区。12月，中共湘鄂川黔省委等领导机关从大庸迁往永顺塔卧，以永顺塔卧为中心的湘鄂川黔革命根据地基本形成。图为永顺塔卧。

中共湘鄂川黔省委、省革命委员会、省军区机关在塔卧的驻地旧址——丁家院子。

12月初，红二、红六军团从大庸向常德、桃源等地发动攻势作战，造成直迫省城长沙的强大声势，牵制和吸引国民党军十几个师的兵力，有力地策应了中央红军在湘桂黔边境的长征行动。这是红军在大庸写的宣传标语。

12月，红六军团政治部主任袁任远（右一）与夫人周雪莲及警卫员在大庸留影。

贺龙转战湘鄂川黔时，为开展统战工作赠送给“德门”（德门，彭姓，20世纪30年代在桑植、龙山等县担任国民党县警察局长，有一定的社会声望）的铜墨盒。

1935年4月中旬，红二、红六军团发动陈家河战斗，歼敌陈耀汉五十八师一七二旅，击毙旅长李延龄，一举扭转反“围剿”的被动局面。这是陈家河战斗遗址。

陈家河战斗后，红二、红六军团又在桃子溪全歼敌五十八师之一七四旅。这是桃子溪战斗遗址。

4月12日，中共湘鄂川黔省委、省革命委员会、省军区机关撤离永顺塔卧，辗转迁至龙山县兴隆街、茨岩塘。这是省委等领导机关在茨岩塘的驻地旧址。

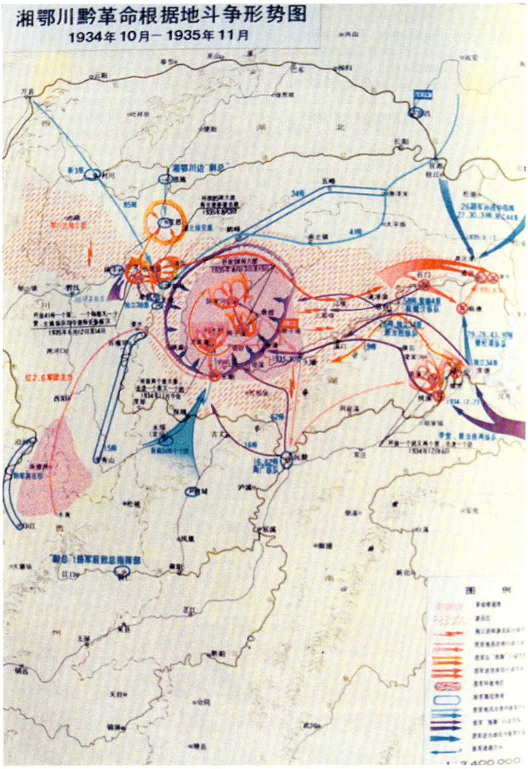

1935年9月，湘鄂川黔根据地发展成地跨湘鄂川黔四省、纵横数百里、拥有200多万人口和2万主力红军的江南苏维埃运动的重要战略区域。

湘鄂川黔根据地创建时期，红二、六军团在石门县么市写下的宣传标语。

设在永顺塔卧的红军干部学校旧址

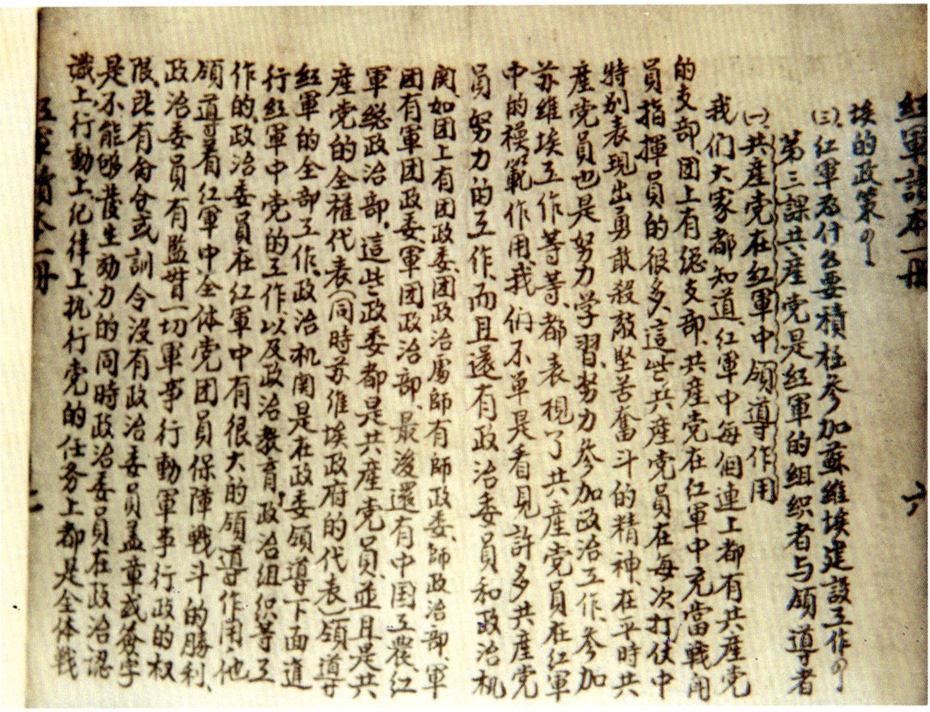

红軍讀本一冊　六

埃的政策的？
(三)红軍為什么要積極参加蘇維埃建設工作的？
第三課　共產党是红軍的组织者与領導者
(一)共產党在红軍中領導作用
我们大家都知道，红軍中每個連上都有共產党的支部，团上有總支部，共產党在红軍中充當戰鬥員指揮員的很多，這些共產党員在每次打仗中特别表現出勇敢殺敵堅苦奮斗的精神，在平時共產党員也是努力学習、努力参加政治工作、参加苏維埃工作等等，都表现了共產党員在红軍中的模範作用。我们不单是看見許多共產党員努力的工作，而且還有政治委員和政治机関，如团上有团政委、团政治處，師有師政委、師政治部，軍团有軍团政委、軍团政治部，最後還有中国工農红軍總政治部。這些政委都是共產党員，並且是共產党的全權代表（同時亦維埃政府的代表）領導红軍的全部工作，政治机関是在政委領導下面進行红軍中党的工作以及政治教育，政治组织等工作的，政治委員在红軍中有很大的領導作用，他領導着红軍中全体党团員保障戰斗的勝利，政治委員有監督一切軍事行動軍事行政的权限，凡有命令或訓令沒有政治委員盖章或簽字是不能夠發生効力的，同時政治委員在政治認識上、行動上、紀律上、执行党的任务上都是全体戰

红軍讀本一冊

红军干部学校的教科书——《红军读本》

设在永顺龙家寨的红军医院旧址

设在永顺半寨坪的红军兵工厂

红军兵工厂生产的瓷手雷

中央红军长征渡过金沙江后，国民党加紧了对湘鄂川黔根据地的“围剿”。6月15日，红二、红六军团主动出击，在忠堡歼灭援敌四十一师3个团，活捉敌师长张振汉。这是忠堡战斗遗址。

忠堡战斗结束后贺龙总指挥与红军战士一起谈笑风生（画照）

8月3日，红二、红六军团在龙山板栗园运用伏击战，全歼敌八十五师包括师长谢彬在内的全部官兵。这是龙山板栗园战斗遗址。

反“围剿”作战中，红二、红六军团转战大庸时的指挥部旧址。

1935年，转战湘鄂川黔的红二、红六军团部分领导人任弼时（右起）、关向应、王震（前坐者）、李达、贺龙在澧县留影。

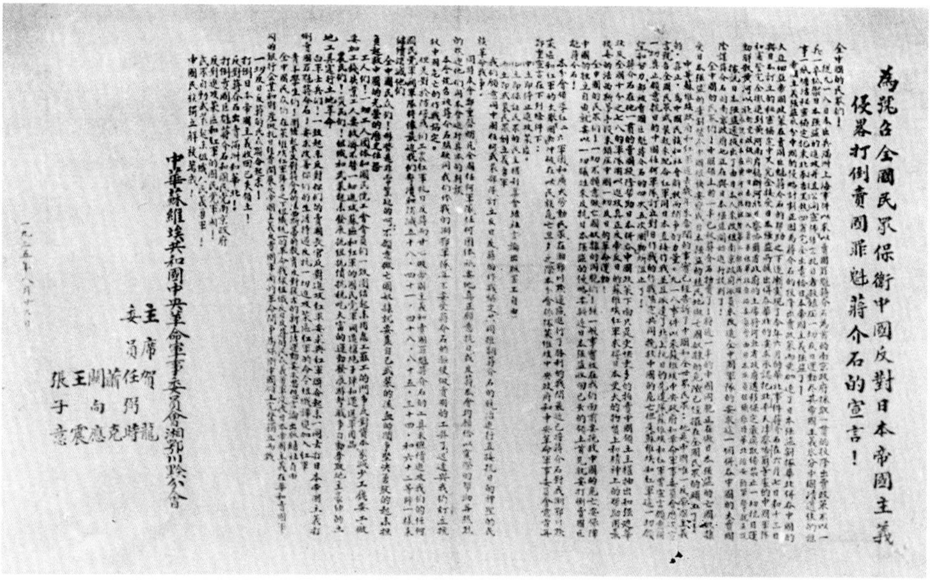

為號召全國民眾保衛中國反對日本帝國主義侵畧打倒賣國賊蔣介石的宣言！

全中國的民眾們！

[illegible]

中華蘇維埃共和國中央革命軍事委員會湘鄂川黔分會

主席 賀龍

委員 任弼時 蕭克 關向應 王震 張子意

一九三五年八月廿九日

1935年8月29日，中华苏维埃共和国中央革命军事委员会湘鄂川黔分会发表的《宣言》。

第三节　中央红军与红二、红六军团长征在湖南

1934 年 7 月至 1935 年 11 月，中国共产党领导的红军武装，为了摆脱第五次反“围剿”失利的被动局面，先后长征，实行战略大转移，胜利到达陕甘苏区，完成了将中国革命大本营转移到大西北的任务，为开辟中国革命新局面，迎接革命新高潮的到来奠定了基础。在实施战略大转移行动中，先后有三支红军经过湖南或从湖南出发开始长征。它们是执行中央红军长征探路先遣任务的红六军团，撤出中央苏区实施战略大转移的中央红军，完成策应任务后从湘鄂川黔根据地突围长征的红二、红六军团。三支红军部队在湖南转战 40 多个县、市，总行程上万里，打破了国民党重兵的围追堵截，用鲜血和生命谱写了可歌可泣、流传千古的英雄史诗。

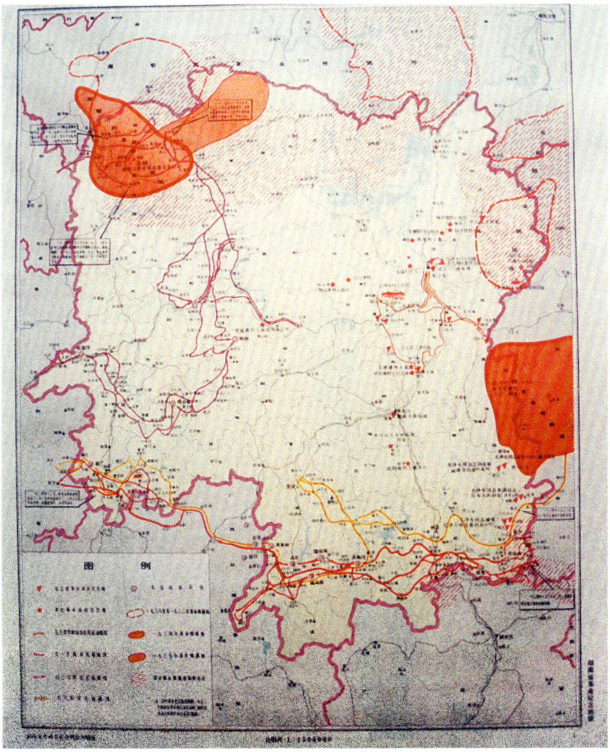

红军长征在湖南的路线图

一、中央红军长征在湖南

自 1934 年 10 月底至 11 月初，突围长征的中央红军先头部队进抵湖南汝城，至 12 月 14 日中央纵队进入黔境，中央红军长征在湖南转战 40 多个日日夜夜，突破了国民党军精心设置的三道封锁线，用鲜血和生命书写了无数可歌可泣的英雄故事。湖南人民用真情和牺牲精神，绘出了箪食壶浆支持红军长征的历史画卷。在湖南，中共中央和中央军委领导人及时召开通道会议，决策转兵，使中央红军避免了全军覆没的命运，为中央政治局黎平会议和遵义会议的顺利召开奠定了基础。

1934 年 10 月 31 日，中央红军长征的右路先头部队红三军团一部进入湖南，抢占汝城县城东的苏仙岭，阻击湘军陶柳团和胡凤璋部的进攻，掩护中央红军主力顺利通过汝城。这是苏仙岭战斗遗址。

11月3日，中央红军长征左路先头部队红一、红五、红九三个军团一部，从汝城南三江口出发，于4日攻占粤北城口圩，胜利突破国民党军的第二道封锁线。这是粤北城口。

11月7日中央红军总部进入汝城后，司令部设在秀水村。这是驻地旧址。

11月11日至13日，担任后卫掩护任务的红五军团，在军团长董振堂的指挥下，在汝城延寿金狮寨与陈济棠粤军激战三昼夜，胜利完成阻击任务。这是金狮寨战斗遗址。

出路在那裏？
出路在那裏？？

出路在那裏？？？

工人，農民，兵士以及一切勞苦的民衆們！

萬惡的國民黨軍閥蔣介石　陳濟棠，何健等，不但把我們中國出賣給帝國主義，使你們變爲帝國主義强盗們的奴隸牛馬，而且他們自己也拚命的屠殺你們，壓迫你們，剝削你們，你們整年整月做着苦工，然而你們總是養不活你們自己與你們的父母妻子兒女。苛捐雜稅，是永遠還不清的，修堡壘築馬路等各種兵差勞役是永遠做不完的。再加上地主，資本家，高利貸，土豪劣紳，對於你們的殘酷剝削，使你們傾家蕩產出賣妻子兒女，也還不清他們的田租與債款。

你們是在忍受着飢餓，疾病，寒冷與痛苦，你們像牛馬一樣，死在道路田野裏，沒有一個人來埋葬你們。

你們不能反抗，不能說一句不滿意的話。國民黨軍閥，民團，警察，流氓惡棍，會如狼似虎一樣，來打你們，殺死你們，砍你們的頭，把你們關到監獄裏。他們還要說你們是「共匪」，要殺你們全家的老少。國民黨軍閥，地主，資本家都威嚇你們，說「共匪」是「殺人放火」，是「共產公妻」。他們要壓迫你們出錢，出力，出性命去幫助他們「剿共匪」，要你們組織民團，守望隊，剷共團，防堵「共匪」。但是你們自己還只是聽到人家罵共產黨，罵蘇維埃紅軍，你們自己還沒有看到過共產黨，蘇維埃紅軍是什麽東西。

你們只要知道共產黨，蘇維埃與紅軍的主張，你們就會贊成他們！他們主張：

我們窮人，我們工人，農民，兵士以及一切勞苦民衆，不要再受帝國主義國民黨豪紳地主資本家的剝削與壓迫，我們要大家團結起來，武裝起來暴動起來，打倒帝國主義，推翻國民黨豪紳地主的統治，建立我們工農自己的軍隊，工農兵自己的政府，這種工農的軍隊，就是紅軍，這種工農兵的政府就是蘇維埃政府。

我們要立刻取消一切國民黨政府的苛捐雜稅與兵差勞役，取消一切高利貸，沒收地主階級的一切土地財產，分配給貧苦的農民。工人實行八小時工作制，增加工資。我們要使每一個工人農民有衣服穿暖，有飯吃飽，取消强迫的雇傭兵役制，改爲自願兵役制。把土地分給士兵，改善士兵的生活，不准打罵士兵。保障工農群衆言論，集會，結社，出版，罷工等一切自由的民主權利與男女的完全平等。

親愛的兄弟姐妹們！共產黨所主張的蘇維埃與紅軍，就是你們的出路。你們不但不要反對蘇維埃與紅軍，而且還要擁護蘇維埃與紅軍，在一切方面幫助我們蘇維埃與紅軍得到勝利！

親愛的兄弟姐妹們！你們的出路就在這裏。我們貧苦工農大家要齊心，要團結，拿我們的梁刀，鋤頭，大刀，木棍，鳥槍，快槍，以及一切武器暴動起來，發展游擊戰爭，去殺盡國民黨軍閥官僚，號召白軍士兵殺死他們的長官譁變到民衆方面來，一同來革命，實現共產黨的主張，創造工農自己的紅軍，工農自己的蘇維埃政府。

親愛的兄弟姐妹們！堅決的爲了你們自己的出路而鬥爭！不要懼怕賣國賊劊子手國民黨軍閥，不要懼怕豪紳地主資本家。他們都不過只有少數人，我們還有着千百萬的工農群衆。我們還有我們自己的紅軍與蘇維埃政府的幫助，我們一定會勝利，我們一定要勝利，我們無論如何要勝利

蘇維埃中央政府主席　毛澤東
中國工農紅軍總司令　朱德
十一月七日

中央红军长征进入湖南后，中华苏维埃临时中央政府主席毛泽东、中国工农红军总司令朱德联名发布的《出路在那（哪）里？》宣传单。

11月10日，红三军团攻占宜章白石渡镇后，广泛开展群众工作，建立了三个中共秘密支部和三个区苏维埃政权，“扩红”400余人。这是宜章白石渡镇。

11月13日，红三军团六师攻占宜章县城。宜章人民15日聚集在城隍庙前坪集会，宣布成立宜章县苏维埃政府。（画照）

红军攻占宜章后，中共地方党组织把30多名红军伤病员送往游击区医治。这是当时红军伤病员养伤治病之所——赤石茶园村。

11月17日，红军先头部队经郴县、桂阳进入嘉禾县境后，采取虚实结合的战略战术，佯攻县城，强攻要隘车头桥，掩护大部队迅速向蓝山县挺进，粉碎了敌军李云杰部将红军围堵在钟水河以东的企图。这是嘉禾车头桥战斗遗址。

红一军团红四团耿飙、杨成武接到师部命令后，从蓝山急行军200里，袭占道县县城。这是道县水南浮桥。

红军长征经过永明（今江永）县城时写在树上的宣传标语

为了堵截红军，蒋介石急调26个师在湘桂边境的湘江沿岸三百里地带布下了第四道封锁线。经过5天激战，红军在付出惨重代价后突破敌军封锁线，渡过湘江。这是红三军团浴血奋战的广西界首战斗遗址。

三军团为掩护中央纵队和主力部队渡过湘江而浴血奋战的新圩战斗遗址

红军突破敌军第四道封锁线时，国民党出动大批飞机，在湘江上空对渡江红军进行轰炸扫射。

红军宣传干部黄镇渡过湘江之后创作的《过湘江》漫画

红五军团第三十四师掩护红军主力渡过湘江后，陷入敌军重兵包围。师长陈树湘和大部分指战员壮烈牺牲，余部转移至宁远、蓝山等地开展游击战争。图为师长陈树湘。

黄镇创作反映红军老战士林伯渠长征生活的漫画

12月11日红军先头部队攻占的通道县城县溪镇

面对敌军重兵布置的口袋阵，12月12日晚，中共中央和红军总部在通道芙蓉召开紧急军事会议，采纳毛泽东放弃进军湘西与红二、红六军团会合的计划，改向敌军力量相对薄弱的贵州西进的战略，实施了挽救党和红军命运的通道转兵。

这是通道会议画照。左起：毛泽东、王稼祥、周恩来、博古（背向者）、李德、朱德、张闻天。

12月13日，根据总部命令，中央红军改道西进贵州，从战略上取得了主动权。这是右路红军经过的靖县藕团村全景。

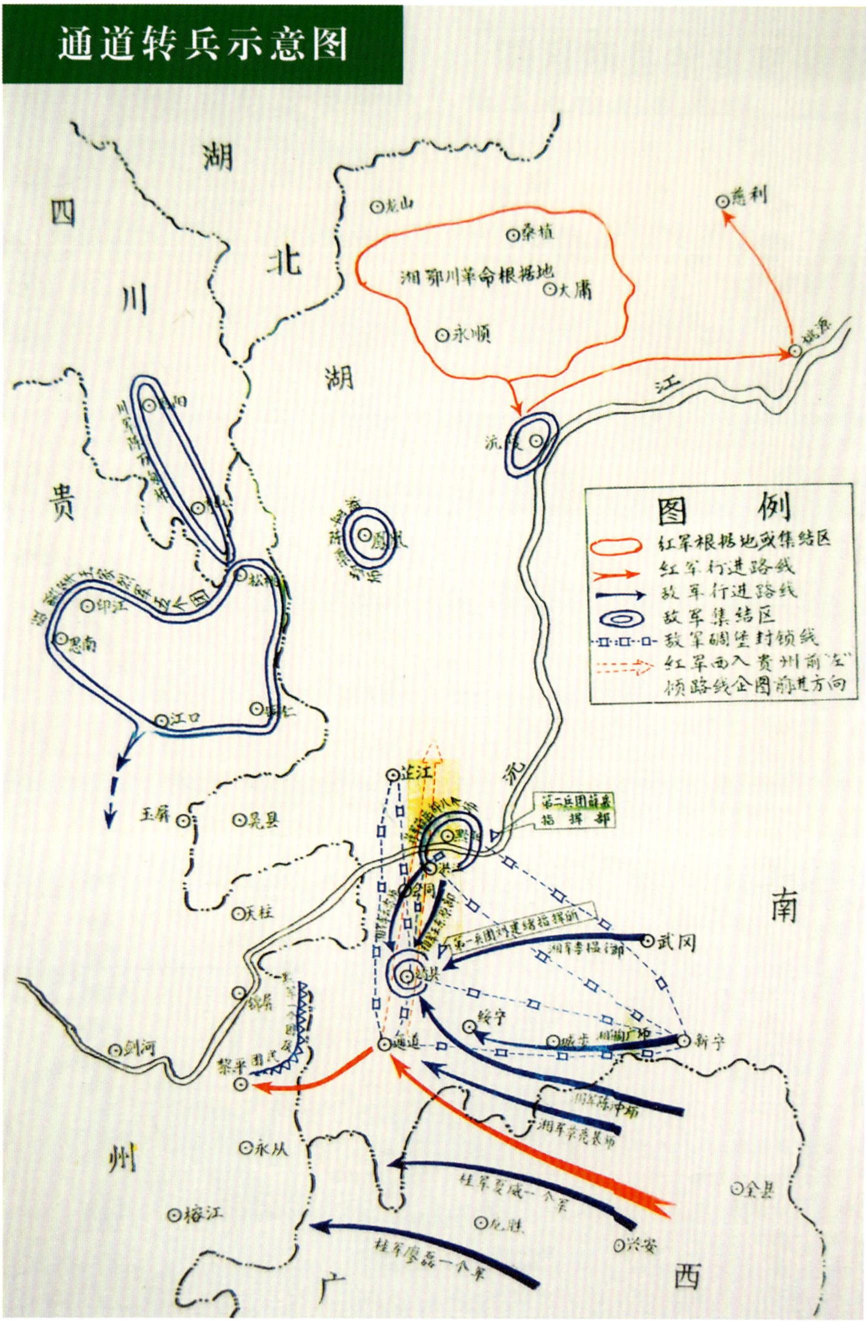
通道转兵示意图
图例
红军根据地或集结区
红军行进路线
敌军行进路线
敌军集结区
敌军碉堡封锁线
湘鄂川革命根据地
湖
北
四
川
贵
州
湖
南
广
西
沅
江
龙山
桑植
大庸
永顺
慈利
沅陵
凤凰
松桃
印江
思南
江口
铜仁
玉屏
晃县
芷江
黔阳
洪江
会同
天柱
锦屏
靖县
绥宁
城步
新宁
武冈
通道
黎平
剑河
永从
榕江
全县
兴安
龙胜
第二兵团前敌指挥部
湘军陈光中师
湘军李觉部
桂军夏威一个军
桂军廖磊一个军
通道转兵路线示意图

二、红二、红六军团突围长征

红二、红六军团完成策应中央红军长征的任务后，于1935年11月19日，在任弼时、贺龙、关向应等的指挥下，趁国民党部署重兵“围剿”未竟之机，采取“突破沅、澧，直插湘中”的迂回战术，分别在桑植的刘家坪、瑞塔铺突围长征，在湖南湘中、湘西经过近50天的迂回转战之后，于1936年初，从湖南进入黔东预定地区，胜利完成长征转移的第一步战略任务。

红二军团长征出发地刘家坪

红六军团突围长征出发地瑞塔铺

11月20日至22日，红二、红六军团分别在大庸黄家铺、安坝、杨家铺、关门岩、杨家溪等地强渡澧水，直插湘中。这是大庸县黄家铺渡口。

11月22日，红二军团前锋进抵沅水北岸的洞庭溪后，迅速突破敌军的沅水封锁线。这是沅陵洞庭溪渡口。

红二军团突破沅水封锁线的当晚，红六军团前锋袭占沅水北岸的小宴溪渡口，俘获敌保安团一个连和奉命前来增援的加强营，占领沅水两岸的两个渡口。这是沅陵小宴溪渡口。

11月27日，任弼时率部取道马底驿、低庄攻占了溆浦县城，发动群众，“扩红”千余人。12月8日，红军与尾追之敌陈光中师激战于县城西郊，毙敌营长以下百余人。这是溆浦县城西郊战斗遗址。

11月27日，红六军团占领新化县城。这是军团司令部驻地旧址——大地主陈先绿的“颍川星聚”庄园。

红六军团及红十六师部分指战员在军团司令部驻地前合影。前排左一为红十六师师长周保球，左三为军团政委王震，左四为军团政治部主任夏曦，左五为军团长萧克，左七为红十六师政治部主任李铨。

红六军团在新化转战期间大量印制宣传品的印刷机

11月29日，王震率红十六师进驻新化锡矿山，在畴富堂前召开大会，发动群众进行革命斗争。这是锡矿山畴富堂。

红军进驻锡矿山后，在连溪桥积极开展扶贫和筹粮筹款工作，发动群众打开为富不仁的“开源公司”老板段楚贤的大兴庄，救济民众，筹粮300多担。这是锡矿山大兴庄。

红二、红六军团在湘中活动和休整十多天，扩红5400多人，获得大量物资补充之后，主动退出湘中，西进黔中。12月17日，红二军团六师在隆回鸭田与敌晏国涛、谭友晋部激战，获胜后向西转移。这是隆回鸭田战斗遗址。

12月18日，红二军团总指挥部进抵隆回朝阳铺。这是指挥部驻地旧址。

12月19日，红六军团进驻洞口石江镇。在这里，红军没收地主及投机商人囤积的粮食5万多斤，分给农民，并召集米商开会，教育他们不得哄抬粮价、为害百姓。

12月22日，红二军团四、五两师在绥宁鸡公坡与敌钟光仁师激战，毙敌官兵200余人。这是鸡公坡战斗遗址。

1936年1月上旬，抵达芷江的红二、红六军团在便水一带歼灭尾追之敌千余人，缴获大量枪支弹药，随即进军黔东。这是芷江便水战斗牛屎垅遗址。

红十八师完成策应红军主力突围转移任务后，于1935年12月中旬从龙山茨岩塘出发，突围西进，次年1月11日抵达贵州玉屏江口与主力会师。这是龙山茨岩塘。

第四节　九一八事变后湖南人民的抗日救亡运动

九一八事变的炮声，警醒了中华民族，唤起了湖南人民的觉醒。9月23日，省城长沙得悉“日军占领沈阳，南满惨遭蹂躏”的消息后，群情激愤。25日，省会各界200多个团体、10多万人，举行“湖南人民反对日本武装侵占辽宁示威大会”，成立了湖南人民反日救国会，一个抗日救亡的爱国群众运动在全省兴起。《湖南大公报》、《湖南通俗日报》等省会主要新闻媒体，全省各界抗日救国团体主办的《抗日》特刊、专刊、半月刊、旬刊、周刊和日刊，广大青少年学生组织的宣传队、讲演团，等等，在全省城乡开展了如火如荼的抗日救亡宣传，抵制日货运动兴起了高潮。抗日救亡医疗队、汽车运输队、青年铁血救国团，开赴前线，参加淞沪、长城抗战。文教界、工商界开展了“募捐购机救国”运动。全省军民，有钱出钱，有力出力，掀起了抗日救亡的热潮。一二九运动把湖南抗日救亡运动推进到一个新阶段，在中共长沙青年运动党团的领导下，1936年暑假，先后成立了湖南民族解放先锋队和湖南文化界抗日救国会，湖南的抗日救亡工作因而更有组织地深入持久地开展起来。

一、抗日宣传　抵制日货

九一八事变的消息传到湖南后，省城长沙群情激昂，舆论鼎沸。《湖南大公报》、《湖南通俗日报》等报刊媒体，连续登载日军侵占东北的消息，报道全国各地反日示威游行的盛况。全省各界抗日救国团体主办的《抗日》特刊、专刊、半月刊、旬刊、周刊和日刊，广大青少年学生组织的宣传队、讲演团，在全省城乡开展了如火如荼的抗日救亡宣传，唤起了民族的觉醒，兴起了抵制日货运动的高潮。

1931年九一八事变发生后，9月25日，省会长沙举行群众示威大会，湖南人民反日运动掀起新的高潮。

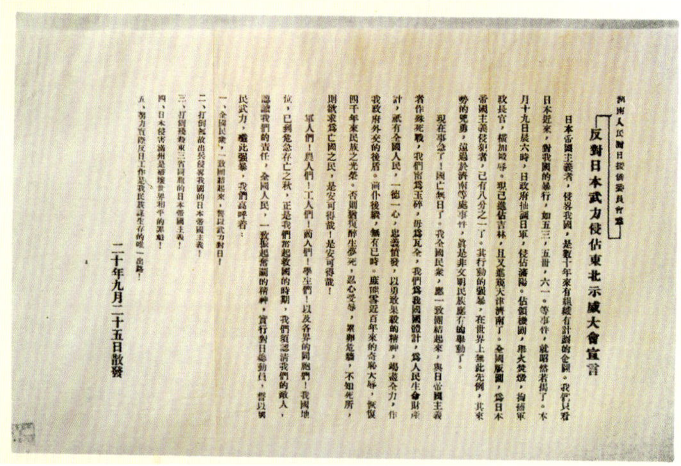

湖南人民對日援僑委員會宣

反對日本武力侵佔東北示威大會宣言

日本帝國主義者，侵略我國，是數十年來有組織有計劃的企圖。我們只看日本近來，對我國的暴行，如五三，五卅，六一，等事件，就昭然若揭了。本月十九日晨六時，日政府抽調日軍，侵佔瀋陽。佔領機關，縱火焚燒，拘禁軍政長官，橫加毆辱。現已進佔吉林，且又進窺天津濟南了。全國版圖，為日本帝國主義侵犯者，已有八分之一了。其行動的蠻暴，在世界上無此先例，其來勢的兇勇，遠過於濟南等處事件，實是非文明民族應有的舉動了。

現在事急了！國亡無日了。我全國民衆，應一致團結起來，與日帝國主義者作殊死戰，我們寧為玉碎，毋為瓦全，我們為我國國體計，為人民生命財產計，祇有全國人民，一德一心，忠義憤發，以勇敢果毅的精神，竭盡全力，作我政府外交的後盾。而作後援，猶有已時。應徵雪近百年來的奇恥大辱，恢復四千年來民族之光榮。否則猶復醉生夢死，忍心受辱，累卵危機，不知死所，則欲求為亡國之民，是安可得哉！是安可得哉！

軍人們！農人們！工人們！商人們！學生們！以及各界的同胞們！我國地位，已到危急存亡之秋，正是我們奮起救國的時期，我們須認清我們的敵人，認識我們的責任，全國人民，一致振起奮鬭的精神，實行對日總動員，督以國民武力，懲此强暴，我們高呼着：

一、全國民衆，一致團結起來，實以武力對日！

二、打倒派兵侵犯我國的日本帝國主義！

三、打倒殘殺東三省同胞的日本帝國主義！

四、日本侵害滿州是破壞世界和平的罪魁！

五、努力實際反日工作是我民族謀生存的唯一出路！

二十年九月二十五日散發

1931年湖南人民对日援侨委员会反对日本武力侵占东北示威大会发表的宣言

九一八事变之后，湖南各地纷纷集会游行，声讨日本帝国主义的侵略暴行。

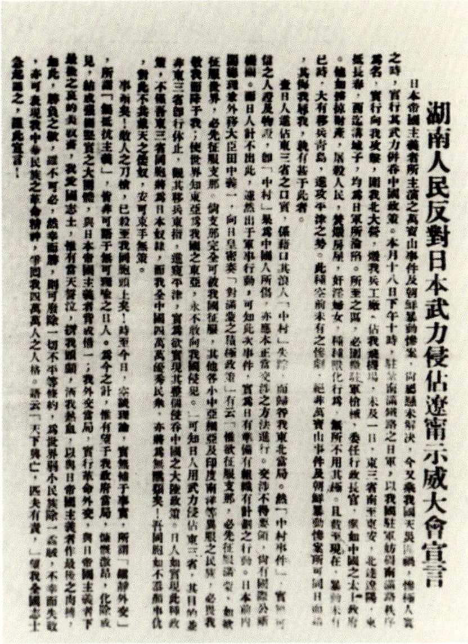

湖南人民反對日本武力侵佔遼甯示威大會宣言

日本帝國主義者所主演之萬寶山事件及朝鮮暴動慘案，尚延懸未解決，今又乘我國天災[illegible]禍，慘痛人寰之時，實行其武力併吞中國政策。本月十八日下午十時，駐紮南滿鐵路之日軍，以我國駐軍妨碍南滿路秩序爲名，實行向我攻擊，圍我北大營，燬我兵工廠，佔我飛機場，未及一日，東三省南至安東，北達遼陽，東抵長春，西迄溝幫子，均爲日軍所淪陷。所至之區，必繳我駐軍槍械，委任行政長官，儼如中國之太上政府。復加搶掠財產，屠殺人民，焚燬房屋，奸淫婦女，種種暴化行爲，無所不用其極。且較至現在，暴動未有已時，大有移兵青島，進攻平津之勢。此種空前未有之慘劇，絕非萬寶山事件及朝鮮暴動慘案所可同日而語，其侮我辱我，孰有甚于此者。

查日人進佔東三省之口實，係藉口其浪人「中村」失蹤，而歸咎我東北當局。然「中村事件」，實無可信之人證及物證，卽「中村」果爲中國人所傷，亦應本正當交涉之方法進行。交涉不得要領，尚有國際公斷機關。顧日人計不出此，遽然出于軍事行動，可知此次事件，實爲日有準備有組織有計劃之行動。日本前內閣總理兼外務大臣田中義一，向日皇密奏「對滿蒙之積極政策」有云「惟欲征服支那，必先征服滿蒙，如欲征服世界，必先征服支那。倘支那完全可被我國征服，其他各小中亞細亞及印度南洋等異服之民族，必畏我敬我而降于我，使世界知東亞爲我國之東亞，永不敢向我國侵犯。」可知日人用武力侵佔東三省，其目的並非東三省卽行休止，觀其移兵東指，進窺平津，實爲欲實現其夢侵吞中國之大陸政策。日人如實現此種政策，不僅吾東三省同胞將爲日本奴隸，而我全中國四萬萬優秀民衆，亦將爲[illegible]矣！吾國胞如不急起[illegible]，[illegible]此不共戴天之倭奴，安可束手無策。

事急矣！敵人之刀槍，已殺至我同胞頸上矣！時至今日，空談理論，實無補于事實，所謂「鎮靜外交」，所謂「無抵抗主義」，曾非可語于無可理喻之日人。爲今之計，惟有望于我政府當局，憤慨激昂，化除成見，結成强固堅實之大團體，與日本帝國主義者[illegible]；我外交當局，實行革命外交，與日帝國主義者下最後之哀的美敦書，我愛國志士，惟有當天誓泣，拼我頭顱，洒我熱血，以與日帝國主義者作最後之肉搏，如此，勝負之數，雖不可必，然幸而勝，則可廢除一切不平等條約，爲世界弱小民族除一蟊賊，不幸而失敗，亦可表現我中華民族之革命精神，爭回我四萬萬人之人格。語云「天下興亡，匹夫有責，」望我全國志士，全起圖之，謹此宣言！

长沙民众示威大会发表的宣言

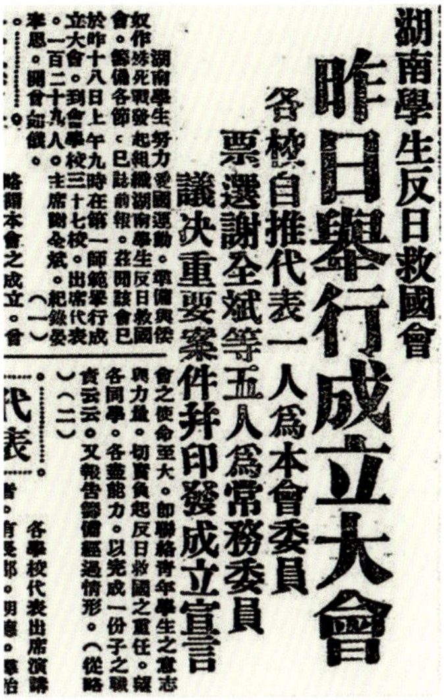

湖南學生反日救國會

昨日舉行成立大會

各校自推代表一人爲本會委員

票選謝全斌等五人爲常務委員

議決重要案件并印發成立宣言

湖南學生努力愛國運動。準備與倭奴作殊死戰。發起組織湖南學生反日救國會。籌備各節。已誌前報。茲聞該會已於昨十八日上午九時在第一師範舉行成立大會。到會學校三十七校。出席代表一百二十九人。主席謝全斌。紀錄晏奉恩。開會如儀。（一）略謂本會之成立。會之使命至大。卽聯絡青年學生之意志與力量。切實負起反日救國之重任。凡我各同學。各盡能力。以完成一份子之職責云云。又報告籌備經過情形。（從略）（二）

代表

各學校代表出席演講者。育英部。明德。[illegible]

湖南各地纷纷集会游行，在声讨日本帝国主义的侵略暴行的同时，学生抗日救国会纷纷成立。这是1931年10月《湖南通俗日报》关于湖南学生反日救国会成立的报道。

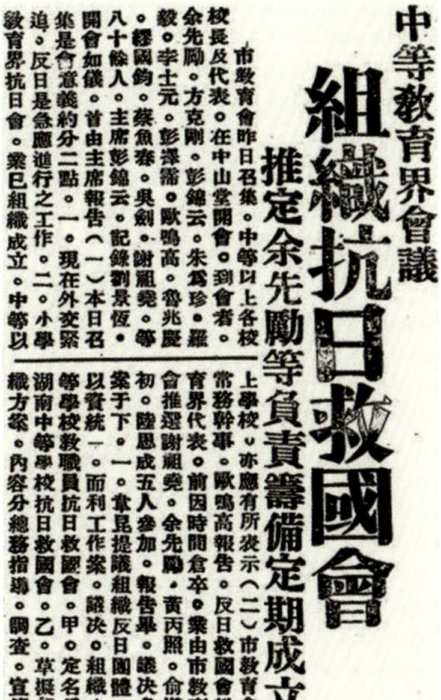

中等教育界會議

組織抗日救國會

推定余先勵等負責籌備定期成立

市教育會昨日召集。中等以上各校校長及代表。在中山堂開會。到會者。余先勵。方克剛。彭錦云。朱爲珍。羅毅。李士元。彭澤霈。歐鳴高。魯兆慶。繆國鈞。蔡魚春。吳劍。謝祖堯。等八十餘人。主席彭錦云。記錄劉景恆。開會如儀。首由主席報告（一）本日召集是會意義約分二點。一。現在外交緊迫。反日是急應進行之工作。二。小學教育界抗日會。業已組織成立。中等以上學校。亦應有所表示（二）市教育會常務幹事。歐鳴高報告。反日救國會教育界代表。前因時間倉卒。業由市教育會推選謝祖堯。余先勵。黃丙照。俞㑺初。陸思成五人參加。報告畢。議決各案于下。一。韋昆提議組織反日團體。以資統一。而利工作案。議決。組織中等學校教職員抗日救國會。甲。定名爲湖南中等學校抗日救國會。乙。草擬組織方案。內容分總務指導。調查。宣傳

这是1931年10月《湖南通俗日报》关于湖南省会长沙市中等教育界组织成立抗日救国会的报道。

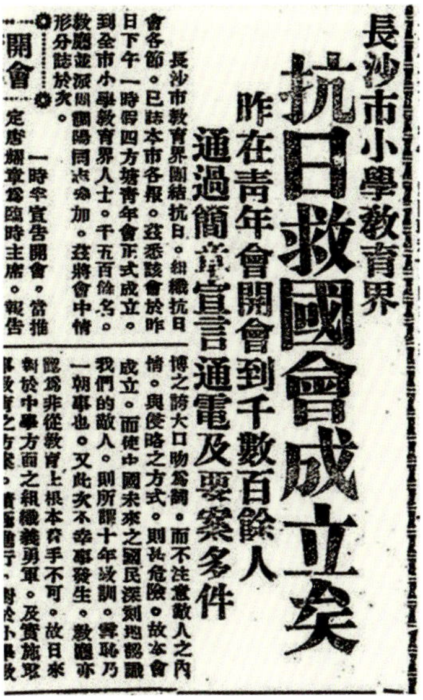

長沙市小學教育界

抗日救國會成立矣

昨在青年會開會到千數百餘人

通過簡章宣言通電及要案多件

長沙市教育界團結抗日。組織抗日會各節。已誌本市各報。茲悉該會於昨日下午一時假四方塘青年會正式成立。到全市小學教育界人士。千五百餘名。救聯並派關鵑同志參加。茲將會中情形分誌於次。

開會

一時半宣告開會。當推定唐娟章爲臨時主席。報告

博之誇大口吻爲詞。而不注意敵人之內情。與侵略之方式。則甚危險。故本會成立。而使中國未來之國民深刻認識我們的敵人。則所謂十年教訓。雪恥乃一朝事也。又此次不幸事發生。教聯亦認爲非從教育上根本着手不可。故日來對於中學方面之組織義勇軍。及實施軍事教育之方案。[illegible]

这是 1931 年 10 月《湖南通俗日报》关于湖南省会长沙市小学教育界组织成立抗日救国会的报道。

1931年10月安化人民举行讨日示威活动

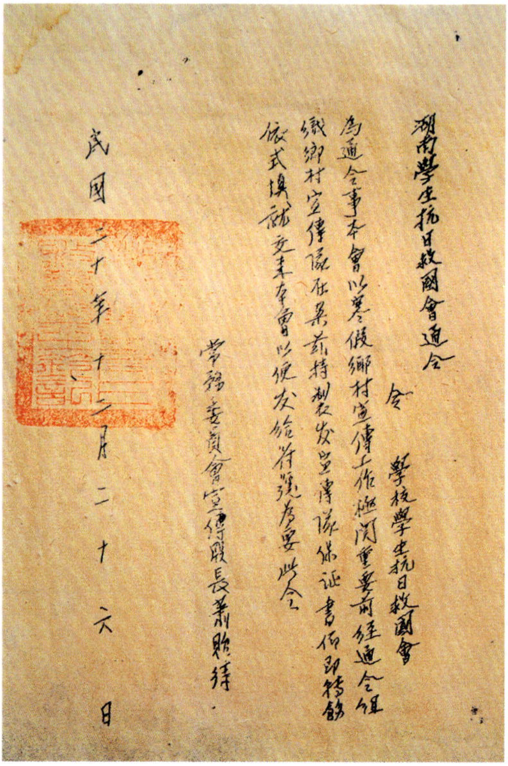
湖南學生抗日救國會通令

令　學校學生抗日救國會

為通令事本會以寒假鄉村宣傳工作極關重要前經通令組織鄉村宣傳隊在案茲特製發宣傳隊條証書仰即轉飭依式填就交來本會以便發給符號為要此令

常務委員會宣傳股長蕭聘鋒

民國二十年十二月二十六日

1931年12月26日，湖南学生抗日救国会为利用寒假组织乡村反日宣传队一事发布的通令。

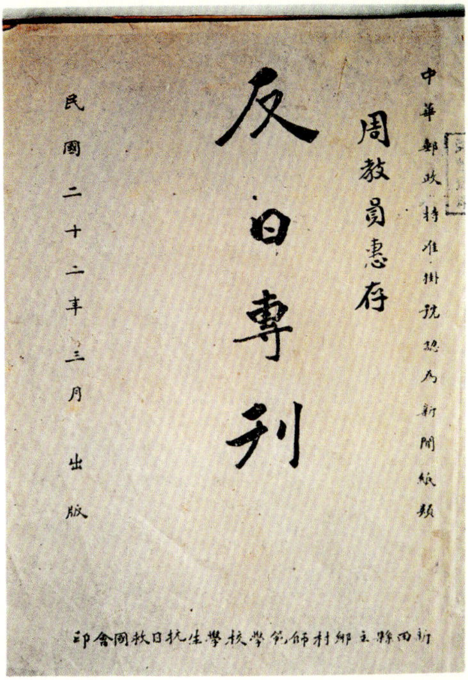
中華郵政特准掛號認為新聞紙類

周教員惠存

反日專刊

民國二十二年三月出版

新田縣立鄉村師範學校學生抗日救國會印

湖南各地纷纷创办反日刊物，揭露日本侵华罪行，宣传抗日救亡主张。这是新田县师范学校学生抗日救国会印行的《反日专刊》杂志。

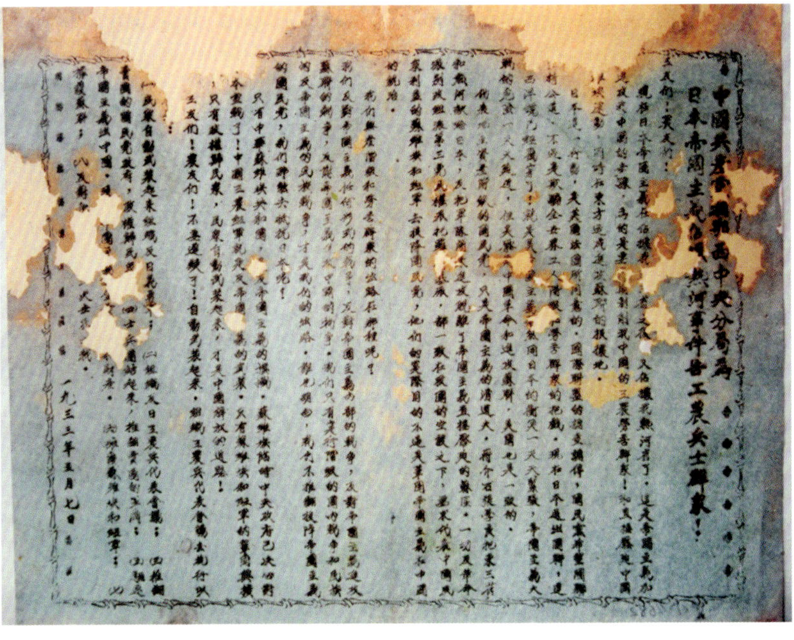

1933年5月，中共湘鄂西中央分局就日本帝国主义侵占热河发表《告工农兵士群众书》，提出团结抗日的八项主张。

1933年5月长沙广益校刊编辑委员会编印的《抗日专号》杂志

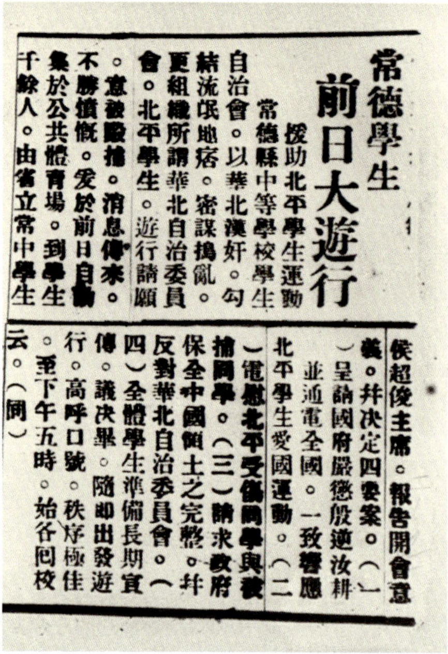

常德學生
前日大遊行
援助北平學生運動

常德縣中等學校學生自治會。以華北漢奸。勾結流氓地痞。密謀搗亂。更組織所謂華北自治委員會。北平學生。遊行請願。竟被毆捕。消息傳來。不勝憤慨。爰於前日自動集於公共體育場。到學生千餘人。由省立常中學生侯超俊主席。報告開會意義。並決定四要案。（一）呈請國府嚴懲殷逆汝耕並通電全國。一致響應北平學生愛國運動。（二）電慰北平受傷同學與被捕同學。（三）請求政府保全中國領土之完整。並反對華北自治委員會。（四）全體學生準備長期宣傳。議決畢。隨即出發遊行。高呼口號。秩序極佳。至下午五時。始各回校云。（聞）

1935年北平一二九学生反日爱国运动爆发后，湖南学生积极响应和声援。这是对常德学生大游行的新闻报道。

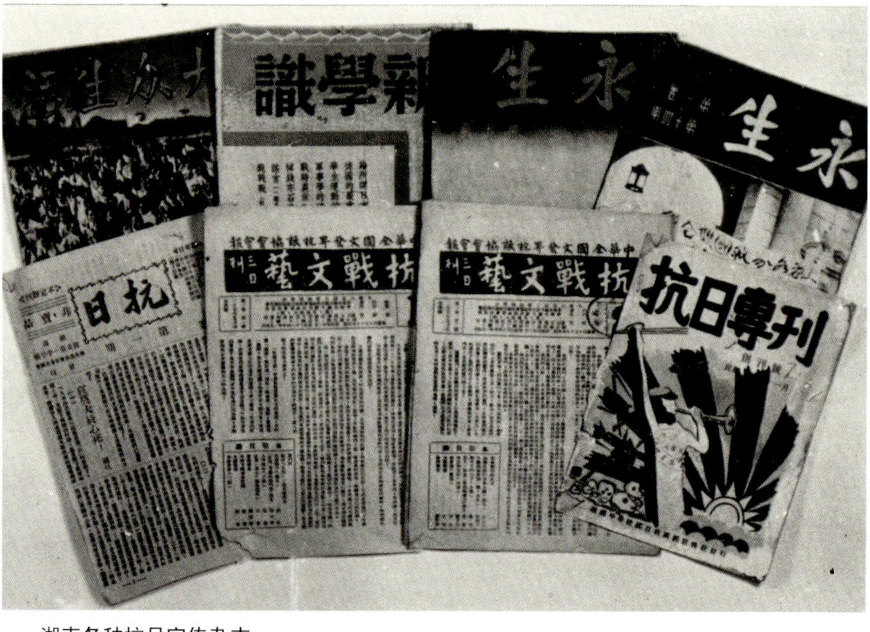

湖南各种抗日宣传杂志

伴随如火如荼的抗日宣传，抵制日货、提倡国货的群众运动也在全省蓬勃发展起来，这是湖南各地抗日刊物刊载的有关对日经济绝交、抵制日货、提倡国货的文章。

二、捐钱出力　支援前线抗战

随着中国军民军事抗战的展开，湖南的抗日救亡运动也由宣传抗日、抵制日货，发展到出钱出力，组织铁血团、学生救国义勇军、医疗救护队等直接支援前线。湖南人民以满腔热血和实际行动，谱写着中华民族救亡图存的不朽篇章。

各界募捐委員會
昨日開成立大會
彭國鈞等九人爲常務委員
劉建緒等七人爲監察委員

湖南省會各界聯合募集抗日軍餉勞捐委員會。於昨日下午二時。在中山堂開成立大會。到會者。彭國鈞。方克剛。陳鳳荒。周樹人。唐耀章。唐敢。陳介石。黃性一。劉建緒。霜某生。彭灼。羅屯圖。俞得洋。蔡□棟等一百餘人、主席彭國鈞。報告開會宗旨。略謂湖南省會各界聯合募集抗日勞軍委員會委員。已由本省黨政軍警法學紳農工婦女新聞各團體各推委員一人。組織成立。今天開成立大會。請各位發表意見。討論良久。結果於下。(一)確定募捐原則案。議決。(甲)本會成立之日起。原有勸募此項捐款之團體。概行停止勸募。其已募集之款。交由本會代收。(乙)各機關各團體各學校各公所各行

随着抗日救国运动的深入发展，湖南各界组织募捐、救护、运输等组织，捐钱出力，支援前线抗战。这是1932年3月10日《湖南通俗日报》关于湖南各界募捐委员会成立的报道。

长沙小学生举行支援前线抗战的募捐活动

青年鐵血反日救國團

昨日舉行成立大會紀實

到會者共二千餘人選舉正副團長

團員相繼演說誓以鐵血反抗日本

湖南青年鐵血反日救國團。昨日下午三時。在第一師範大禮堂。舉行成立大會。茲分錄情形於左。

。…開會情形…。

昨日下午三時如時開會。到會者二千餘人。推定胡安佛同志爲主席。開會如儀。首由主席報告開會宗旨（演詞摘錄於後）。次。省訓練部出席委員訓詞。次。團員相繼演說。次。討論本團組織簡章。通過。次。通過大會宣言及通電。次。推舉正副團長。臨時變更辦法。只推舉臨時正副團長。因團員均係初次相見。彼此不能認識。遽然推舉正式正副團長。恐將來於進行團務。發生困難也。結果。推定何國柱爲正團長。舒愁爲副團長。再次。臨時動議。（一）確定本會經費案。議決。甲。黨員自由樂捐。乙。呈請黨政當局補助。（二）（三）均略。最後呼口號。全場反日空氣。異常緊張。散會。

。…團長就職…。

團員臨時動議。本日推舉之正副團長。應即當場就職。比由主席請正團長何國柱。副團長舒愁登台。率全體團員向黨國旗及總理遺像行三鞠躬禮。正團長何國柱演說。願大家言行合一。努力去做。做一步算一步云云。副團長舒愁演說。望大家努力。予以指導。無不竭心盡力而爲之云云。

。…演詞摘要…。

主席報告。略謂。本團成立是要我們手無寸鐵的人。來謀救國。足見國勢之阽危。日本帝國主義者，公然不顧一切。佔據我東三省。近且暴行有加無已。實視我國。印度安南朝鮮之不若。其處心積慮。已非一朝一夕之故自佔琉球。奪台灣。今又佔據東三省。勢非滅我國家不止。綜觀全世界各國之興起。無一非拚着鐵血以成功。現在日本帝國主義。既如此侮我辱我。我們非拚着鐵血。不能救國。這是我們鐵血救國成立的意義。對於以後希望三點。一。要民族具體上的表現。二。一赤忱救國。不受任何人驅使。不受任何方面利用。三。不要是五分鐘的熱腸。要嚴密組織

1931年10月5日，湖南青年反日铁血救国团在湖南第一师范学校召开成立大会，发表“誓以铁血雪尽国耻”的成立宣言。这是1931年10月6日《湖南通俗日报》关于湖南青年反日铁血救国团成立的报道。

醒我国魂，
誓把奇耻雪。
风凄凄，
雨切切，
洪水祸西南，
猛兽噬东北。
忍不住，
心头痛，
抵不住，
心头热，
赴兮起兮，
大家团结，
大家团结，
努力杀贼。

湖南青年反日铁血救国团团歌歌词

不斷樓蘭誓不還

鐵血團實行援滬

明日上午九時在教育坪宣誓出發

何總指揮臨別贈言勉以精忠報國

湖南青年鐵血反日救國團第一大隊。原定昨日出發援滬。嗣因經費問題。未能如時開

1932年上海淞沪抗战爆发后，湖南青年反日铁血救国团于3月13日在湖南教育会坪誓师，开赴上海支援淞沪抗战。这是1932年3月12日《湖南通俗日报》关于湖南青年反日铁血救国团誓师出征的报道。

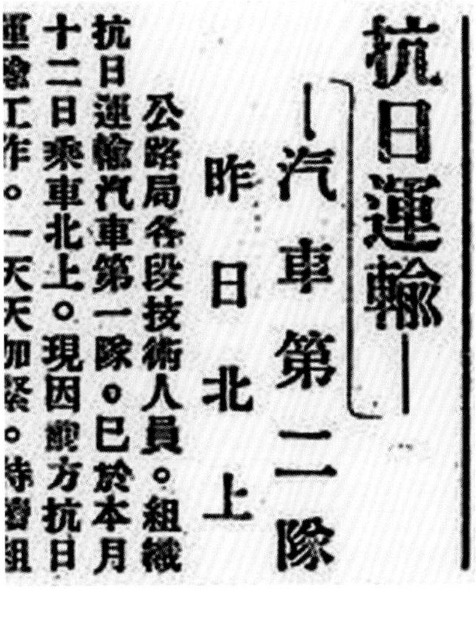
抗日運輸

—汽車第一隊

昨日北上

公路局各段技術人員。組織抗日運輸汽車第一隊。已於本月十二日乘車北上。現因前方抗日運輸工作。一天天加緊。特續組

湖南公路局组织汽车运输队北上，支援长城抗战。这是1932年3月25日《湖南通俗日报》的相关报道。

羅先闓等聯名呈請組織
退伍軍人救國義勇民軍
本队薪嘗膽之心為政府外交後盾

退伍軍官羅先闓。陳斌生。王邦吉。陶葵擧曹楚材。彭闓和。梁銓。張樹勛。何翔等五十餘人。昨聯名呈省政府及四路總部請組湖南退伍軍人救國義勇民軍。其文如下。

呈為請願事。竊日帝國主義者。蕞爾島夷。恣睢暴厲。近更乘我天災洊至救死不遑之時。突以暴力襲奪遼寧。屠殺同胞。略地千里。尤復變本加厲。無故增兵。轟炸錦州。窺伺津滬。破壞東亞和平。甘為世界戎首。飛來噩耗。悲憤填膺。雖政府日事抗議。國聯迭次斡旋。是無異與虎謀皮。徒貽嘲笑。夫弱國本無外交。文事必有武備。楚雖三戶。亡秦必楚。七澤三湘。當代豈無健者。公民等爰請集合在野同胞。組織湖南救國義勇民軍。本队薪嘗膽之決心。為政府外交之後盾。共同奮鬥。挽救危亡。自維餘鏑餘生。早已超然物外。當此國亡無日。一髮千鈞。倘甘為亡國

1931年10月中旬，湖南退伍军官罗先闿等联名呈请组织“湖南退伍军人抗日救国义勇民军”，随后湖南20万退伍官兵发表组织“湖南退伍军人抗日救国民军义勇军奔赴抗日前线”的通电。这是1931年10月22日《湖南通俗日报》的相关报道。

學生抗日會
決捐募購置湘學號飛機
召集各校代表共商募捐辦法

湖南學生抗日救國會。昨開第三次臨時緊要會。討論事項如下。（一）倭寇進迫。國難日深。凡我同學。應即節衣縮食。以紓國難。本會發起募「救國捐」。並以購置「湘學號」飛機。並慰勞前綫抗日將士。究應如何進行。請核議案。議決。一。定星期三下午三時召集各校抗委會全體委員談話會。共商募捐辦法。二。請示朱廳長經農及湖大校長胡庶華。屆時出席講演。指示募捐方針。三。令各校已經募得之款

檢查隊。繼續工作案。議決。通過。餘從略。（試）

昨日補行宣誓
余廳長和凌黃兩委員

省府余建設廳長凌黃兩委員。昨二十日上午九時。在中山堂補行宣誓典禮。黨政軍各機關長官。各學校各團體人員到會的很多。九時開會。首由何主席領導舉行擴大紀念週儀式畢。就繼續舉行宣誓典禮。行禮後。余廳長凌黃兩委員同立台上。各舉右

1933年长城抗战爆发后，湖南各界踊跃行动，捐钱出力，支援前线。这是1933年3月21日《湖南通俗日报》关于湖南学生反日救国会募捐购置“湘学号”飞机，支援长城抗战的报道。

湘雅救護隊
二批隊員准備北上

湘雅醫院東北救護隊第一批隊員。業由王隊長光宇率領北上。現又繼續組織第二隊。已由醫師張理正君負責進行。聽說隊員曾加成二十名。比前次多十名。大體已組織好了。不日由張君率領北上。（初）

救國借款
長衡潭各派廿萬

湖南湘雅医院组织动员医护人员，组成医疗救护队，分批北上，支援长城抗战。这是1932年3月27日《湖南通俗日报》的相关报道。

第五节　土地革命战争时期的湖南社会

进入20世纪30年代后，湖南社会环境无论是国统区还是红色武装割据区域，都处于相对安定阶段。特定的社会环境，使湖南经济社会获得了曲折中的缓慢发展。

1936年，国民党中央经济计划委员会在《十年来之中国经济建设》中说，湖南的工业，"外受舶来品倾销之摧残，内受农村枯竭购买力弱之影响"，发展坎坷缓慢。十年内战时期，闻名全国的醴陵、长沙的陶瓷业，浏阳、醴陵的烟花、鞭炮业，规模缩小，产量下滑，基本上停留于手工作坊，只有机械、电气、电器、棉纺、印刷、玻璃等行业，才缓慢步入现代工业的行列，先后新增和改建的企业主要有湖南机械厂、湖南电器制造厂、湖南第一纺织厂、长沙裕湘机染厂、湘鄂印染公司、衡阳美华玻璃厂、常德鼎新电灯公司等。这个时期，湖南矿冶业的生产受国际市场的影响，产量和价格波动频繁。锑产品年产量起伏于19,066吨至12,202吨之间；铅砂产量1929年9,312吨，1933年2,508吨；锌砂1929年9,328吨，1933年5,023吨；钨砂1930年498吨，1932年180吨，1935年2,733吨。交通运输业发展较快，铁路粤汉、湘黔两路全线通车；公路修建了湘粤、湘赣、湘黔、湘川、湘桂、湘鄂东、湘鄂西等7条干线和长沙至宁乡、湘潭至邵阳等十多条支线。20世纪30年代，湖南的公路发展快，与何键政府"筑路剿共，封锁苏区"紧密相连。这时期，湖南的航空、水运、邮电等行业，也有启动和发展。

此时，文化教育及医疗等社会事业也获得了初步发展。

一、曲折缓慢发展的经济

这一时期，湖南工业生产虽然在主体上因社会环境导致购买力下降而衰退，一部分甚至传统工业则在洋货冲击下萎缩破产，绝大多数工业则规模小，技术落后，但是部分轻纺工业、印刷、日用工业则有一定程度的发展，为数甚少的机器制造业则由单纯修配缓步跨入以制造为主的阶段。

20世纪30年代的长沙城街道

湖南农业省的地位为纺织业的开办和发展提供了原料基础，20 世纪 30 年代初扩展的湖南第一纺纱厂成为当时湖南工业发展状况的窗口。这是湖南第一纺纱厂厂房的一角。

湖南第一纺纱厂摇纱车间

湖南第一纺纱厂梳并车间

1936年湖南机械厂生产的“衡岳”牌汽车

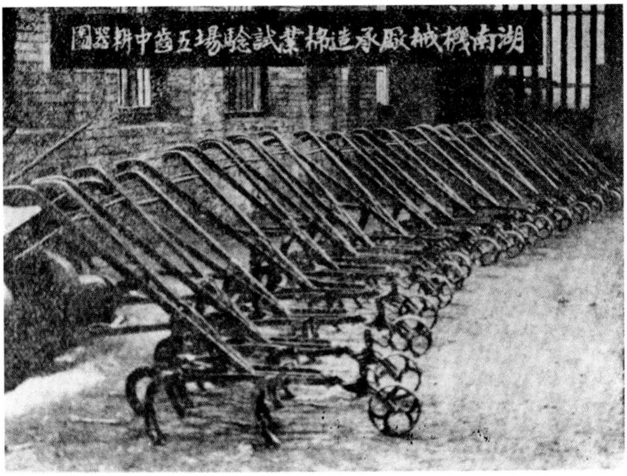

湖南机械厂制造的湖南棉业试验场五齿中耕器

湖南机械厂制造的炼锌厂碾砂机

湖南机械厂制造的炼铅厂直立式蒸气锅炉

湖南机械厂制造的湖南工业试验所煤气汽车用散热炉清器

1933年6月，湖南省建设厅向省政府提出“重新组织湖南造纸公司和筹办湖南机器造纸厂”的专案，这是受命筹办湖南造纸厂的樊德染。

地质矿产业与战争环境有着密切的联系，这一时期，中国社会正处于战争火热时期，在战争环境下，富藏有色矿产资源的湖南，矿冶业在曲折起伏中复苏和发展。

为开发利用湖南丰富的矿产资源，省建设厅下设有地质调查所和矿产化验所等机构。这是湖南地质调查所所长刘基盘。

湖南矿产化验所所长黄国瀛

湖南炼锌厂利用长沙对岸三叉矶原陆军工厂旧地开办。这是厂长兼总工程师饶湜。

近代以来湖南采炼矿业的发展时断时续，进入20世纪30年代，随着军事需求的增长，采炼矿业又开始了新的曲折发展。这是常宁水口山铅锌矿局第二坑外貌。

醴陵石门口煤矿开采于明朝，民国初年改为民商兼办，1930年收归官办，设石门煤矿局，委任曹典熙为局长，时有窿口7号。这是煤矿局斜井锅炉房。

在这一时期交通运输业获得较快发展。出于战争的需求，1929年底，国民党湖南省政府提出修筑湘粤、湘桂、湘黔、湘川、湘赣、湘鄂东、湘鄂西等七大干线4825公里和沅江至衡阳、常德至洪江、常德至芷江、洪江至武冈、武冈至零陵、零陵至汝城、茶陵至祁阳、桂阳至零陵、浏阳至汝城、湘阴至长寿（平江）、常德至临湘、宁乡至湘乡、澧县至石门等13条支线8669公里的筑路计划，并付诸实施。与此同时，水上运输和航空机场也获得一定发展，在扩修长沙原有机场的同时，新建成衡阳、郴县、宝庆三个机场。

出于“围剿”的中国共产党领导的红色武装割据区域的军事需要，从1930年开始，湖南的公路建设规模逐渐加大，一批省际公路如湘粤线、湘桂线、湘赣线、湘路西线等相继开工修筑。这是建成通车的湘粤线郴宜段观音岩路况。

建于1934年的澧县澧水支流多安桥

1935年建成通车的湘黔公路浏阳东段大瑶市木桥

1935年建成通车的沪桂公路干线湖南段平江箬铺岭天桥

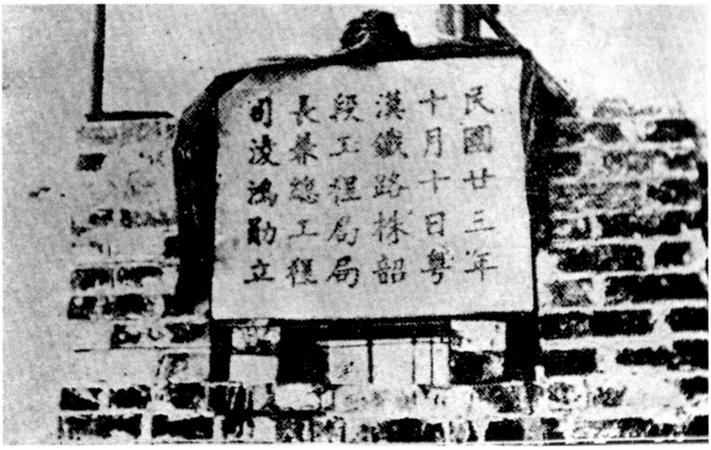

粤汉铁路株洲至韶关段工程，自株韶工程局1933年9月北迁湖南衡阳后正式进入筹划施工阶段。这是1934年粤汉铁路衡阳车站开工奠基牌。

1936年建成投入使用的衡阳火车站

粤汉铁路株韶段黄泥坑路轨铺设情景

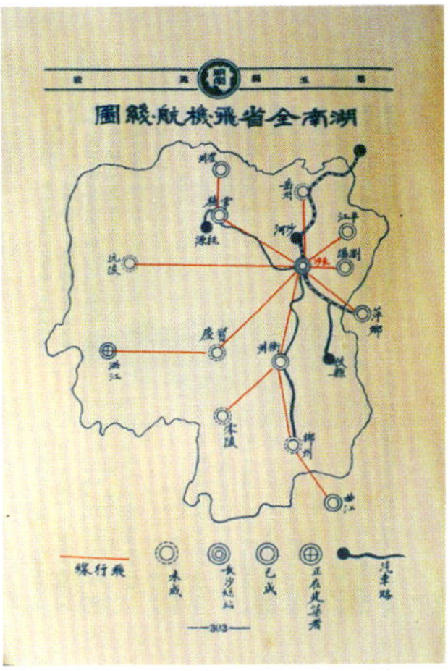

湖南的航空事业，是伴随着国民党统治集团对中国共产党及其红军军事“围剿”的需要建立起来的，1931年5月正式设立湖南航空处。这是当时以省会长沙为中心的航线图。

初设时的湖南航空处购置有摩斯教练机、飞而超战斗机、斯摩民用机和单翼茵莱水机等机种。这是当时编号为“湘202”的斯摩民用机。

在快速发展交通运输业的同时，省政当局同时加快了金融业及与军事密切相关的电讯业建设，专门设立“湖南长途电话处”。从1934年1月至1936年，共架设长衡、长常、长宝等3条长途干线、12条支线，共计2814华里（1407公里），连通省内33个县市及汉口、南昌。

随着社会经济的发展，至1934年，全国有9家银行在湖南设立分、支行办事机构。这是交通银行长沙支行经理魏千云。

20世纪30年代的湖南电话通讯业，因种种原因虽有一定发展，但变化不大。这是当时的湖南电话局局长胡荫槐。

湖南无线广播电台于1933年4月设立筹备处，次年1月正式开通成立。这是首任台长张道源。

20世纪30年代的湖南邮政事业取得较快发展，县县设局，村村通邮。这是湖南邮区邮务长叶挺瑞。

湖南一直是中国粮食的主要产区，在这一时期，湖南农业虽然部分地出现衰退趋势，但作为日常生活与战争支撑的粮食生产和部分农业经济作物，则在忽起忽落、徘徊停滞中缓慢发展，种植面积有所扩大，产量有所提高。如稻谷，1929年种植面积2633.98万亩，总产94.58亿斤，亩产369斤；1935年种植2871.6万亩，总产140.95亿斤，亩产491斤；1936年种植3477.7万亩，总产144.72亿斤，亩产416斤。

湖南农事试验场创始于清光绪二十六七年间，几经兴废，1930年在省城东塘购得400多亩新地后续办，杨景辉、周声汉等先后出任场长。这是续办后的湖南农事试验场远景。

湖南棉业试验场建于1930年，袁辉任场长，1932年在华容县、澧县等地设立育种场。这是湖南棉业试验场远景。

湖南棉业试验场工作人员在室内进行科学研究

湖南第一林务局麓山苗圃

1933年湖南棉业试验场在衡阳、澧县等地建成棉花轧花厂。这是轧花车间情形。

湖南茶事试验场于1928年由原湖南茶业讲习所更名而来，设址于安化黄沙坪。这是当时制造使用的揉茶机。

二、文化与教育卫生

土地革命战争时期，湖南国民党统治区域的文化教育事业在提倡尊孔读经，实施“特种教育”方针的指导下得到恢复。据 1931 年统计资料显示，全省（不含边境各革命根据地）仅各类小学就达 22，719 所，各类中学 90 所，各类师范学校及乡村师范学校 43 所，各类中等专业职业学校 40 所，国立学院及大学 2 所，各种民众教育馆、通俗教育馆等社会教育机构 23 所，各级各类图书馆 114 所。

新化县城厢小学外貌

临湘县立中学外貌

始建于1929年的隆回县朝阳学校教学楼

320世纪0年代位于长沙浏阳门外南元宫的私立群治农商学院第一院

私立群治农商学院学生自修室

湖南大学物理教学实习场景

湖南大学工科教学实习场景

1934年7月出任湖南民众教育馆馆长兼教务主任的蔡彤

1934年2月，湖南省立农民教育馆在文昌阁13号正式成立。这是时任馆长的欧阳刚中。

湖南通俗教育馆阅览室

1930年7月，长沙新闻记者联合会成立，这是联合会执委会全体委员合影。

湖南省立中山图书馆创始于清朝末年，原名湖南图书馆，设址于长沙城东定王台。中华民国建立后改建于省教育会坪右侧，1930年毁于火灾。据1930年统计资料显示全省（不含边境各革命根据地）有各级各类图书馆114所。这是1932年重新修建的省立中山图书馆外貌。

1932年任湖南省立中山图书馆馆长的黄济

湖南省立中山图书馆阅览室

筹建于1930年、开馆于1933年的湖南省立南岳图书馆。

邵阳中山公园图书馆

湘乡第八区石龙乡公益图书馆

湖南国货陈列馆始建于1930年，作为展销湘产国货商品的窗口。这是国货陈列馆外景。

湖南国货陈列馆附设商场内景

“南社湘集”为“南社”在湖南的延续文学社团组织，社址设于长沙妙高峰南园。这是南社湘集社友1934年重九集会合影。前排左起：王竹斋、彭焌文、朱侣霞、蔡绍厂、陈杏骢、刘雪耘、黄梦遽、李洞庭、张平子、马愓冰。后排左起：龙季伟、谢浴淮、甘哲明、黄汉琼、龚介弥、傅绍禹、何静涵、黎梧森。

“南社湘集”社友1937年农历三月集会合影。前排左起：刘约真、王耐园、李洞庭、刘雪耘、文牧希、左铭三、方筱川、颜宗鲁、骆曼涵。后排左起：龙季伟、钟爱琴、龚介弥、傅绍禹、丁羡门、刘楚乔、陈志均、匡槐静、黄钟勋、龚言章。

李石岑（1892—1934），醴陵人，近代著名哲学家。早年留学日本，回国后在上海商务印书馆任编辑，先后主编《民铎》、《教育杂志》等，并任上海大夏大学、光华大学、暨南大学哲学教授。著《人生哲学概要》、《尼采思想之批判》、《未来的哲学》等作品十余种。他先是主张唯心论，1928年赴欧洲考察后，积极推崇唯物主义。

沈从文（1902—1988），著名文学家，京派小说代表人物。原名岳焕，凤凰县人。14岁投身行伍。1924年开始发表文学作品，历任武汉大学、北京大学、西南联大教授。著述70余种，近300万字，代表作有《边城》、《湘行散记》等。图为青年时期的沈从文。

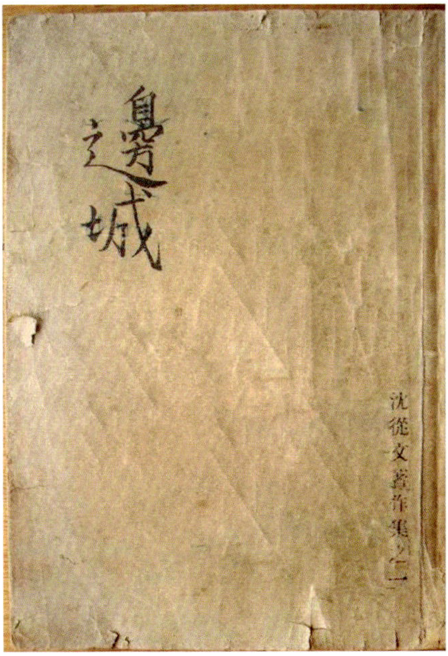

沈从文著《边城》

医疗事业反映一个时期内一个区域的社会民生状况，据 1934 年资料统计，湖南全省（不含边境各革命根据地）有各级各类医院 109 所。

已有 30 年院史的湘雅医院发展成为拥有 120 张普通床位、60 间特别病房，设有内、外科等十多个病科室的大型医院。这是该院手术器械消毒室。

1912 年建于东茅街的红十字医院改名为湖南仁术医院，以提倡科学医术、救济平民疾病为宗旨，设有护病学校，至 1934 年的 10 年时间内，免费接受治疗的平民、孤儿等患者即达 73，000 多人。这是仁术医院病室外景。

1935年湘雅医院购置并投入使用的新器械——新陈代谢器

湖南公医院创办于民国初年，先后设址于长沙玄女观和城隍庙。这是1932年时的湖南公医院第一病室外景。

湖南国医院即中医院，位于长沙城南沙河街56号，筹创于1931年，1934年正式对外开诊。这是1935年接任院长之职的王纡青。

三、自然灾害

特定的地理环境决定了湖南是我国自然灾害多发省份之一，频发的战争导致地方统治集团漠视社会民生的改善，加上天灾人祸，使土地革命战争时期的湖南人民饱受着战争和自然灾害的双重煎熬。

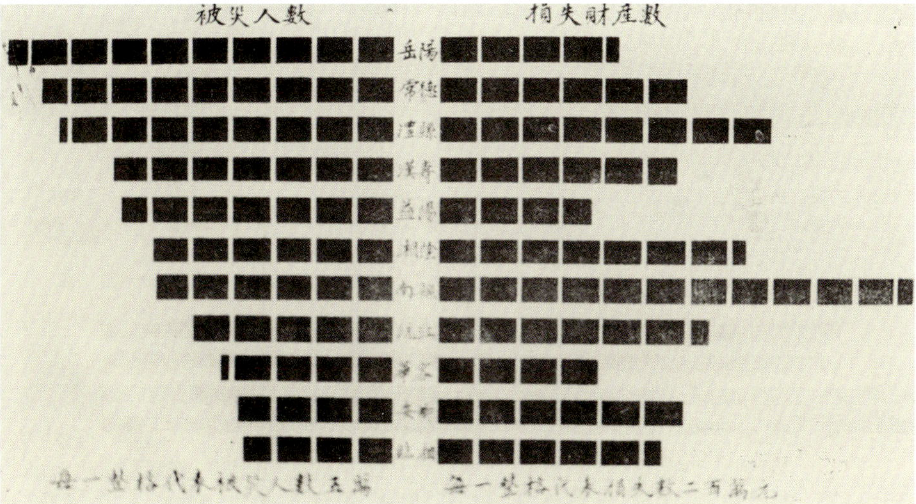

这是1932年4月湖南水灾善后委员会根据1931年各县水灾统计表绘制的滨湖各县水灾被灾人数及财产损失统计图表

1934年湘南大旱，赤地千里，灾情惨重。这是祁阳绅商捐款向灾民散发粮米的情形。

1935年7月长江中游发生洪涝灾害后沅陵县第二区的灾民

1935 年 7 月长江中游发生洪涝灾害时宁乡县被水淹后的惨景

1935年7月长江中游发生洪涝灾害时衡南县被水淹后的惨状

1935年7月长江中游发生洪涝灾害时华容县第四区堤圩渡口的情形

1936年岳阳水灾灾景之一

1936年临湘水灾灾景之一

1936年汉寿水灾之灾民

湖南孤儿院创办于民国2年（1913），至1935年发展扩大为四院。第一院（总院）设长沙连升街；第二院设长沙韭菜园；第三院设岳阳、华容、南县交界的隆庆河；第四院设南县南仁院。这是孤儿院总院办公楼。

湖南孤儿院就餐情形

湖南孤儿院女子理发科理发情形

湖南孤儿院女子缝纫科作业情形

芷江育婴堂

第十二章　抗日战争时期的湖南

(1937.7—1945.8)

湖南地处中国中南战略要地，抗日战争时期是正面抗战的重要战场。

在中国共产党倡导建立的抗日民族统一战线的伟大旗帜的指引下，抗战初期，周恩来、徐特立、叶剑英、王凌波等来湘开展了广泛的统战活动。当日军大举入侵湖南的前夕，中共湖南省工委和八路军驻湘通讯处与张治中为首的国民党湖南当局团结合作，动员组织群众，捐钱献物、救济难民、救护伤员、参军支前、训练自卫武装，使湖南各族人民、社会各阶层爱国人士、海外爱国侨胞都投入了抗日救国的洪流。

抗战进入相持阶段后，湖南成了中国抗日战争正面战场的主要作战区。国民政府将占全国兵力四分之一强的第九战区配置在这里，先后与日军进行了长沙、常德、衡阳、湘西等6次大规模的战役，击毙击伤日军近20万人，国民党军队伤亡30多万人，有十多万官兵为国捐躯。在6次重大战役中，湖南人民先后有百余万人组成侦察队、交通队、救护队、宣传队和慰劳队协同军队作战，并组织了数百支游击队和近6万人的自卫队，在湘北、湘中、湘南广泛开展抗日游击战争，与八路军南下支队和新四军江南挺进支队在湘发动的抗日游击战争及石公华等抗日根据地的斗争相配合，击毙击伤日军1万人以上。湖南每年供给全国抗战壮丁26万多人，军粮近1000万担，军棉7万担，军布300万匹。湖南人民用鲜血和生命支撑了中华民族的抗日战争，为抗日战争和世界反法西斯战争的胜利作出了不可磨灭的贡献。

第一节　抗日民族统一战线在湖南的建立与坚持

抗战初期，中共湖南省工委和八路军驻湘通讯处，与以张治中为主席的国民党湖南省政府，捐弃前嫌，实行合作，促成了抗日民族统一战线在湖南的实现。在各种抗日群众团体的理事会、常委会等领导机构中，既有共产党人，也有国民党员和其他党派或无党派人士，在组织领导上体现了以国共合作为基础的党派合作。为协调全省各抗日救亡群众团体和各党派之间的关系，加强对全省抗日救亡的领导，1938 年 10 月，中共湖南省委、国民党湖南省党部和省政府，成立了以国共两党为核心，有工会、农会、商会、学联、妇联等代表参加的全省民众抗战统一委员会，张治中任主任，覃振、徐特立、任作民、蒯伯赞、杨东莼等 64 人为委员，张、覃、徐等 9 人为常委。湖南国共两党在各方面实行合作，采取的各项抗日政策和措施，反映了湖南各族各界人民的根本利益，顺应当时抗日救亡的时代潮流，促进了湖南抗日力量的发展，国共两党自身的力量也得到迅速的增长。1939 年 1 月，国民党五届五中全会前夕，湖南省政府进行改组，张治中被免职，薛岳出任省政府主席。他一上台，就在所谓“党政军一元化”的口号下，废弃张治中主湘时一些联共抗日的进步举措，在湖南推行专制独裁统治，制造“平江惨案”等反共摩擦事件，取缔共产党的组织，捕杀共产党人，捣毁共产党领导的各民众抗日救亡团体，查封抗日救亡的报刊和书店，迫害进步文化人士。薛岳集团的反动统治使湖南国共合作抗战的格局遭到破坏。从 1940 开始，中共湖南地方组织被迫转入秘密工作状态，在艰苦的环境中，仍坚持抗战的总目标，继续维护抗日民族统一战线，为争取湖南抗战的胜利作出了不懈的努力。

一、抗日民族统一战线的实现

抗战初期，湖南是国共合作抗日的最佳省份之一。七七事变后，中共湖南省工委和八路军驻湘通讯处，以民族存亡为己任，根据中央指示，高举团结抗日的旗帜，与以张治中为主席的国民党湖南省政府合作抗战，促成了抗日民族统一战线在湖南的实现。

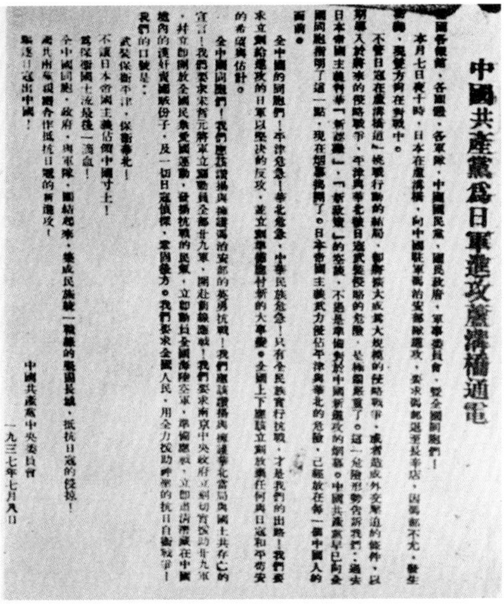

中國共產黨爲日軍進攻盧溝橋通電

全國各報館，各團體，各軍隊，中國國民黨，國民政府，軍事委員會，暨全國同胞們！

本月七日夜十時，日本在盧溝橋，向中國駐軍馮治安部隊進攻，要求馮部退至長辛店，因馮部不允，發生衝突，現雙方尚在對戰中。

不管日寇在盧溝橋這一挑戰行動的結局，即將擴大成爲大規模的侵略戰爭，或者造成外交壓迫的條件，以期導入於將來的侵略戰爭，平津與華北被日寇武裝侵略的危險，是極端嚴重了。這一危險形勢告訴我們：過去日本帝國主義者對華「新認識」，「新政策」的空談，不過是準備對於中國新進攻的煙幕。中國共產黨早已向全國同胞指明了這一點，現在煙幕揭開了。日本帝國主義武力侵佔平津與華北的危險，已經放在每一個中國人的面前。

全中國的同胞們！平津危急！華北危急！中華民族危急！只有全民族實行抗戰，才是我們的出路！我們要求立刻給進攻的日軍以堅決的反攻，並立刻準備應付新的大事變。全國上下應該立刻放棄任何與日寇和平苟安的希望與估計。

全中國同胞們！我們應該讚揚與擁護馮治安部的英勇抗戰！我們應該讚揚與擁護華北當局與國土共存亡的宣言！我們要求宋哲元將軍立刻動員全部廿九軍，開赴前線應戰！我們要求南京中央政府立刻切實援助廿九軍，並立即開放全國民衆愛國運動，發揚抗戰的民氣，立即動員全國陸海空軍，準備應戰，立即肅清潛藏在中國境內的漢奸賣國賊份子，及一切日寇偵探，鞏固後方。我們要求全國人民，用全力援助神聖的抗日自衛戰爭！我們的口號是：

武裝保衛平津，保衛華北！

不讓日本帝國主義佔領中國寸土！

爲保衛國土流最後一滴血！

全中國同胞，政府，與軍隊，團結起來，築成民族統一戰線的堅固長城，抵抗日寇的侵掠！

國共兩黨親密合作抵抗日寇的新進攻！

驅逐日寇出中國！

中國共產黨中央委員會

一九三七年七月八日

卢沟桥事变第二天，中国共产党发出通电，指出："平津危急！华北危急！中华民族危急！只有全民族实行抗战，才是我们的出路！"

1937年7月7日，日本侵略军制造卢沟桥事变，全面发动侵华战争。我国驻军第二十九军广大爱国官兵奋起抵抗（照），由此揭开了中国人民全面抗战的序幕。

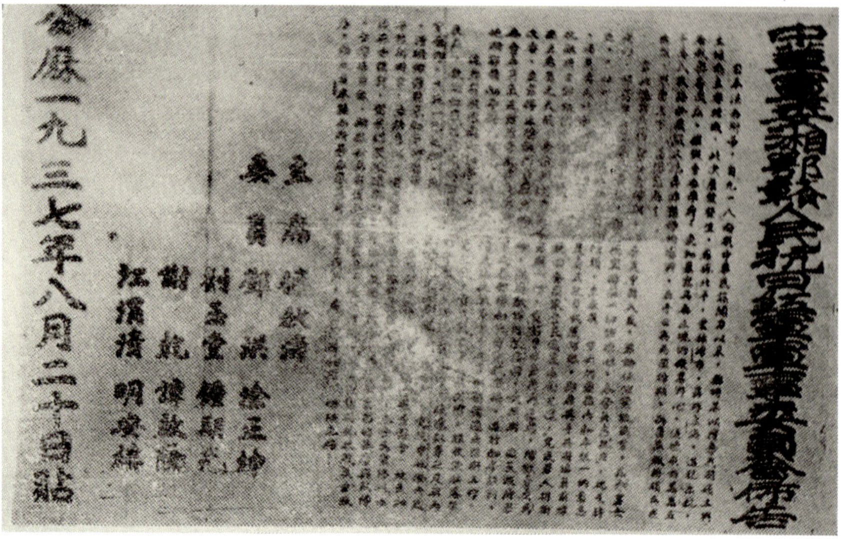
主席 傅秋濤

公曆一九三七年八月二十日貼

1937年7至8月间，中共湘鄂赣省委根据中共中央关于建立抗日民族统一战线的方针，经过与国民党的多次谈判，达成了将该地区的红军改为“湘鄂赣人民抗日红军游击支队”的协议。图为8月20日湘鄂赣人民抗日红军军事委员会发布的布告。

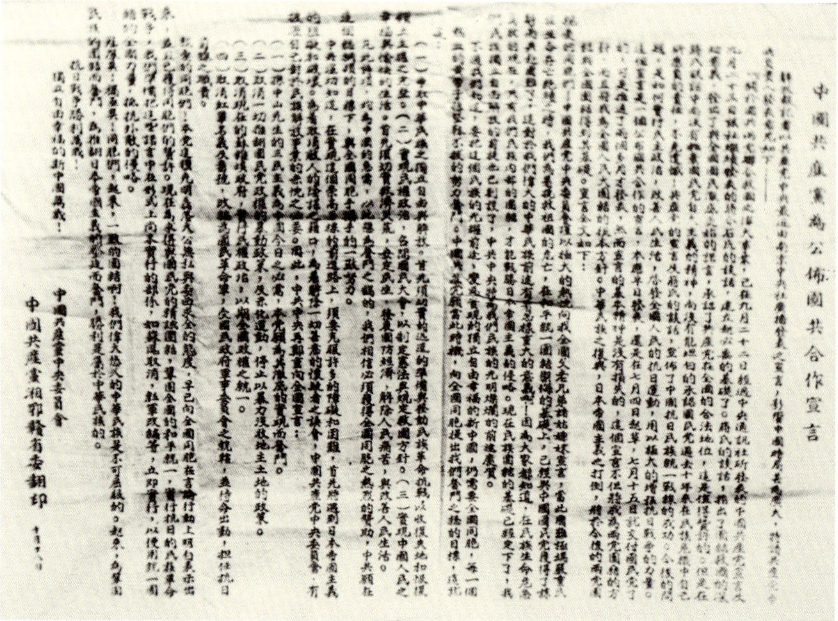
中國共產黨為公佈國共合作宣言

中國共產黨中央委員會

中國共產黨湘鄂贛省委翻印

10月18日，中共湘鄂赣省委翻印了《中国共产党为公布国共合作宣言》进行宣传，用抗日民族统一战线的思想武装民众。

1937 年 12 月间，集中在平江嘉义一带整训的湘鄂赣人民抗日红军游击支队，正式改编为新四军第一支队第一团，陈毅任支队司令员，傅秋涛（照）任副司令员兼第一团团长，全团 1100 余人。

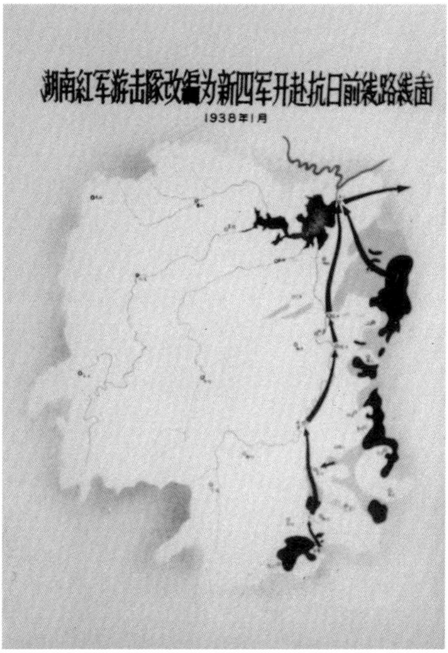

至1938年4月，湘南红军游击队、湘南赤色游击队及湘粤赣游击支队都分别整训改编为新四军的一部开赴抗日前线。图为1938年1月时，湖南红军游击队改编为新四军开赴抗日前线路线图。

1937年11月，由中共湘赣临时省委书记谭余保领导的湘赣边区红军游击队改编为新四军第一支队一大队，段焕竞任大队长，全队300人。图为改编后的部队整装待发。

为了加强中国共产党对湖南人民抗日斗争的领导，建立和发展湖南的抗日民族统一战线，1937年11月，任作民受八路军驻武汉办事处和中共湖北省工委的委派，回湘开展党的工作。

中共湖南省工委书记高文华

1937年12月下旬，中共中央派高文华等人来湖南工作。翌年1月16日，中共中央长江局决定将中共湖南特委改为中共湖南省工作委员会，高文华任书记。此时，全省有32个县市恢复了党的组织，有党员800多人。省工委成立后，全省工作区扩大到70个县市，党员发展较快。图为省工委机关旧址——长沙城南路28号。

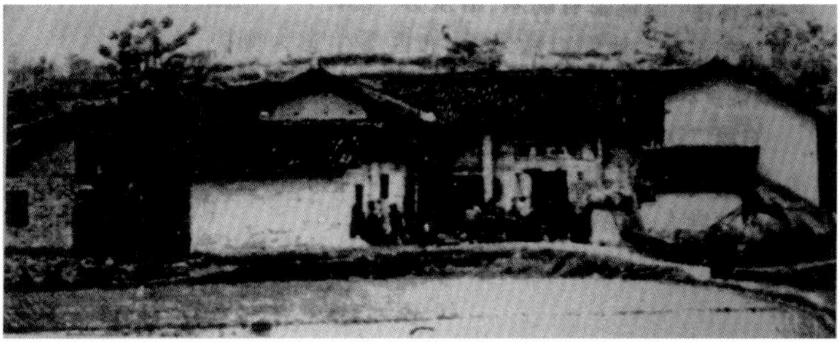

1938年7月上旬，省工委改称中共湖南省委，高文华任书记。同年11月起，省委机关先后由长沙搬迁邵阳、衡阳、湘潭、湘乡。图为省委机关旧址——湘乡（今双峰）永丰镇睦邻堂。

1937年11月20日，南京国民政府改组湖南省政府，委派张治中任省政府主席。张治中主湘后，执行联共抗日政策，促进了湖南统一战线的发展。

受中共中央委托，徐特立和王凌波于1937年12月9日来到长沙建立八路军驻湘通讯处。徐特立以国民革命军第十八集团军高级参议名义，任通讯处代表。

王凌波任通讯处上校主任，并兼任新四军驻湘办事处（1938年8月22日设立）主任。图为王凌波与姜国仁在八路军驻湘通讯处结婚时的合影。

八路军驻湘通讯处的主要任务是开展统一战线工作，推动各界爱国人士参加抗日战争，动员群众募集物资支援抗日战争，同时为恢复发展党组织创造条件。图为通讯处旧址（原长沙寿星街2号）。

徐特立多次应邀在长沙临时联合大学、第一师范学校、岳麓书院、湖南广播电台等处演讲，广泛宣传中国共产党的抗日方针和政策。图为徐特立（右）在岳麓书院讲演后留影。

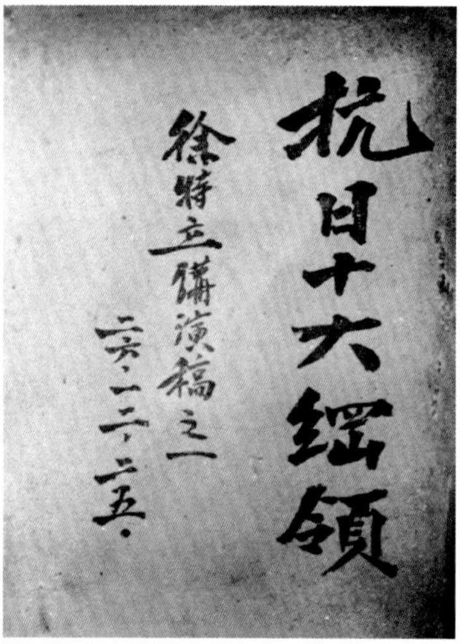

12月25日，徐特立在银宫电影院演讲中共《抗日救国十大纲领》，认为只有全国民众组织起来，武装起来，团结一心，共同抵抗日本侵略者，才能取得抗战的胜利。

1938年春，徐特立与叶挺在八路军驻湘通讯处商谈抗日工作。

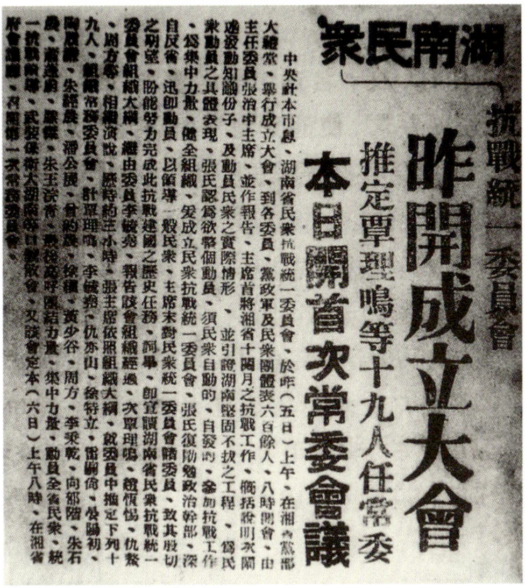

湖南民衆抗戰統一委員會

昨開成立大會

推定覃理鳴等十九人任常委

本日開首次常委會議

中央社本市訊、湖南省民衆抗戰統一委員會、於昨（五日）上午、在湘省黨部大禮堂、舉行成立大會、到各委員、黨政軍及民衆團體代表六百餘人、八時開會、由主任委員張治中主席、並作報告、主席首將湘省十閱月之抗戰工作、概括說明、次闡述發動知識份子、及動員民衆之實際情形、並引證湖南堅固不拔之工程、爲民衆動員之具體表現、張氏認爲欲將個動員、須民衆自動的、自發的、參加抗戰工作、必集中力量、健全組織、爰成立民衆抗戰統一委員會、張氏復勗勉政治幹部、深自反省、迅即動員、以領導一般民衆、末對民衆統一委員會職委員、致其殷切之期望、盼能努力完成此抗戰建國之歷史任務、詞畢、即宣讀湖南省民衆抗戰統一委員會組織大綱、繼由委員李毓堯、報告該會組織經過、次覃理鳴、趙恒惕、仇鰲、周方等、相繼演說、歷時約三小時、張主席依照組織大綱、就委員中指定下列十九人、組織常務委員會、計覃理鳴、李毓堯、仇亦山、徐特立、雷嗣尚、晏陽初、陶思曾、朱經農、潘公展、曾約農、徐權、黃少谷、周方、李秉乾、向郁階、朱石農、[illegible]、[illegible]、朱玉[illegible]、[illegible]呼籲團結力量、集中力量、動員全省民衆、統一抗戰意志、武裝保衛大湖南等口號散會、又該會定本（六日）上午八時、在湘省黨[illegible]、召開第一次常務委員會、

为集中全省民众抗日力量，协调各抗日党派和民众团体，中共湖南省委、国民党湖南省党部，于1938年10月，联合成立了湖南民众抗战统一委员会。

1938年11月12日晚长沙大火后，为了保存革命力量，通讯处在周恩来、叶剑英等的指挥下，于11月下旬由长沙迁往邵阳县城东门外回栏街曾家院子，同时迁来的有中共湖南省委、共青团湖南省委、湖南省文化界抗敌后援会、中华民族解放先锋队、《观察日报》等中共机关和团体。图为八路军驻邵阳通讯处旧址。

1938年10月武汉失守以后，国民党政府的军政重心暂时移到湖南。11月25日至28日，国民党军事委员会在南岳召开第一次军事会议（左四为蒋介石）。

1939年10月29日，蒋介石（左二）召开第二次南岳军事会议，会议检讨了南昌会战和第一次长沙会战，对开展游击战作了具体部署。

为了开辟敌后战场，广泛开展游击战，需要培养大批干部，为此，第一次南岳军事会议接受中共中央的建议，决定在南岳创办游击干部训练班（简称“游干班”）。图为南岳游干班旧址。

南岳游干班由蒋介石兼主任，白崇禧、陈诚兼副主任，汤恩伯任教育长（后由李默庵继任），八路军参谋长叶剑英应邀担任副教育长。图为叶剑英（右二）与游干班部分负责人合影。

游干班开办之时，邀请中国共产党派领导干部和教官参加，中共中央派出了由叶剑英负责的30余人的代表团。图为叶剑英与游干班的部分中共工作人员合影。前排左起：李伯崇、李涛、叶剑英、边章伍、薛子正、刘澄清。

1939年，周恩来以国民政府军委会政治部副部长身份视察南岳游干班，应邀作《中日抗战之政略与战略问题》的报告。

为培养抗战干部，中共湖南省委和地方组织创办各种战时学校。1938年7月省委在武冈县塘田设战时讲学院，学院院长由国民党元老覃振（照）出任。为了适应当时的政治环境，学院成立了董事会，邀请省参议会议长赵恒惕任董事长，张治中任名誉董事。

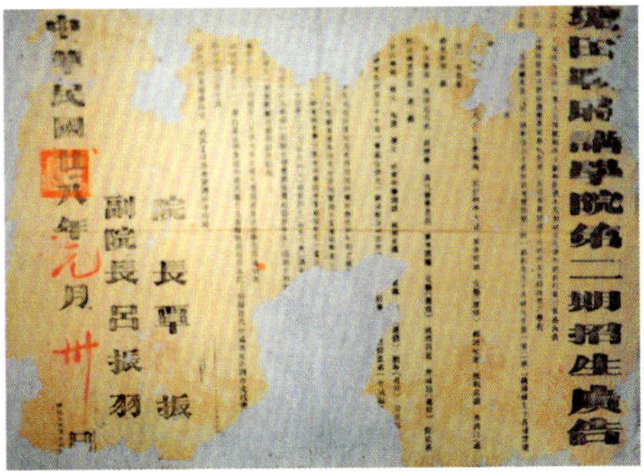

塘田战时讲学院第二期招生广告

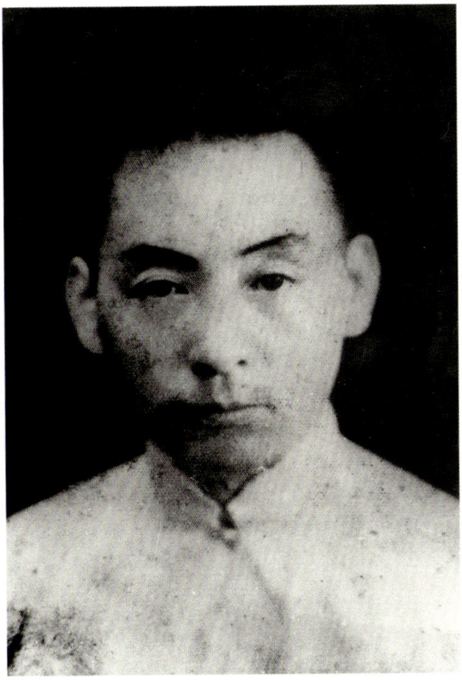

吕振羽，湖南邵阳市人。1936年加入中国共产党。1937年在长沙参加筹划中苏文化协会、湖南文化界抗敌后援会。参与创办“塘田战时讲学院”，任副院长，具体负责全面工作。后从事理论、历史研究和统战工作，是中国早期马克思主义历史科学研究的开拓者之一。

1938年9月15日正式成立的塘田战时讲学院，是一所培训抗日基层干部的学校，因为成绩卓著，被人们誉为“南方抗大”。图为塘田战时讲学院旧址外景和全景。

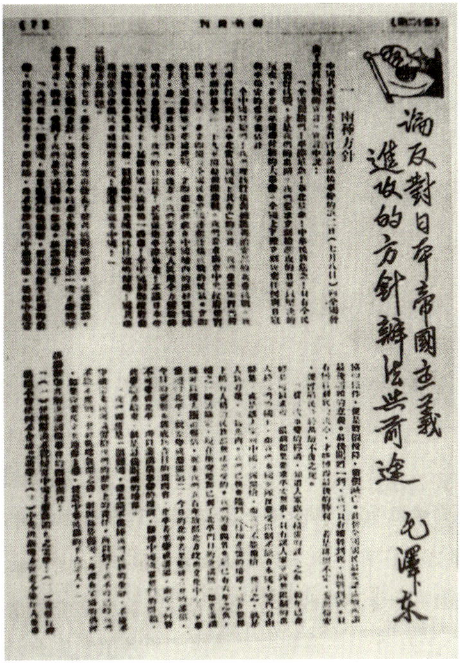

塘田战时讲学院曾经用过的教材

塘田战时讲学院使用的教材之一：朱德、彭德怀等著的《抗敌游击战术教范》。

1938年秋，日寇南犯，原黄埔军校武汉分校迁往湖南省武冈县，改为中央军校第二分校，分校主任为李明灏中将。当时的第六、第七军官总队设在社山曲塘（今洞口县竹市镇曲塘村）杨氏宗祠，称曲塘分部。

中山堂是黄埔军校第二分校为纪念孙中山先生而建的。由分校主任李明灏倡建并主持建造，1941年3月兴建，1943年7月竣工。

1938年11月12日深夜，国民党实行所谓“焦土抗战”，火烧长沙，将历史文化古城付之一炬，给长沙人民带来了空前的灾难。图为从湘江看熊熊燃烧着的长沙城。

长沙大火烈焰腾空的图景

眼睁睁地看着大火凶猛地吞噬自己的家园长沙，市民们心如刀绞却又无可奈何。大火延烧五昼夜，全城80%的房屋被烧毁，共达5.6万多栋。

长沙大火时广雅中学在燃烧

长沙大火发生后，从火海中脱险的周恩来（照右，时任中共南方局书记兼国民政府军委会政治部副部长）、叶剑英（照左，时任八路军参谋长。二人于10月27日从武汉撤离抵达长沙，住寿星街2号八路军驻湘通讯处）立即赶赴南岳，与蒋介石进行交涉，迫使国民政府不得不进行解决大火后的善后问题。

22日，省政府组成长沙市火灾临时救济委员会，并随即向灾民发放救济款。周恩来亲自起草了《告长沙同胞书》，指出如果没有日本强盗的侵略，也就不会有长沙大火，号召大家振作起来，坚持抗战。图为灾民们领取赈金。

二、反对分裂　坚持抗战

1939 年 6 月 12 日，国民党反动派指示杨森部袭击平江嘉义新四军通讯处，制造了震惊全国的“平江惨案”。中国共产党一方面通电全国，揭露顽固派的反共暴行，同时呼吁全国人民反对分裂，坚持抗战。此后，国民党湖南当局的反共行动更加肆无忌惮。20 多个县的中共基层组织被破坏，大批共产党员和进步群众被杀害，八路军驻湘通讯处被迫撤销，中共湖南地方组织转入地下。

1938年2月，新四军第一支队第一团从平江嘉义出发后，新四军军部决定，在平江县嘉义镇设立新四军驻平江留守处（后改为通讯处）。图为新四军驻平江通讯处旧址。

新四军驻平江留守处成立时全体工作人员合影。黄耀南任留守处主任，涂正坤为上校参议，罗梓铭为中校团副。

1939年6月12日，国民党第二十七集团军司令杨森按照陈诚、薛岳转达的蒋介石密令，派兵枪杀了通讯处上校参议、中共江西省委副书记涂正坤（照）等6位新四军干部，制造了震惊全国的“平江惨案”。

中共湘鄂赣特委书记罗梓铭烈士。当晚（指1939年6月12日晚，后同）被国民党军队活埋。

中共江西省委组织部长、新四军驻赣办事处少校秘书曾金声烈士。当晚被国民党军队活埋。

通讯处秘书主任吴渊烈士。吴渊因抗议国民党军队的暴行，被当场杀害。

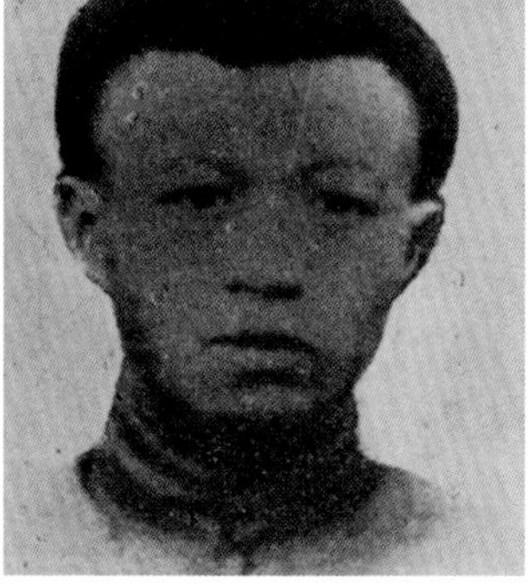

通讯处干部吴贺泉烈士。当晚被国民党军队活埋。

通讯处干部赵绿吟烈士。当晚被国民党军队活埋。

平江惨案后，薛岳集团的反共行动更加猖獗。20多个县的中共基层组织连遭破坏，八路军驻湘通讯处由邵阳迁往衡阳（照），8月被迫撤销。中共湖南地方组织开始转入秘密状态。

平江惨案发生后，中国共产党通电全国，公布平江惨案的事实真相，揭露顽固派的反共暴行。图为新四军在驻地召开追悼大会，悼念平江惨案中牺牲的烈士。

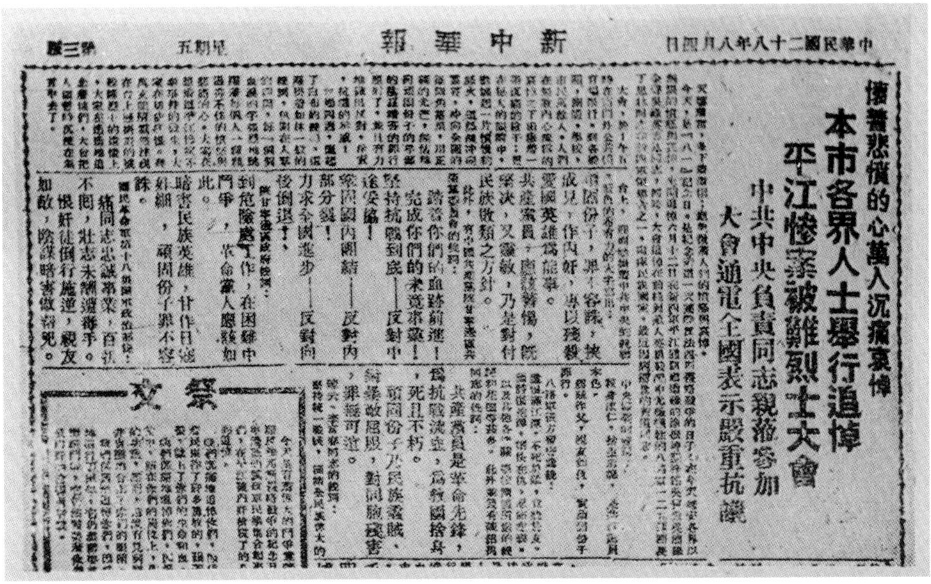

中華民國二十八年八月四日　新中華報　星期五　第三版

懷着悲憤的心情萬人沉痛哀悼

本市各界人士舉行追悼平江慘案被難烈士大會

中共中央負責同志親蒞參加

大會通電全國表示嚴重抗議

祭文

1939年8月延安举行“追悼平江惨案遇害烈士大会”消息报道

第二节　抗日救亡运动的高涨

1937年7月9日，长沙各大报纸冲破何键政府的禁令，详细报道了日军在卢沟桥制造的侵华事件，湖南人民群情激愤，纷纷自动组织起来开展救亡活动。长沙邮电工人、湖南大专院校的师生致电勉励卢沟桥抗日将士，湖南人民抗敌后援会以湖南3000万人民的名义电请南京政府对日宣战。八一三淞沪抗战爆发后，湖南人民抗敌总会积极开展抗日募捐活动，两个月间募得银圆68万多元及大批物资。从平、津、沪、宁等地回湘的知识界中的中共党员和进步人士，创办了《前进》、《民族呼声》等救亡刊物。抗战全面爆发后，全省性抗日救亡群众团体，如湖南文化界抗敌后援会、湖南人民抗敌后援会、湖南妇女抗敌后援会、湖南学生抗敌后援会先后成立。11月张治中主湘后，对民众抗日救亡团体采取开放政策，中共组织和领导的抗日救亡运动在全省轰轰烈烈地开展起来。《火线下》、《大众报》、《观察日报》、《抗战日报》等十多种报刊相继涌现，中苏文化协会湖南分会、长沙职业界抗敌后援会、长沙职业青年战时工作团等十多个救亡团体成立。全省几十种救亡报刊和几十个救亡团体，以多种形式宣传中国共产党的抗日民族统一战线政策，极大地激发了民众的爱国热情和抗日斗志。国共两党还密切合作，在发动湖南人民筹集抗战物资、接收安置伤兵和难民、动员青壮年应征入伍等项工作上都取得了显著的成绩。

一、筹集抗战物资

抗战初期，湖南是大后方。日本帝国主义的侵华罪行，激起湖南人民无比的愤慨，抗日救亡运动一浪高过一浪。湖南各界开展了多次大规模的募捐献金活动，广大人民群众节衣缩食，为支援前线作出了重大贡献。

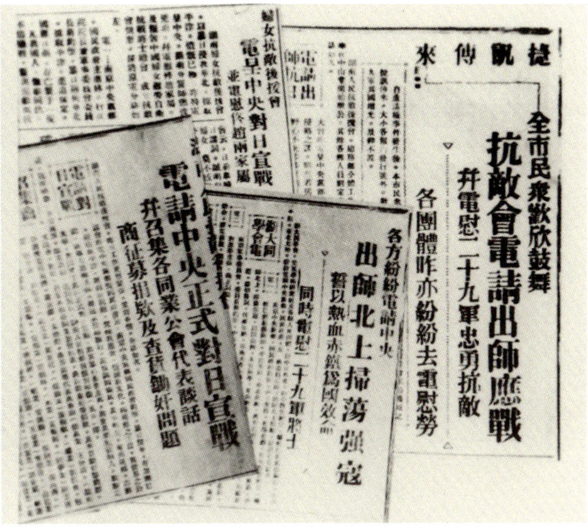

捷訊傳來

全市民衆歡欣鼓舞

抗敵會電請出師應戰

并電慰二十九軍忠勇抗敵

各團體昨亦紛紛去電慰勞

各方紛紛電請中央

出師北上掃蕩強寇

誓以熱血赤誠爲國效命

同時電慰二十九軍將士

電請中央正式對日宣戰

并召集各同業公會代表談話

商征募捐款及查貨鋤奸問題

婦女抗敵後援會

電呈中央對日宣戰

並電慰佟趙兩家屬

1937年7月25日，湖南人民抗敌后援会号召全省人民团结一致，坚决抵抗日军的侵略，并以湖南3000万同胞的名义，电请南京政府对日宣战。

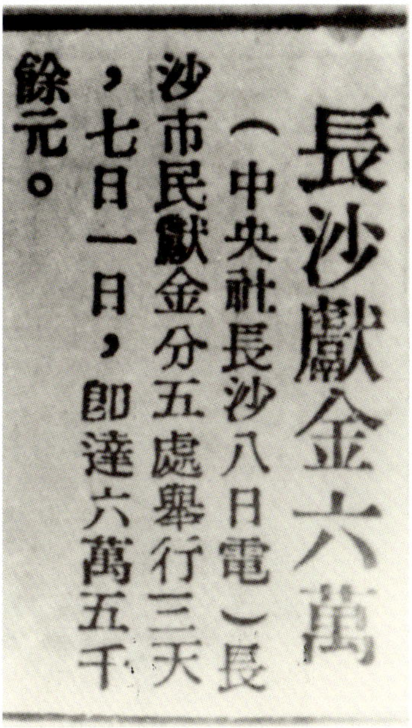

長沙獻金六萬

（中央社長沙八日電）長沙市民獻金分五處舉行三天，七月一日，即達六萬五千餘元。

七七事变一周年之际，全省开展抗战周年纪念献金活动。长沙市在7月7日这一天就收到市民献金65，000余元。

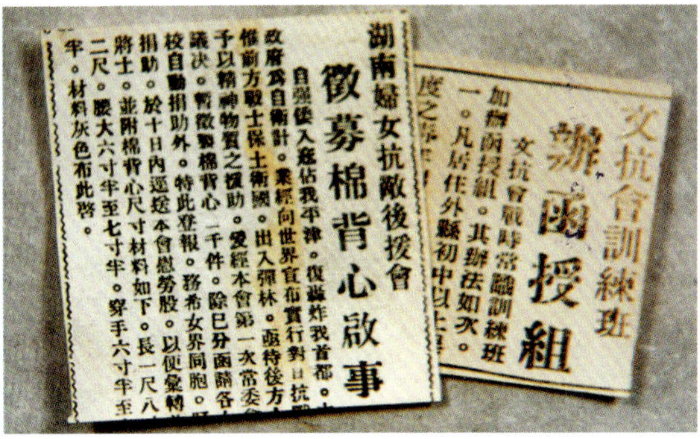

湖南婦女抗敵後援會

徵募棉背心啟事

自强寇入寇佔我平津，復轟炸我首都，中央政府爲自衛計，業經向世界宣布實行對日抗戰，惟前方戰士保土衛國，出入彈林，亟待後方予以精神物質之援助。爰經本會第一次常委會議決，暫徵製棉背心一千件，除已分函各校自動捐助外，特此登報，務希女界同胞，踴躍捐助，於十日內逕送本會慰勞股，以便彙轉將士，並附棉背心尺寸材料如下：長一尺八二尺，腰大六寸半至七寸半，穿手六寸半至七寸半，材料灰色布。此啓。

文抗會訓練班

辦函授組

文抗會戰時常識訓練班加辦函授組，其辦法如次：

一、凡居住外縣初中以上

省会各界民众，积极开展抗日募捐活动。8至10月，湖南人民抗敌总会已募得捐款68万余元，布鞋4万余双，毛巾13万余条，布袜1万余双。图为湖南妇女抗敌后援会征募棉背心启事。

1938年9至10月间，全省民众超额完成征募寒衣60万套的任务。图为湖南人民慰劳八路军的衣服鞋袜等物品。

二、开展抗日宣传

抗战初期，中共湖南各级组织和各阶层爱国进步人士创办的报纸、期刊像雨后春笋，出现在三湘大地。其中影响最大的是中共湖南省委直接掌管的《观察日报》和《抗战日报》。《观察日报》是中共湖南省委机关报，它销行全省，成为引领全省抗日救亡运动的思想号角。《抗战日报》由田汉等创办，发行量多达三四万份，在湖南全民抗战中起着非常重要的动员作用。

《民族呼声》，1937年10月在长沙创刊，由杨荣国等主编。

《火线下》三日刊，1937年11月12日在长沙创刊，由黎澍等主编。

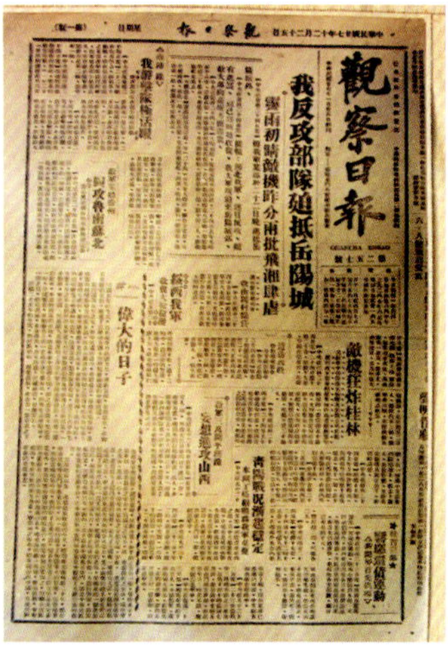

《观察日报》，1938年1月25日创刊于长沙，总编辑黎澍，同年5月在党内正式宣布成为中共湖南省工委机关报。

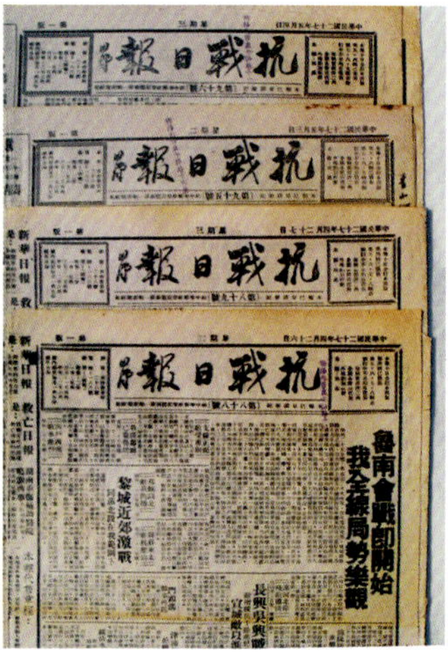

《抗战日报》，1938年1月28日创刊于长沙，社长田汉，总编辑廖沫沙。该报受八路军驻湘代表徐特立领导，日发行量最高时达4万余份。

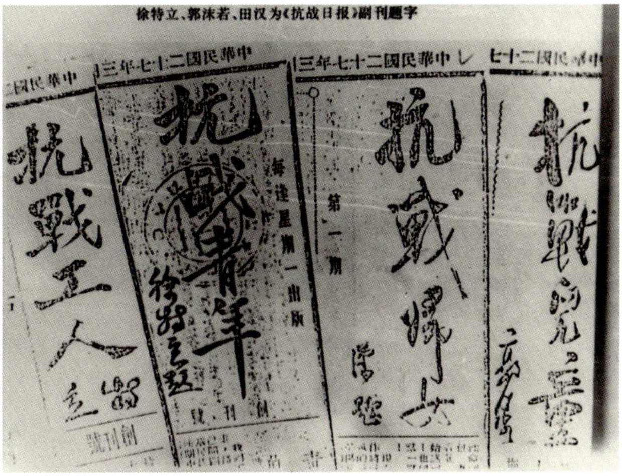

徐特立、郭沫若、田汉为《抗战日报》副刊刊名题字。

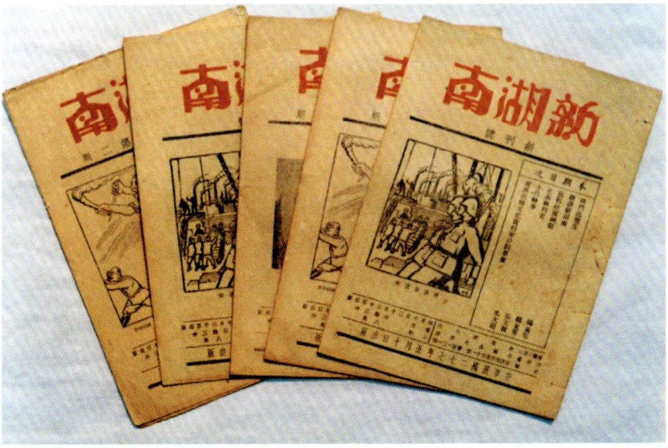

《新湖南》创刊于 1938 年 5 月。创刊号上刊有左联作家张天翼写的《正义与利害》一文。

《力报》，1936 年 9 月创刊于长沙。在共产党员李仲融、刘乐杨等的帮助下，成为湖南著名的进步报纸，抗战中先后在邵阳、衡阳、沅陵以及贵州出版。

田汉，长沙县人。1930年加入中国共产党，任左翼戏剧家联盟主席、党团书记。1937年11月，田汉离开即将沦陷的上海，于12月初回到故乡长沙。在此后的几年里，他满腔热情地参与组织和领导了湖南文化界的抗日救亡运动。

1934年田汉创作了《义勇军进行曲》之词，由聂耳作曲，新中国成立后被确定为中华人民共和国国歌。

贺绿汀，杰出的人民音乐家，今邵东县人。1926年加入中国共产党。他先后创作了260多首歌曲，抗日战争时期创作的《游击队之歌》，成为革命军队嘹亮的战歌。

齐白石画：《看你横行到几时？》

齐白石，杰出的人民艺术家，湘潭县人。其作品融合传统写意画和民间绘画的表现技法，形成独特的艺术风格。抗日战争时期，他坚持不给日本人和汉奸作画，表现出崇高的民族气节。

翦伯赞，维吾尔族，桃源县人，是中国现代著名的社会学家、马克思主义历史学家。1937 年 5 月，他在南京加入中国共产党，9 月，遵照党的指示，由南京回到家乡湖南，在长沙开展抗日救亡运动。

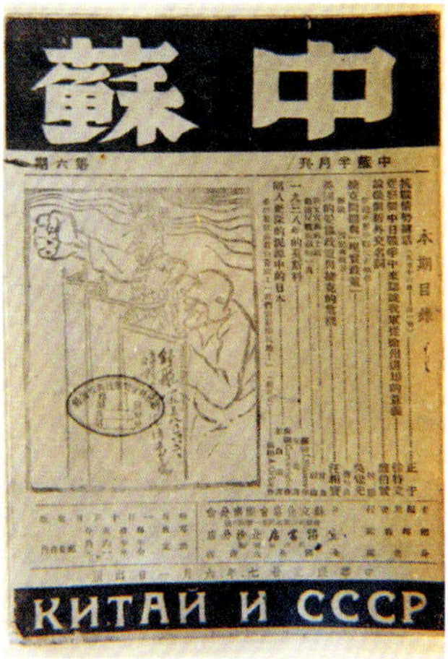

《中苏半月刊》，抗战初期中苏文化协会湖南分会的机关刊物，1938年3月在长沙创刊，翦伯赞任主编，该刊首发表徐特立、吕振羽等论抗战的重要文章。

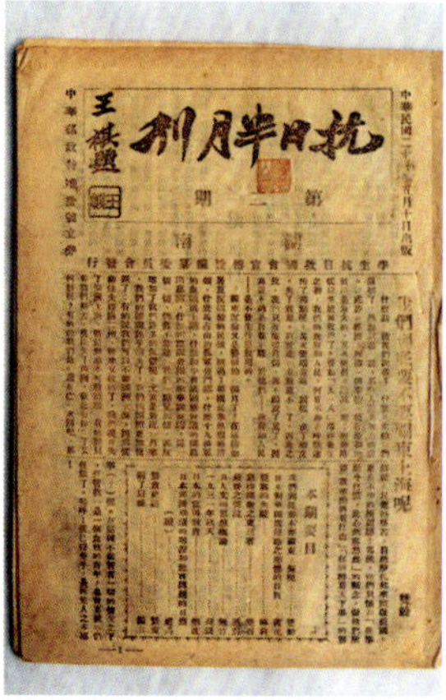

《抗日半月刊》，1938年4月创刊于长沙，由湖南学生抗日救国会编辑发行。

长沙民众观看八路军驻湘通讯处举办的抗战壁报

在创办抗日报刊的同时，湖南各地纷纷设立书店或推销处，销售进步报刊和书籍。图为抗战时期辰溪新知书店工作人员合影。

三、组建救亡团体

随着抗日宣传的深入开展，救亡团体纷纷建立。中共湖南省委充分运用张治中政府开放民众抗日运动、承认中共领导抗日群众团体的合法地位的有利时期，进一步加强了对湖南人民抗敌后援总会、湖南文化界抗敌后援会、中苏文化协会湖南分会、湖南人民抗敌后援会、湖南学生抗敌后援会和长沙职业界抗敌后援会等的组织和领导，在各县、市组建了群众抗日救亡团体。

文化界組抗敵後援會

昨在青年會開發起人會議

推定孫偉等十一人為籌員

本市教育。新聞。音樂。戲劇界等同人。發起組織湖南文化界抗敵後援會於昨日午後二時在青年會大禮堂開發起人討論會。屆時到出席者孫偉等九十餘人。省黨部賴特派員蒞會指導。當推定臨時主席陳潤泉。如儀開會。主席報告組織文化界抗敵後援會之意義極為詳盡。隨由賴委員致詞。大意謂現值國難時期各位先生均屬智識份子。來組織文化界抗敵會。希望今後發揮新的意見。新的思想。充實抗敵力量。演詞激昂。會場空氣。極爲緊張。

1937 年 10 月 17 日，湖南文化界抗敌后援会在长沙成立，主要发起人和领导者有：吕振羽、陈润泉、翦伯赞、廖伯华、李仲融，是会员最多（1000 余人）、影响最大的抗日救亡群众团体。会内秘密建立了 6 个中共支部。该会以团结文化界共同抗日为宗旨，是湖南各界抗日救亡的核心组织。

全国文化名人郭沫若（中排中）与夫人于立群（前排中）等同日本反战作家鹿地亘（中排左）、池田幸子（前排左）1938年10月在长沙陶园。

長沙縣抗敵後援會

昨開成立大會

推陳士棻等為執行委員

電請中央明令對日宣戰

長沙縣人民抗敵後援會。於昨日下午一時。在長治路縣教育會。舉行成立大會。到各機關團體代表數十人。人民抗敵會。派縣幹事出席指導。公推陳士棻主席。行禮如儀。由主席報告開會意義及經過。上級分別訓示後。即

議決要案六件

（一）推定陳士棻。任正凡。黃菊初。談俊時。彭繼洵。林劍。徐漢光。丑先麒。袁炳榮等九人為常務委員。（二）縣屬各區鎮。各設一分會。交常委會議擬具辦法。通知各區。（三）通電擁護中央抗敵主張。（四）密。（五）每日開執委會一次。日期由常委會決定。（六）確定縣教育會為會址。議畢散會。大會散會後。接開首次常委

分配各股職務

會議。議決事項如下。（一）推陳士棻。任正凡。為正副主席。（二）談俊時。王象三。為總務股正副主任。彭繼洵。黃民強。為組織股正副主任。徐漢光。李棠。為調查股正副主任。林劍。黃菊初。為宣傳股正副主任。丑先麒。皮宗讓。為征募股正副主任。（三）各股工作。由各股主任擬具方案。交下次常委會核議。（四）各股幹事。由各股主任物色。提交下次常會核議。（五）定每星期二下午二時開常委會議。六七八均

长沙县人民抗敌后援会成立消息报道

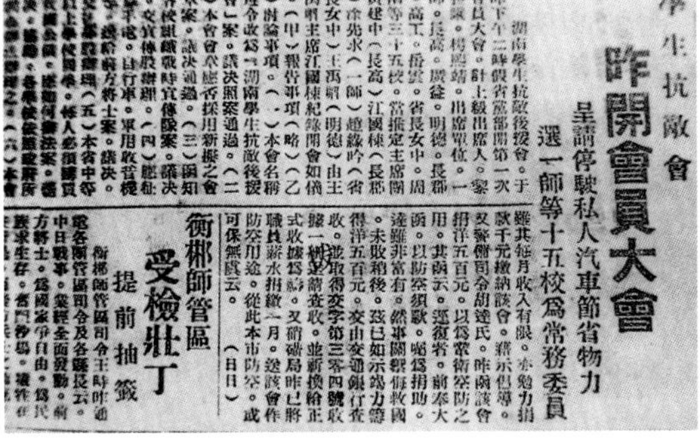

學生抗敵會

昨開會員大會

呈請停駛私人汽車節省物力

選一師等十五校為常務委員

湖南學生抗敵後援會。于昨下午二時假省黨部開第一次會員大會。

雖其每月收入有限。亦勉力捐款千元繳納該會。藉示倡導。又警備司令胡達氏。昨函該會捐洋五百元。以為常備防空之用。其函云。逕復者。前奉大函。以防空須款。囑為捐助。查雖非富有。然事關禦侮救國。未敢稍後。茲已如示竭力籌得洋五百元。交由交通銀行查收。並取得交字第三零四號收據一紙。請查收。並祈換給正式收據為禱。又衛礪局昨已將職員薪水捐繳一月。送該會作防空用途。從此本市防空。或可保無虞云。（日日）

衡郴師管區

受檢壯丁

提前抽籤

湖南学生抗敌后援会召开会员大会消息报道

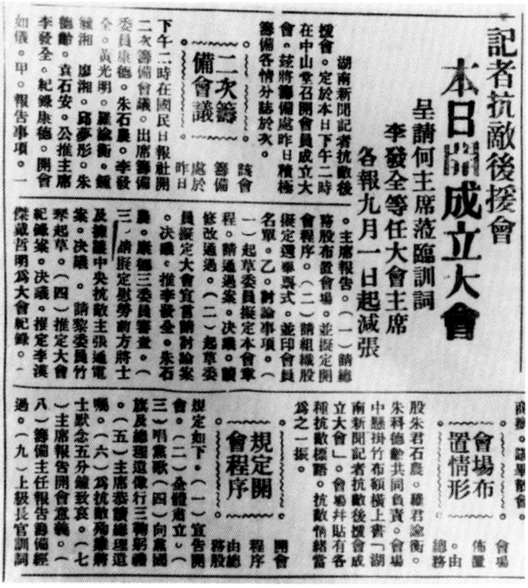
記者抗敵後援會
本日開成立大會
呈請何主席蒞臨訓詞
李發全等任大會主席
各報九月一日起減張

湖南新聞記者抗敵後援會。定於本日下午二時在中山堂召開會員成立大會。茲將籌備處昨日積極籌備各情分誌於次。

二次籌備會議

該會籌備處於昨日下午二時在國民日報社開二次籌備會議。出席籌備委員康德。朱石農。李發全。黃光明。羅論衡。饒穠湘。廖湘。歐夢彤。朱鶴齡。袁石安。公推主席李發全。紀錄康德。開會如儀。甲。報告事項。一。主席報告。(一)請總務股布置會場。並擬定開會程序。(二)請組織股擬定選舉票式。並印會員名單。乙。討論事項。(一)起草委員擬定本會章程。請通過案。決議。照修改通過。(二)起草委員擬定大會宣言請討論案。決議。推李發全。朱石農。康德三委員審查。(三)請擬定慰勞前方將士及擁護中央抗敵主張通電案。決議。請黎委員竹琴起草。(四)推定大會紀錄案。決議。推定李漢傑成哲明爲大會紀錄。(

會場布置情形

會場佈置由總務股朱君石農。羅君論衡。朱科德齡共同負責。會場中懸掛竹布額橫上書「湖南新聞記者抗敵後援會成立大會」。會場并貼有各種抗敵標語。抗敵情緒當爲之一振。

規定開會程序

開會程序由總務股規定如下。(一)宣告開會。(二)全體肅立。(三)唱黨歌(四)向黨國旗及總理遺像行三鞠躬禮。(五)主席恭讀總理遺囑。(六)爲抗敵殉難將士默念五分鐘致哀。(七)主席報告開會意義。(八)籌備主任報告籌備經過。(九)上級長官訓詞

湖南新闻记者抗敌后援会成立消息报道

中華民國二十六年十二月二十日

中蘇文化協會
湘分會昨日成立
賴特派委員張主席均到會致詞
選覃振爲會長黃一歐等爲理事

賴委員詞

中苏文化协会湖南分会于1937年12月19日在长沙成立，覃振为会长，吕振羽、翦伯赞、谭丕模等17人为理事。该会以办刊物、举行时事座谈会等形式，发动、团结各界民众一致抗日。

1938年5月12日新化县抗敌后援会战时妇女宣传队深入锡矿山进行抗日救亡宣传。右一为中共新化县地下党组织负责人苏镜。

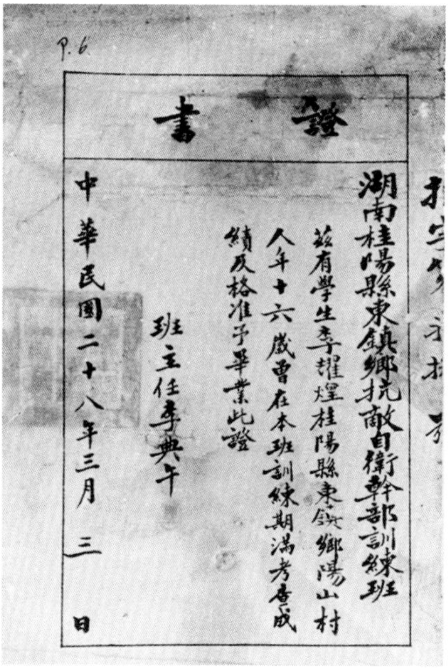
P.6

證書

湖南桂陽縣東鎮鄉抗敵自衛幹部訓練班

茲有學生李耀煌桂陽縣東鎮鄉陽山村人年十六歲曾在本班訓練期滿考查成績及格准予畢業此證

班主任李典午

中華民國二十八年三月三日

湖南桂阳东镇乡抗敌自卫干部训练班毕业证书

抗敌演剧八队（队长刘斐章），成立于1937年8月，是中共党组织领导下的革命文化队伍，抗战初期受周恩来、郭沫若的指导，从武汉来到湖南进行抗日宣传。图为八队队员在长沙合影。

抗敌演剧八队在湖南演出的《放下你的鞭子》、《国家至上》、《保卫大湖南》等节目，极大地激发了群众的抗日热情。图为八队在长沙街头演出。

1941年抗敌演剧八队和二队在长沙岳麓山爱晚亭合影

1941年5月，抗敌演剧八队调配第六战区，更名为抗敌演出宣传第六队（抗战胜利后六队又回到长沙改名为演剧六队）。图为抗敌演出宣传第六队在长沙爱晚亭合影。

长沙育英儿童抗敌工作团，成立于1938年12月25日，团员均为长沙育英学校十二三岁的学生，团内建立了中共党组织。工作团先后在湘潭、湘乡、邵阳、耒阳、茶陵、岳阳等地上演抗日戏剧，教唱救亡歌曲。

四、动员参军参战

“八一三”上海抗战之后，湖南人民纷纷请缨杀敌。一批批的妇女战地服务团、学生战地服务团，勇敢地奔赴前线慰劳抗战官兵和进行战地救护。抗战时期的湖南，是全国输送兵员最多的省份之一。八年间，湖南应征入伍的壮丁达2,031,357人，占全国征募壮丁总人数（13,922,859人）的14.6%。

9月14日，谢冰莹率领湖南妇女战地服务团20余人奔赴前线。图为谢冰莹与黎明代表妇抗会慰劳第六十师官兵。

谢冰莹在抗战前线写从军日记

湖南妇女战地服务团团员谭寿英在山东前线为伤员换药

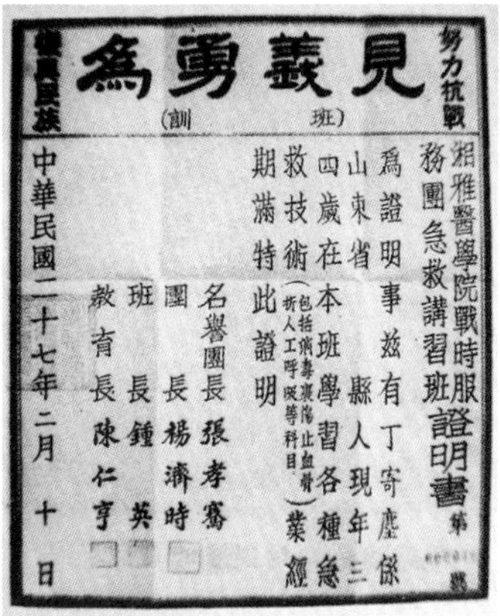

努力抗戰

見義勇為

(訓班)

民族

湘雅醫學院戰時服務團急救講習班證明書 第 號

為證明事茲有丁寄塵係山東省 縣人現年三四歲在本班學習各種急救技術（包括消毒裹傷止血骨折人工呼吸等科目）業經期滿特此證明

名譽團長 張孝騫

團長 楊濟時

班長 鍾英

教育長 陳仁亨

中華民國二十七年二月十日

湘雅医学院战时服务团急救讲习班证明书

10月4日，刘慕棠率领妇女战地服务团60余人开赴前方。图为湖南妇女战地服务团团员合影。

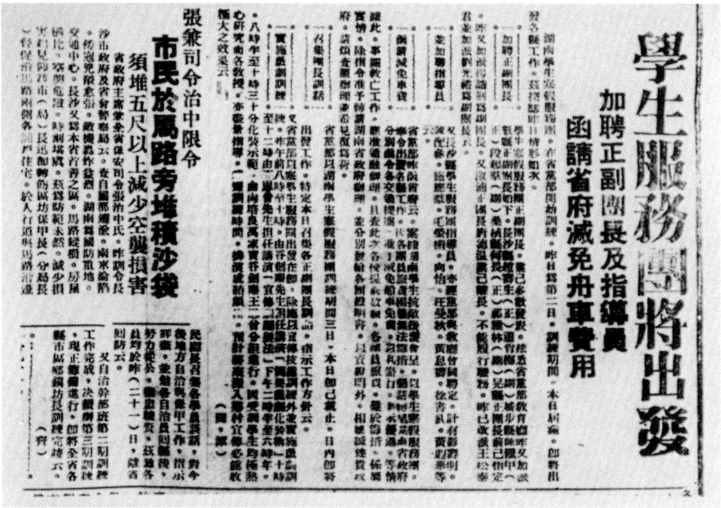

學生服務團將出發
加聘正副團長及指導員
函請省府減免舟車費用

湖南學生寒假服務團，在省黨部開始訓練，昨日爲第二日，訓練期間，本日届滿，即將出發各縣工作，茲探誌昨日情形如次。

【加聘正副團長】 [illegible]

【加聘指導員】 [illegible]

【函請減免車費】 [illegible]

【召集團長訓話】 省黨部以湖南學生寒假服務團訓練期間三日，本日即已截止，日內即將出發工作，特定本日召集各正副團長訓話，指示工作方針云。

【實施戲劇訓練】 [illegible]

張兼司令治中限令
市民於馬路旁堆積沙袋
須堆五尺以上減少空襲損害

省政府主席兼全省保安司令張治中氏，昨訓令長沙市政府及省會警察局云，[illegible]

[illegible]

又自治幹部班第二期訓練工作完成，決續辦第三期訓練，現正籌備進行，即將全省各縣市區鄉鎮坊長訓練完竣云。（齊）

学生服务团去战地服务行将出发的报道

组织和训练民众，加强抗日自卫力量，是张治中主政湖南采取的一个重要举措。他亲自兼任湖南民众抗日自卫团团长，指导全省广大民众进行军事训练。

经过半年时间，在全省乡村组织训练了70万民众，这在一定程度上加强了全省广大农村的抗日自卫力量。图为湖南民众武装的一部分。

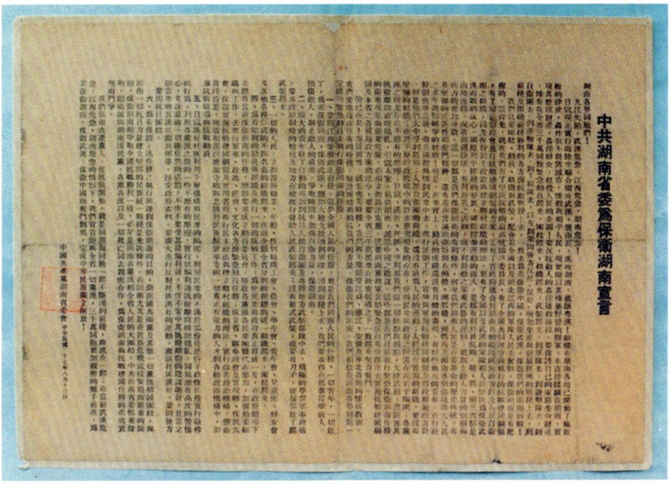

中共湖南省委為保衛湖南宣言

湖南各界同胞們！

九江失陷，武漢危急，江西危急，湖南危急！

当日军侵占九江、袭击南昌、围攻武汉，湖南面临危急之际，中共湖南省委针对汉奸造谣破坏和民众中悲观失望的情绪，于1938年8月13日发表《为保卫湖南宣言》，坚定了民众的抗战信心。

抗战初期，湖南许多爱国青年要求去延安，参加中国共产党领导的抗日工作。经八路军驻湘通讯处的联络输送，有近600名青年去抗日军政大学、陕北公学学习。图为湖南革命青年奔赴延安图景之一。

湖南革命青年奔赴延安图景之二

第三节 战略相持阶段湖南战场的军事抗战

1938年10月，武汉、广州相继失守，中国抗日战争由战略防御进入战略相持阶段，国民政府军事重心由武汉移到湖南，湖南由后方变成抗日前线，成了中国抗日战争正面战场的主要作战区。

在战略相持阶段，正面战场比较大的战役有12次，其中有6次在湖南境内，这就是1939年9月至1942年1月的三次长沙会战、1943年11月至12月的常德战役、1944年6月至8月的长衡会战、1945年4月至5月的湘西战役。这6次战役，持续时间长达5年零8个月。诸次战役规模都比较大，国民政府总计投入兵力约200万，死伤30余万；日军投入总兵力约65万，死伤近20万。在湖南战场上，中国军队作战之勇敢和牺牲精神是非常出色的，湖南人民对中国军队的作战给予了全力支援。

抗战后期，新四军江南挺进支队和八路军三五九旅南下支队，先后进入湖南，在20多个县与日伪军作战，在近10个县建立了抗日民主政权。

湖南战场的军事抗战，与八路军、新四军抗日敌后战场和其他正面战场的对敌斗争相互呼应，相互配合，歼灭和牵制了日寇的大量有生力量，稳定了全国的抗战局势，保障了国民政府所在地的重庆和大西南的安全，促进了大后方的经济建设，并有力地支援了盟军在太平洋和印缅战场的作战，为中国抗日战争和世界反法西斯战争的胜利作出了重要贡献。

一、第一次长沙会战

第一次长沙会战始于1939年9月14日，止于10月10日。日军出动总兵力10万余人，分别从赣西、鄂南、湘北三个方向向长沙地区进犯。中国第九战区司令官薛岳集中16个军约24万人迎战，挫败了日军占领长沙的企图。第一次长沙会战的胜利，对扭转重庆政府的畏敌情绪，坚定其继续抗战的决心，打击西方国家出卖中国的远东慕尼黑阴谋，挫败重庆政府内部的投降派，造成日军厌战情绪，均起了重要作用。

长沙是中国中南地区的军事重镇，抗战时是中国第九战区的指挥中心。日军企图通过进攻长沙，达到摧毁、消灭中国军队主力的目的，迫使中国政府屈服。为此，日军从1939年9月至1941年12月，先后三次发动进攻长沙的战役。这是1938年11月大火后的长沙城鸟瞰图。

第九战区司令长官薛岳（图右，第一次长沙会战时指挥第九战区24万人的部队迎战日军）和第九战区前敌总司令罗卓英(左)合影。

第一次长沙会战，日军分别从赣西、鄂南、湘北三个方向向长沙发动进攻。指挥官为驻武汉的日本第十一军司令官冈村宁次。

蒋介石(左二)在南岳接见第九战区将领

参加第一次长沙会战的日军有第六、第一〇一、第一〇六师团的全部和第三、第十三师团的一部及特种兵、海军陆战队和舰艇部队、空军，共10万余人。此为参战日军之一部分。

日军为隐蔽其作战的真实意图，首先自赣北的奉新、靖安、高安向西发动攻击。罗卓英指挥第九战区的第十九集团军与日军在高安等地激战。图为高安争夺战中中国军队攻入城内。

湘北是这次会战的正面战场。扼守新墙河地区的中国守军是第十五集团军关麟征总司令（左）指挥的3个军和王翦波游击纵队。照右为张耀明军长。

1938年11月9日，日军入侵临湘，10日，日军占领城陵矶。11日，日军占领岳阳。图为占领岳阳车站后作狂欢状之日军。

1939年9月18日拂晓，日军主力约5万余人由冈村宁次指挥，在飞机大炮的掩护下，向新墙河以北的中国守军发起攻击。图为日军从岳阳沿铁路向中国军队进攻。

守卫在新墙河以北金龙山、斗篷山阵地的中国军队以炮火阻击日军的进攻。赵公武部胡春华营与敌激战两昼夜，全营几乎全部牺牲。

中国军队凭险守候洞庭湖畔

草鞋岭守军史思华营以炮火阻击日军，激战两日，全营以身殉国。9月22日晚，新墙河北岸警戒阵地全被日军突破，守军撤至新墙河南岸防守。

中国军队强行军增援湘北

老百姓以茶水招待中国军队

9月23日，日军第六师团先后八次强渡新墙河，均被中国守军击退。于是日军施放毒瓦斯，毒气顺风飘向南岸，守军中毒死亡者甚多。图为中国军医救护中毒官兵。

当日军向汨罗江南岸中国守军阵地进攻时，薛岳制定了诱敌深入、伏击歼敌的方针。9月28日约1000人的日军被诱入长沙福临铺，守军突然猛烈攻击，日军措手不及，500余人被击毙。图为在福临铺被俘的日军。

日军占领长沙以北的永安市后，无力再进行新的军事进攻。10月1日，日军开始撤退。薛岳下令全线跟踪追击，收复失地。图为中国骑兵冒雨追击前进。

在修水之战中，中国军队攻入城内。图为中国军队在城内搜歼残敌。

10月8日中午，中国军队追抵新墙河南岸。日军已先期渡河，在新墙河北岸布阵与华军对峙。图为中国军队长官在新墙河南岸指挥部队布防。

第一次长沙会战，中国军队伤亡、失踪40,293人，估计日军伤亡20,000多人。图为日军留下的尸骨和坟墓。

长沙会战结束时，白崇禧与国民党中央宣传部副部长董显光在前线接见中外记者。

第一次长沙会战胜利后，第九战区司令长官薛岳（中）在湘北会战前线接受外国记者采访。

二、第二次长沙会战

从1941年9月7日起，日军又一次对湖南大举用兵。此次日军总兵力达12万余人，作战目的是想给第九战区一次沉重的打击，减少正面压力，以便抽出兵力到太平洋地区同英、美作战。中国方面以第九战区为主，调集14个军约30万人迎战，由第九战区司令长官薛岳指挥。本次会战，长沙失而复得，中国军队于10月8日收复新墙河前沿阵地，恢复战前状态。

第九战区司令长官薛岳指挥14个军共约30万人迎战。图为第二十七集团军总司令杨森，9月初他在新墙河北岸上游的大云山指挥部队与日军作战。

1941年9月上旬，日军以第十一军为主力，纠集12万余人，由新任第十一军司令官阿南惟畿指挥，发动了第二次长沙会战。图为阿南惟畿。

日军第六师团进攻岳阳县大云山的目的，主要是转移中国军队的视线，掩护大部队集结南下。经9月7日一天的战斗，守军伤亡很重，第二十七集团军副总司令兼第四军军长欧震（照），主张傍晚撤出战斗，但他的主张未被采纳。

第九战区第三十七军六十师参加了大云山地区的对日作战。图为三十七军陈沛军长与其参谋长在研究作战计划。

1941年9月，国民党部队在岳阳县大云山抗击来犯日军。

1938年至1944年，日军第十一军侵占武汉后，为巩固其占领区，连续发动四次进犯长沙的湘北战争，遭到国民党第九战区主力部队的顽强抵抗，损失惨重。1941年9月7日，大云山祖师殿被日军占领，10日，即被第二十七集团军杨森部克复。次年10月，杨森回访大云山，题写了“三战三捷”的摩崖石刻。

9月18日，日军在新墙河杉木桥一线向中国守军发动了全面进攻。图为中国守军在前线阵地研究阻击敌人。

保卫长沙的部分将领，左起：潘质（第三师副师长）、周庆祥（第三师师长）、孙鸣玉（第三师参谋长）。

19日，日军一部渡过汨罗江，23日，日军第六师团袭击长沙东翼要冲金井，长沙濒危。图为长沙外围各线守军在构筑蚁形战壕，准备死力防守。

27日下午，日军早渊支队自东北方向率先攻入长沙城。28日，日军第三、四、六、四十各师团兵临长沙城下，长沙失守。图为中国军队从墙孔射击入城之敌。

中国军队在天心阁城墙上猛烈射击日军

当日军突破汨罗江防线，向长沙发起进攻时，国民政府军事委员会命令第六战区调动大部队围攻宜昌，日军后方告急。10月1日下午4点日军开始从长沙撤退。图为中国军队进驻长沙城。

中国军队渡过汨罗江追击北撤之敌

第二次长沙会战，第九战区长官部战前敌情不明，导致作战计划失误，重要军情一再泄密，作战时被动挨打，此次战役中国军队伤亡及失踪者69,000余人，日军死伤6800余人。图为收复长沙后，指挥官于休息时检讨工作。

三、第三次长沙会战

1941年12月下旬，日军集结12万兵力发动了第三次进攻长沙的战役。第九战区中国军队总结第一、二次长沙会战经验，坚持逐次抵抗、诱敌深入决战的总方针，以13个军30余万人的兵力，由第九战区司令长官薛岳指挥迎战。至1942年1月15日会战结束，日军被歼56,944人。此次会战的胜利，是自七七事变以来，中国正面战场歼敌人数最多的一次，也是太平洋战争爆发以来同盟国军节节败退时唯一取得胜利的战役，它不仅鼓舞了全国人民的抗战信心，也对世界各国的反法西斯战争起了重要的鼓舞作用。

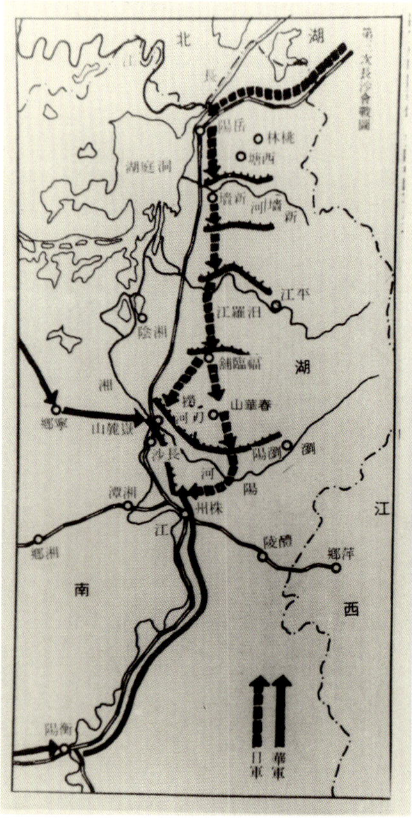

第三次长沙会战形势图

第三次长沙会战前，日军第十一军司令官阿南惟畿在记者招待会上吹牛，声称他将赢得这场战争。

12月23日凌晨5时，日军向驻守新墙河南岸的中国军队进攻。图为中国军队在湘北阻击日军。

日军施放毒气，中国军队戴着防毒面具抗击日军。

守卫长沙市的主力第十军，抱着与长沙共存亡的决心，在市内外的交通要道上日夜赶修碉堡、战壕，准备抗击来犯之敌。图为第十军军长李玉堂。

守卫长沙的炮兵指挥官王若卿

1942年1月1日，日军占据长沙东南郊高地阿弥岭，2日进攻左家塘，4日敌一部进攻湘春路。但敌军所到之处，都遭到守军顽强的抵抗。图为中国军队阻击进入长沙城的日军。

中国军队在长沙城内与日军巷战

战至1月4日晚，日军已精疲力竭，粮弹短缺，在有被中国军队合围消灭的形势下，日军于当晚在城内四处放火后，趁夜仓皇撤退。图为收复长沙后，兴高采烈地行进在长沙街上的中国军队。

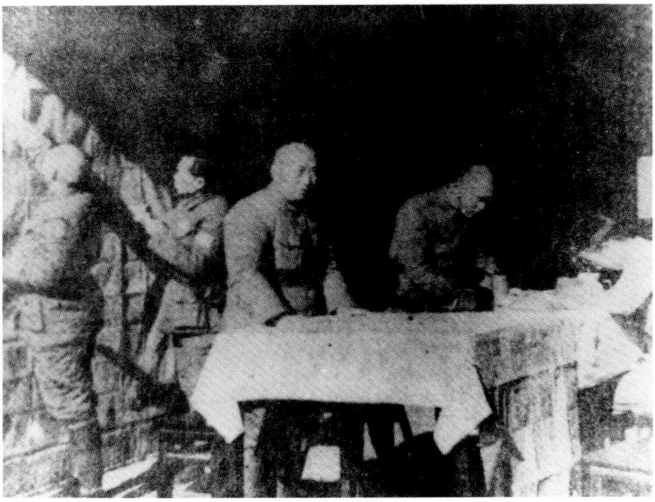

九战区得知日军退却，立即命令各军堵截追击，决心在汨罗江以南捞刀河以北地区重创日军。图为福临铺歼灭战中二十六军军长萧之楚在战斗指挥所。

1942年1月，福临铺歼灭战中中国军队取得了辉煌的战果。

战斗结束时，中国军队捕捉零星之敌军。

中国军队攻克平江，通过该城乘胜向北追击。

中国军队横渡汨罗江后追向岳阳

中国医生为日本战俘治伤

1942年1月15日会战结束时，日军被歼56,944人，此为战场上敌尸盈野之一斑。

第三次长沙会战以日军的惨败而告终。图为日军第十一军残余部队为其在第三次会战中阵亡的官兵举行追悼仪式。

蒋介石曾评价说："此次长沙胜利，实为七七以来最确实而得意之作。"图为蒋介石在长沙观看美国赠送的新式武器。

第三次长沙会战中，长沙、岳阳、临湘等湘北各县40万民众，踊跃支前参战，为战争的胜利作出了重要贡献。图为长沙军民召开大会庆祝第三次长沙会战取得胜利。

四、常德保卫战

1943 年 11 月至 12 月，侵华日军与中国军队在常德地区进行会战。日军作战目标是歼灭中国第六战区主力部队，牵制可能转移到云南的兵力，以策应南洋方面的作战。日军投入 10 万余人，由第十一军司令官横山勇指挥。中国军队先后调集了第六战区和第九战区主力部队参战，由国民政府军事委员会统一指挥。常德会战的胜利，提高了中国在世界反法西斯战争中的地位，增强了中国人民“抗战必胜”的信念。

中国第六战区司令长官孙连仲（画像）

奉命守卫常德城的是中国军队陆军第七十四军第五十七师的 8000 余官兵，在余程万师长（照）的指挥下积极备战。他们抱定与常德城共存亡的决心，誓与数倍于己的日军决一死战。

中国军敢死队战前动员

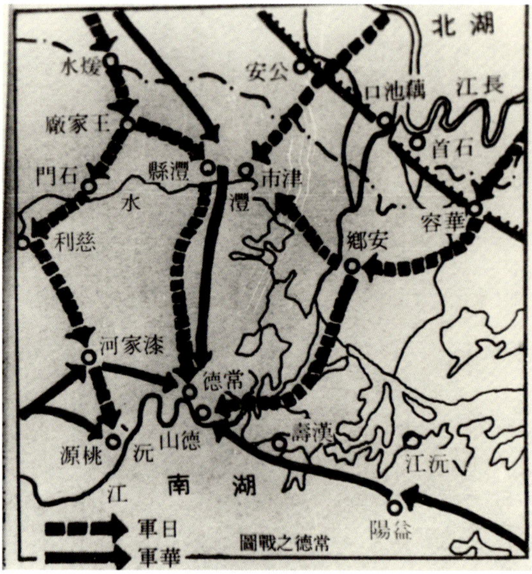

常德战役形势图

从 26 日至 28 日，守城部队在北门、东门、大西门、小西门勇猛地痛击日军的疯狂进攻。28 日，东门、北门相继被日军突破，守军五十七师伤亡极为惨重。图为常德城内魁星楼中国军队的机枪阵地。

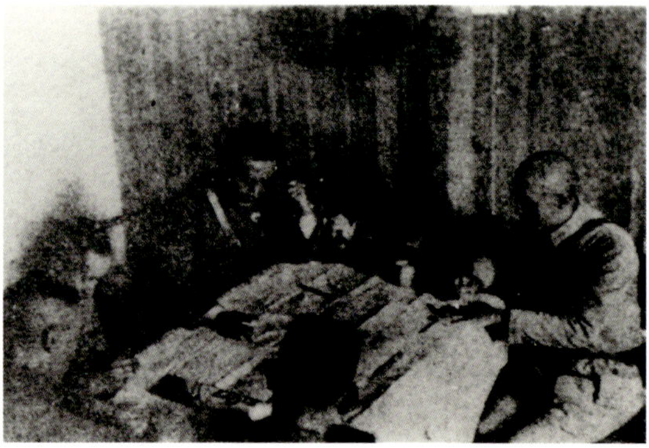

11月2日傍晚，在从鄂西松滋到华容之间，日军分四路发动攻势，主力指向湘西北的津市、临澧、石门、常德。中国军队投入5个军抗击日军。图为第五十八军军长鲁道源在与前线通话指挥作战。

11月21日拂晓，日军第六十八师团主力攻打常德东南方的屏障德山。守军打退敌人的多次进攻，敌军遗尸无数。

中国军队在常德城外围以重机枪射击敌人

12月3日，常德城陷落敌手。在常德外围与敌作战受挫的中国军队，经过调整，重振旗鼓，向日军发起反攻。12月9日，第五十八军、第七十二军攻入城内。图为向西门进攻之中国军队。

中国军队在弹雨硝烟中冲锋反攻

由东门进入城内的中国军队与日军巷战

12月9日，日军仓皇突围北逃。常德城在陷落6天后被重新夺回。10日，日军全线溃退，中国军队尾随追击至22日，收复了所失之地。图为中国军队政工人员在审问被俘之日军，并向他们做反战的宣传工作。

中外记者参观常德会战中中国军队获得的战利品

常德会战中为国捐躯的中国军队将领、第一五〇师师长许国璋。

常德会战中为国捐躯的中国军队将领、预十师师长孙明瑾。

常德战役中为国捐躯的中国军队将领、暂五师师长彭士量。

常德光复后，中国军队开进城内。

陆军第七十四军常德会战阵亡将士纪念碑及公墓

五、长衡会战

1944 年 5 月至 8 月，侵华日军为打通大陆交通线，解救孤悬南洋的日军，完成其豫湘桂战役的第二步，与中国军队在长沙、衡阳地区进行大会战。日军投入 36 万人由第十一军司令官横山勇指挥。中国军队集结约 40 万人，由第九战区司令长官薛岳指挥。6 月 19 日长沙失守，8 月 8 日衡阳陷落。此战役日军伤亡约 6 万人，中国军队伤亡约 10 万余人。

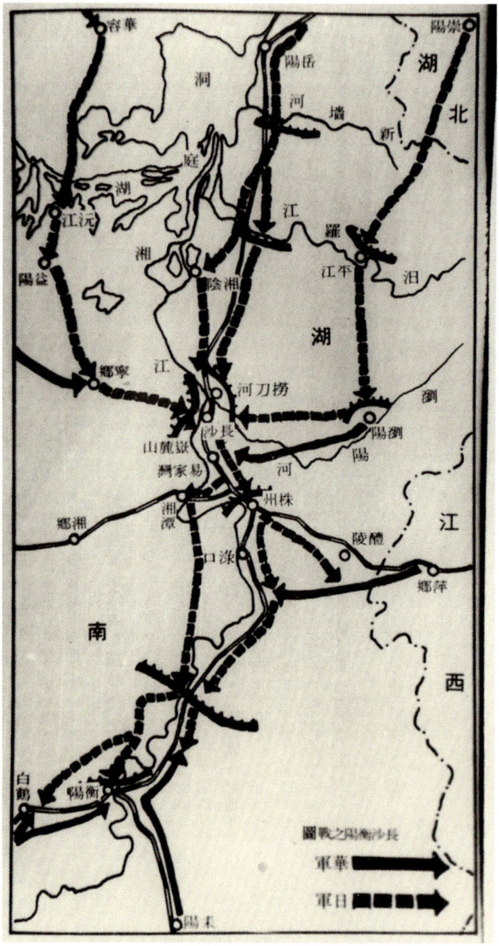

长(沙)衡(阳)会战形势图

5月28日，日军各部队分三路自鄂南、岳阳、鄂西南下发起攻势。在新墙河南岸和浏阳北部地区，日军遭到中国军队的阻击和节节抵抗。图为湘北前线的两位中国战士。

由于三路日军攻势凶猛，平江、浏阳、汨罗江相继失守，九战区原订的“在渌水、涟水北岸地区与敌决战”的计划无法实现，形势的发展对九战区十分不利。图为中国军队指挥官在前线研判战情。

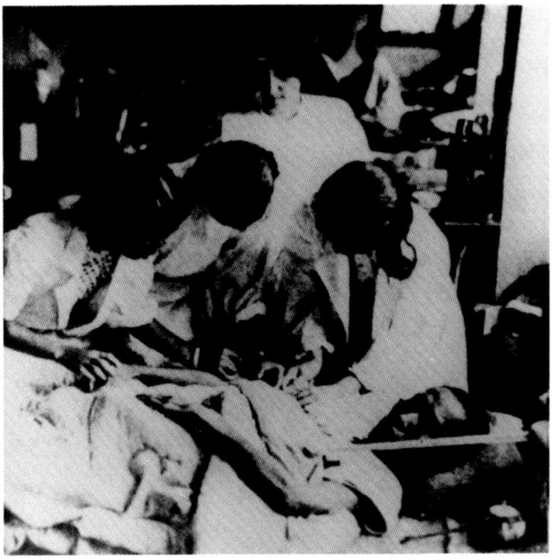

6月15日，日军第五十八师团突破长沙外围警戒线后，向长沙守军的主要阵地红山头、黄土岭进攻，守军伤亡惨重。图为中国护士急救伤兵。

日军进攻长沙时，长沙学生自动组成劳军队慰劳中国军队。

图为驻守衡阳的中国守军第十军军长方先觉。第十军共约17,600人，在6月上旬，他们利用河川、城墙、丘陵等自然地形，修建了较为坚固的防御体系。

日军到达衡阳前，第十军的官兵在加紧作战训练。

6月23日拂晓，日军第68师团一部企图从泉溪市乘木船和汽艇横渡耒水，遭守军第一九〇师五六八团第一营阻击，百余日军死于水中，继而日军转向五马归槽进攻，衡阳会战自此拉开序幕。图为守军士兵用机枪阻击日军。

28日零点开始，日军第六十八师团在城南，一一六师团在城西，同时向中国守军发起攻击。图为一个日本军官挥刀指挥士兵冲锋。

中国增援部队向衡阳雨母山阵地前进

国民政府军事委员会从7月中旬起，先后命令第六十二、七十九、四十六、七十四各军增援以解衡阳之围。图为驰援衡阳的第七十九军军长王甲本（云南人，1944年9月7日在湖南东安与日军肉搏拼杀，壮烈牺牲）。

矗立在衡阳岳屏山上的衡阳抗日纪念碑

日本东条英机（前排左三）内阁成立，下令加紧进攻衡阳，迅速占领衡阳。7月下旬，日本中国派遣军总参谋长松井九太郎，来到长沙第十一军司令部，传达了上述命令。

8月7日晚，日军包围了第十军指挥所。8日凌晨，方先觉及各师长拟好书面条件转交日军后投降。当天，日军完全占领了衡阳城。图为日军攻入衡阳城。

衡阳保卫战，第十军孤军苦战47天，是战略相持阶段作战时间最长的一次战役。第十军喋血苦斗，屡挫强敌，自身伤亡15,000余人（其中阵亡7600余人）。图为衡阳会战中阵亡军民的忠骨。

第四节　日军在湖南的暴行

日军从1938年11月侵入湘北至1945年8月投降，6年零9个月，先后侵占了湖南78个县市中的55个县市。日军在湖南实行残酷的“三光”政策，所到之处，杀、烧、淫、掠，无恶不作，给湖南人民带来空前深重的民族灾难。临湘、岳阳等地，最先遭到侵略者的铁蹄蹂躏。日军在湘北制造了洪山、营田、青山等一连串的大血案。1943年5月8日至12日，穷凶极恶的日本侵略军，在汉寿县厂窖地区（今属南县）进行了惨绝人寰的大屠杀，短短几天之内，杀害我同胞3万余人，制造了震惊全国的“厂窖惨案”。在常德，日军灭绝人性地投放杀人的鼠疫病菌。在湘中、湘南、湘东、湘西，日军制造了滥炸湖南的城市和村庄。据不完全统计，日军在湘杀害无辜的百姓92万人，伤残167.6万人，共计死伤259.6万人。日军还烧毁房屋945,194栋，抢掠粮食40,689,368担，劫杀耕牛642,788头，劫掠衣物器具金银无法计算。各种损失折合成法币约1132.65亿元。日军在湘的累累暴行，罄竹难书。

一、狂轰滥炸

抗日战争期间，日军飞机先后对湖南空袭700余次，狂轰滥炸湖南的城市和村庄，共炸死炸伤6万余人，炸毁房屋66,600栋。全省78个县，除酃县（即现在的炎陵县）等20余个偏远县外，其余55县均遭轰炸，长沙、衡阳、常德、岳阳、湘阴、平江、耒阳、益阳、浏阳、宁乡、株洲、茶陵、芷江等市县遭到多次轰炸，伤亡最为惨重。

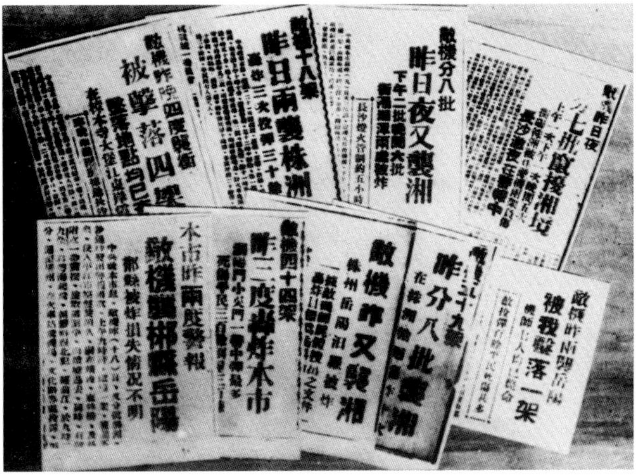

日军飞机轰炸我省城镇的消息报道

日机轰炸湖南大学，该校图书馆中弹起火。

日机轰炸长沙市小吴门，图为被炸死市民之惨状。

敵機轟炸株州（同）

失調查

日前敵機轟炸株洲。業經實地調查。其損失如下。（一）轟炸堤公堤投彈三枚。毀屋一棟。燒燬木廠一處。死工人廿人。傷廿七人。另一人被炸無屍身（二）三次再投兩彈無

戰用毒氣

一次日机轰炸株洲：“毁屋一栋，烧毁木厂一处，死工人20人，伤27人，另一人被炸无尸身。”

株洲田心机车厂遭日寇破坏的机器场内景

繁华的衡阳市中山路被日机炸得只剩下断壁残垣

1944年芷江孤儿院被日机轰炸后之惨状

二、杀、烧、淫、掠

日军在湘杀、烧、淫、掠，无恶不作，手段残忍，令人发指。日军侵湘期间，采用活埋、剥皮、火烧、水淹、刀刺、打靶、割乳、剜心、砍头、肢解等数十种法西斯手段残杀湖南人民。日军在扫荡区，见屋就烧，如侵占岳阳期间烧毁民房 9800 栋，在洞口烧毁民房 5000 余栋，全省被日军烧毁炸毁的房屋达 94 万余栋。日军每到一地，都以奸淫为乐，临湘被惨杀和奸淫致死的妇女达 25,906 人，澧县沦陷后被奸淫致伤致死者达 3000 多人。日军所到之处，十室九空，牛羊鸡鸭犬豕，全被打尽杀绝。日军占领衡东 13 个月，被掳民夫死去或下落不明者达 1 万多人，被抢走的粮食 2700 多万斤，耕牛 76,000 多头。

被日军烧毁的平江县平安乡中心学校之惨状

1939年9月中旬至10月上旬，日军发动了第一次进攻长沙的战役。这是在进攻途中遭惨杀的湖南无辜民众。

1941年9月18日，500多名日军进犯湘阴县青漂乡的青山岛。在周家嘴，日军将躲在一个洞里的24位无辜平民用毒气熏死。图为新中国成立后当地政府在日军熏死我同胞的地方建立的教育洞。

1944年秋，日军侵入新宁后，疯狂屠杀平民。坡东吉升太商店一家数口全被日军杀死。

时值秋收时节，农民冒险到田里去抢收粮食，多被日军惨杀。图为新宁县水头乡农民被杀于稻田中之惨状。

被日军杀死的新宁县水头乡无辜平民

被日军烧毁的新宁县县立中学之惨状

被日军烧毁的新宁县北门外正街

日军在新宁县烧毁大批民房。图为水头乡被日军烧毁的民房惨状。

1945年4月27日，驻宝庆（今邵阳）的日军3000余人为进攻芷江而窜入新化县洋溪地区，在以后40多天中，在洋溪杀害中国同胞3461人。图为被害的部分民众合葬的坟冢。

日本军用手票，是日本政府为发动对外战争而发行的，由日军在所占领地区为征发军用物资而强制使用的一种代用货币，是日军侵略、掠夺当地资源和民众财富的铁证。在侵华战争中，日本政府在中国发行的军票总金额高达7.0973亿日元。图为1944年日军在中国各沦陷区发行的面额百元的军用手票。

三、厂窖大屠杀

1943年5月，日军第十一军为了打通宜昌至武汉的长江航线，歼灭中国驻防荆江南岸、洞庭湖西北地区第六战区的野战部队，于5月5日发起“江南歼灭战”。主要作战目标是歼灭驻防南县、安乡和华容地区的第七十三军、第四十军等部。8日至12日，穷凶极恶的日军在汉寿厂窖地区（今属南县）进行惨绝人寰的血腥大屠杀，几天之内，杀害我同胞3万余人，其中5000人为第73军的官兵，25,000人则为手无寸铁的无辜百姓，制造了日军侵华史上仅次于南京大屠杀的第二大血案，史称 “厂窖惨案”。

“厂窖惨案”中中国被害同胞的部分遗骨

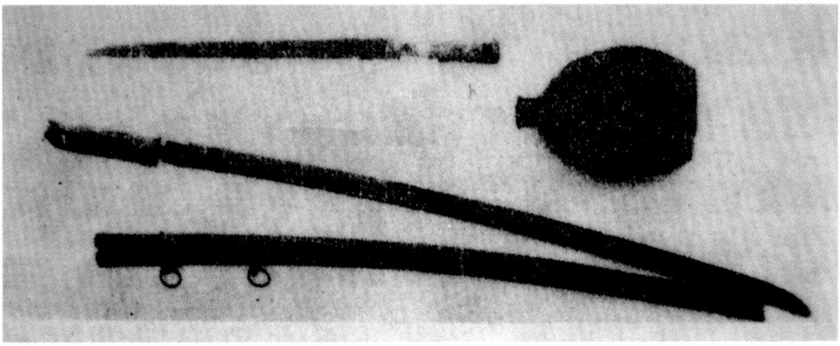

日军当年在厂窖屠杀中国同胞的军刀

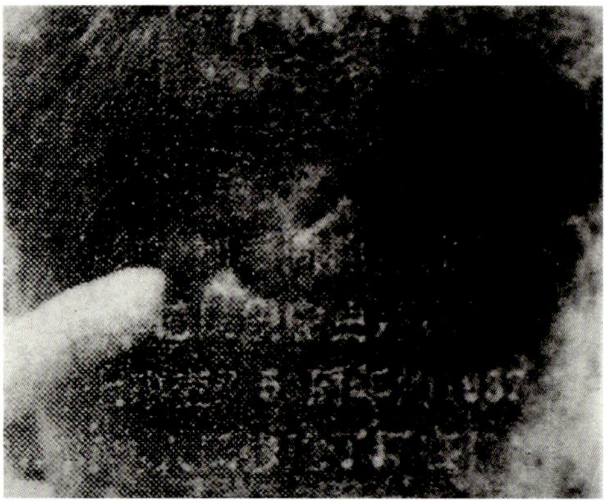

厂窖新春村村民汤光保当年被日军砍成重伤后留下的后脑伤痕

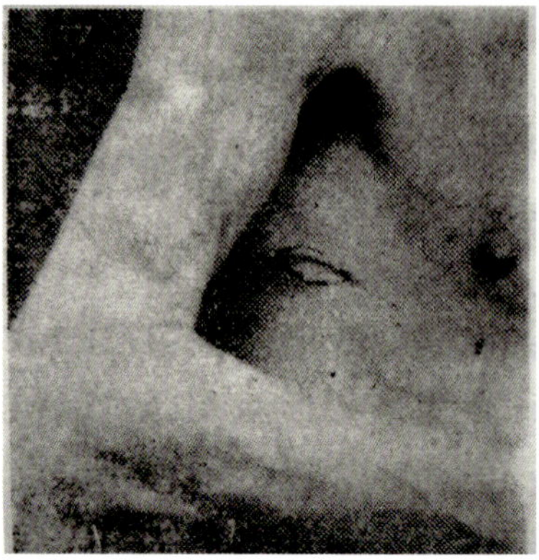

厂窖新春村村民胡金生当年被日军砍成重伤后留下的右肋刀伤痕

在厂窖遗址沉痛悼念我死难军民

厂窖惨案遇难同胞纪念碑碑文照

厂窖惨案遇难同胞纪念碑

四、常德投鼠疫

日军在侵华战争中，使用各种残酷手段屠杀中国人民，其中在中国建立细菌部队，进行细菌战争，大量残杀无辜，是最为典型的事例之一。1941 年 11 月 4 日早上 8 时许，一架日本飞机窜到常德上空投下大量带有鼠疫病菌的谷麦、豆子、高粱和烂棉絮。几天后鼠疫病开始发作，虽经政府和医疗部门进行紧急处置与救治，仍有 560 余人惨死于鼠疫。

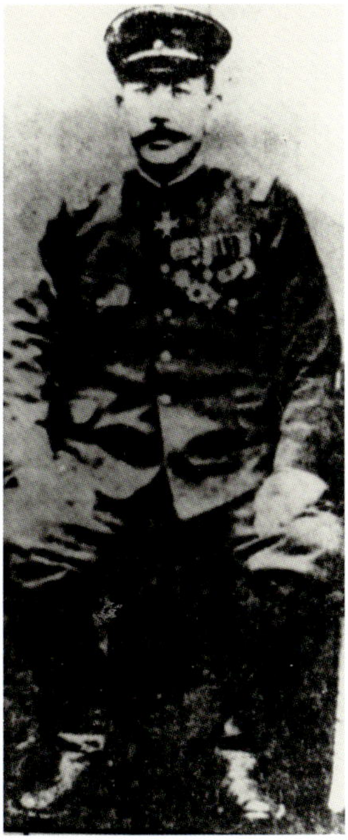

日军“731部队”细菌战犯石井四郎

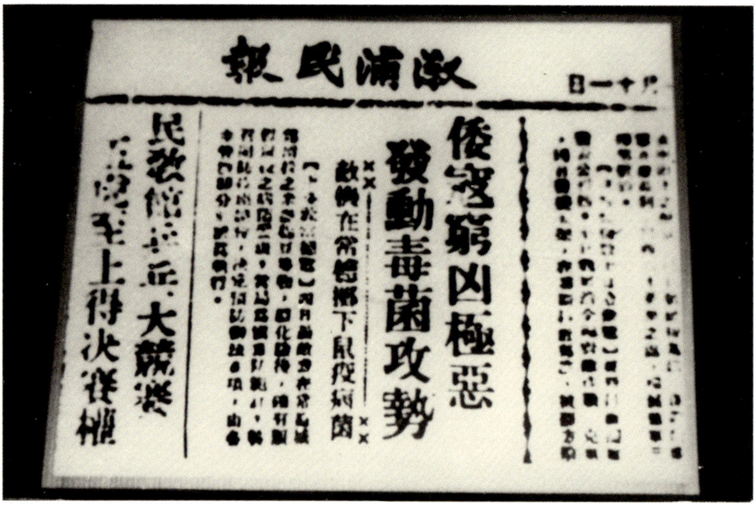

当年《溆浦民报》关于日机在常德投下鼠疫病菌的报道

11月12日清晨，有位名叫蔡桃儿的女孩，由其母背到常德广德医院（照）急诊。经血液检查，血膜片上的“两极着色杆菌”，与敌机空投谷麦液涂片镜检结果完全一致，诊断为败血性鼠疫症。

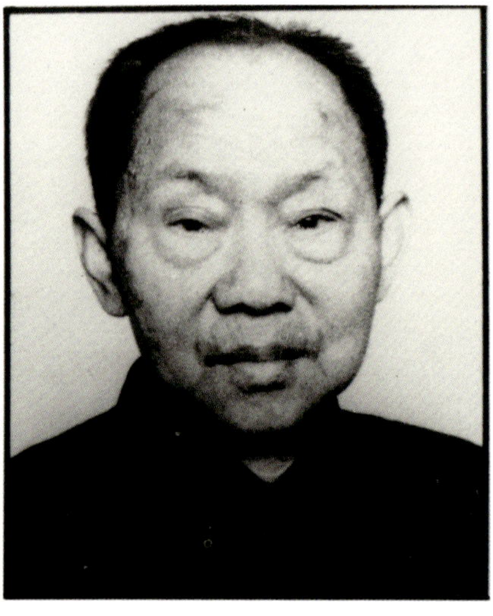

蔡桃儿于13日上午8时死亡。14日起，每天都有一批批的患者来广德医院救治，经原广德医院检验师王正宇（照）作血液检查，有的属败血性鼠疫症，有的属肺型鼠疫症，有的属腺型鼠疫症。

第五节　抗日战争在湖南的胜利

抗日战争后期，中国共产党为争取抗战的最后胜利，先后派遣新四军江南挺进支队和八路军三五九旅南下支队进入湖南，开辟敌后抗日根据地，建立抗日民主政权，发动沦陷区人民进行抗敌斗争。1945年4至5月间，中国军队在湖南正面战场的湘西战役中取得胜利，从而加速了日本帝国主义的败亡。8月下旬，中国代表与日军代表在湘西芷江举行日军无条件投降的洽谈，宣告了日本军国主义的彻底失败。9月2日，日本向盟国正式签字投降。9月3日，为中国抗日战争胜利纪念日。9月9日，中国战区日军投降签字仪式在南京举行。中国人民八年抗战的胜利，标志着近代中国人民反抗帝国主义侵略的民族解放战争第一次取得了完全胜利。9月15日，湖南地区举行日军投降仪式，日军代表第二十军司令官坂西一郎在长沙岳麓山湖南大学礼堂，向中国第四方面军司令官王耀武呈递投降书。从9月21日至10月18日，在衡阳、长沙、岳阳等地区集结的日军部队，共计70,180人，分别被解除武装，湖南的抗战至此胜利结束。

一、石公华抗日根据地

1943 年 12 月 1 日，新四军江南挺进支队进驻华容县的桃花山，开辟了以桃花山为中心的石（湖北石首）公（湖北公安）华（湖南华容）抗日根据地。1944 年 8 月，挺进支队由原有的 40 多人扩大到 1000 多人。抗战胜利后，根据地武装奉命北渡长江，根据地结束。石公华抗日根据地曾直接威胁着日军控制的华容、岳阳、常德、南县、澧县等重要城市及大批重要集镇，有力地打击和牵制了日军在这些地区的有生力量，为策应正面战场作战起了重要作用。

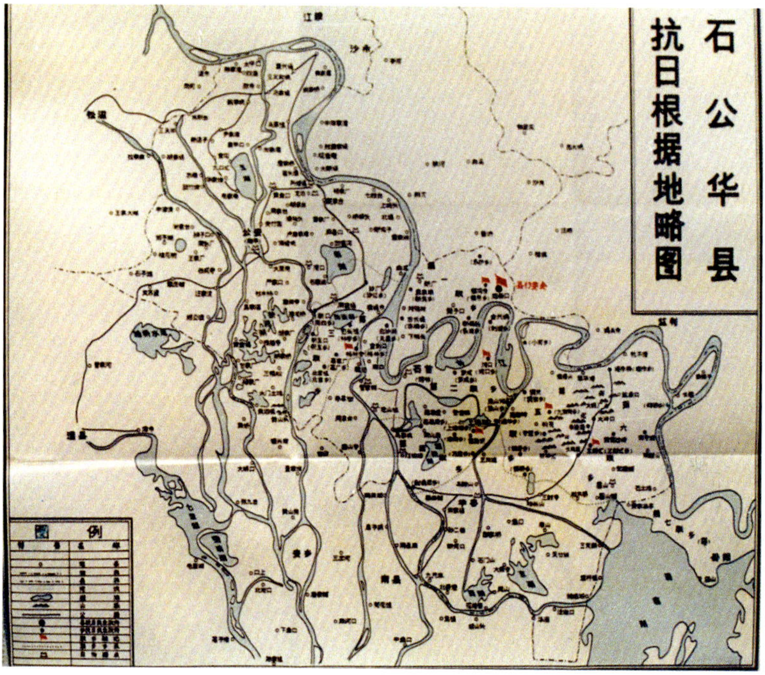

石公华抗日根据地略图

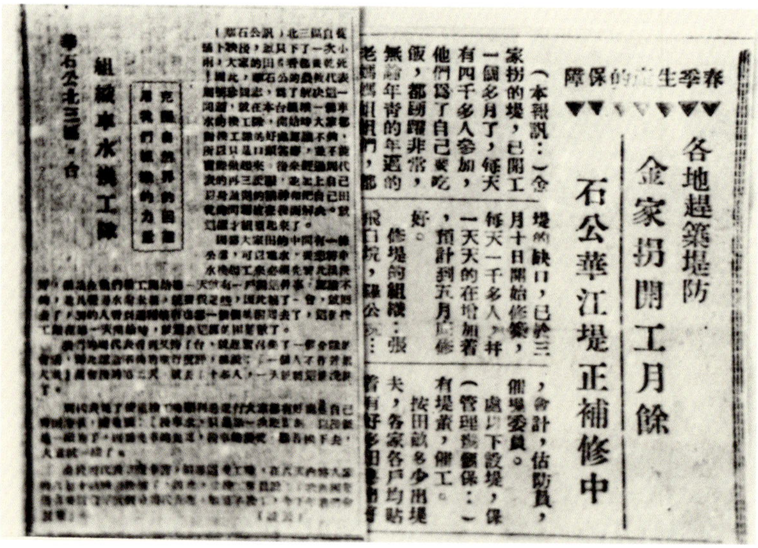

春季生產的保障

各地趕築堤防

金家拐開工月餘

石公華江堤正補修中

（本報訊：）金家拐的堤，已開工一個多月了，每天有四千多人參加，他們帶了自己要吃飯，都踴躍非常，無論年青的年邁的老媽媽[illegible]們，都[illegible]

堤的缺口，已於三月十日開始修築，每天一千多人，并一天天的在增加着，預計到五月底修好。

修堤的組織：張家口坑，縣公[illegible]：[illegible]，會計，估防員，催場委員。處以下設堤，保（管理[illegible]保：）有堤[illegible]，催工。按田畝多少出堤夫，各家各戶均貼[illegible]

組織車水換工隊

在根据地的经济建设中，石公华县行政委员会非常重视水利建设。1944年洪汛期间，行委拨款万元抢修新码头和小河口一带堤防，夺得了当年的农业丰收。

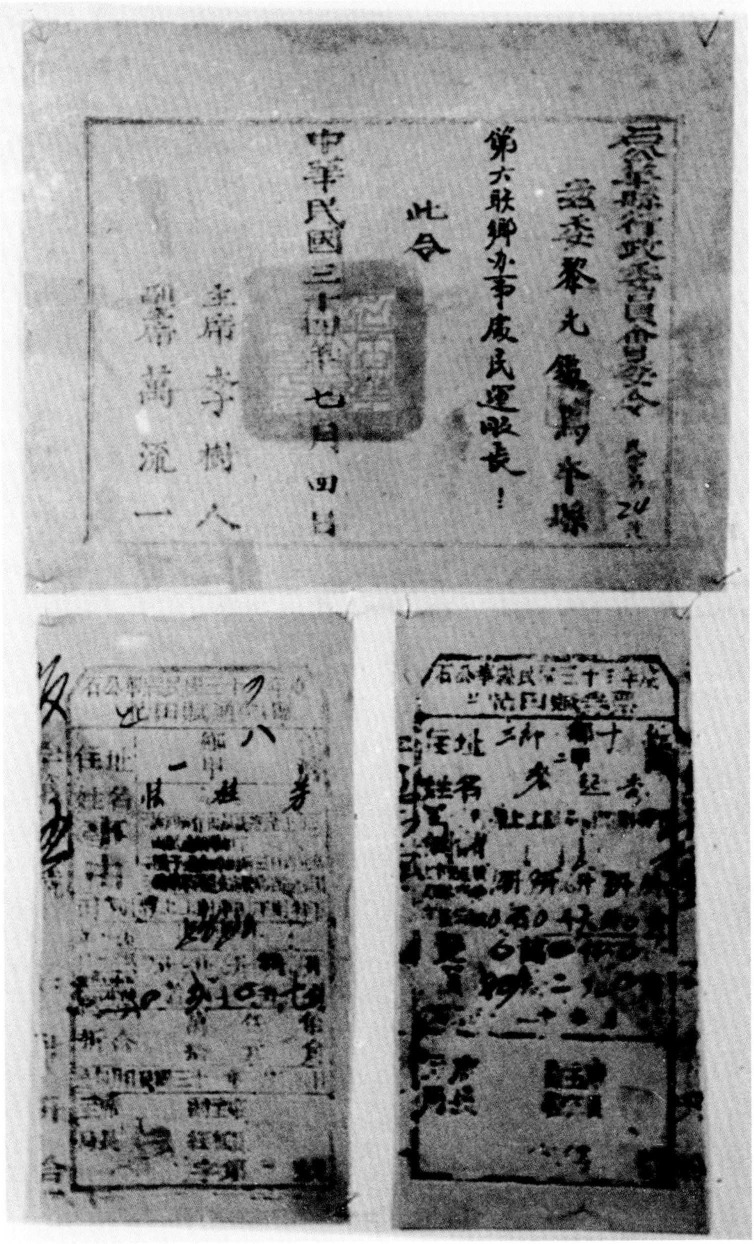

政权建设方面，根据地内建立了6个联乡民主政权，并在岳阳天井山南部建立了1个联乡办事处筹备处。上为县行委主任李树人签发的任命令。下为根据地农户缴纳田赋的凭单。

新四军江南挺进支队首任支队长为杨震东。1944年4月杨震东调离石公华后，郑怀远（照左）继任支队长。

石公華鄉民兵區中隊
反搶糧連次獲勝
繳獲槍枝文件，偽軍反正九名

朱家鋪附近
偽軍李結子遭伏擊

華容我軍克三峰寺
洪湖部隊與日激戰

在杨震东任支队长时期，部队采取灵活机动的战略战术，打退了日军的多次进攻。1944年5月，郑怀远继任支队长后，率部攻打驻华容三封寺一个营的日伪军，毙俘敌人各30余人。

二、八路军南下支队转战湖南

为了建立湘鄂赣和五岭抗日根据地，1944 年 11 月，中共中央派遣由八路军一二〇师三五九旅主力组成的南下支队，由王震、王首道率领从延安出发南征。1945 年 3 月部队抵达湖南平江，奉中央指示，改名为国民革命军湖南人民抗日救国军。南下支队在湘东北地区建立了以桃花山为中心的抗日游击根据地，打击日伪，并同国民党进行有理、有利、有节的斗争。7 月上旬，主力向南挺进，8 月底到达广东南雄境内并与东江纵队会合。后因日本投降，时局发生变化，奉命北返，9 月 20 日南下支队离开湖南，进入湖北。

1944年11月1日，毛泽东（中）、朱德（左）等中共中央负责人在延安机场检阅即将出发的南下支队（毛泽东左侧为支队司令员王震）。

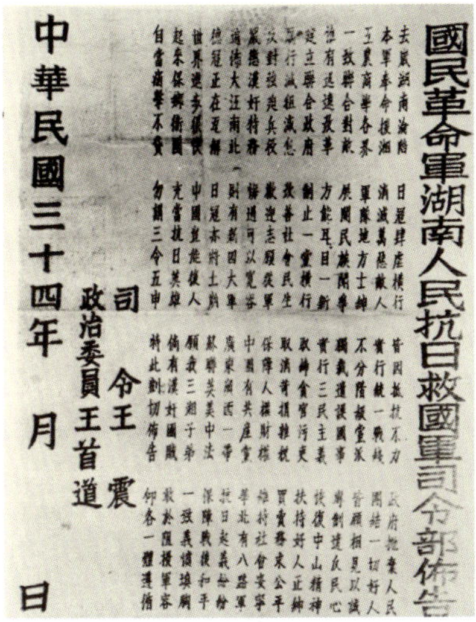

國民革命軍湖南人民抗日救國軍司令部佈告

司令 王震
政治委員 王首道

中華民國三十四年 月 日

1945年3月，部队抵达湖南平江县境。为适应斗争需要和扩大政治影响，报请中共中央批准，南下支队改名为“国民革命军湖南人民抗日救国军”。图为改名后部队司令部发的布告。

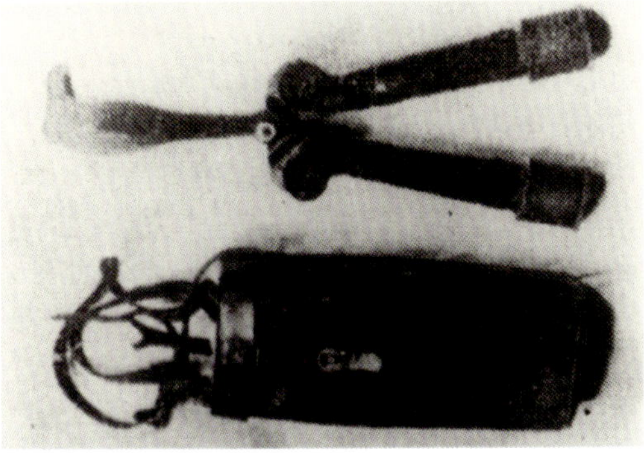

慑于我军的威力，幕阜山至平江一带各据点的日伪军于3月初全部撤走。在日军撤出平江城时，“平江县人民抗敌自卫团警察大队”在大队长单先麟的率领下乘机攻入城内，并缴获日军的“武士道旗”（上图）和望远镜（下图）。

1945年6月6日夜，南下支队的第二支队在湘北大云山地区湄村附近与国民党九十九军的一个师突然相遇而展开一场恶战。午夜，第二支队队长陈冬尧（照）去阵前视察敌情，不幸中弹壮烈牺牲。

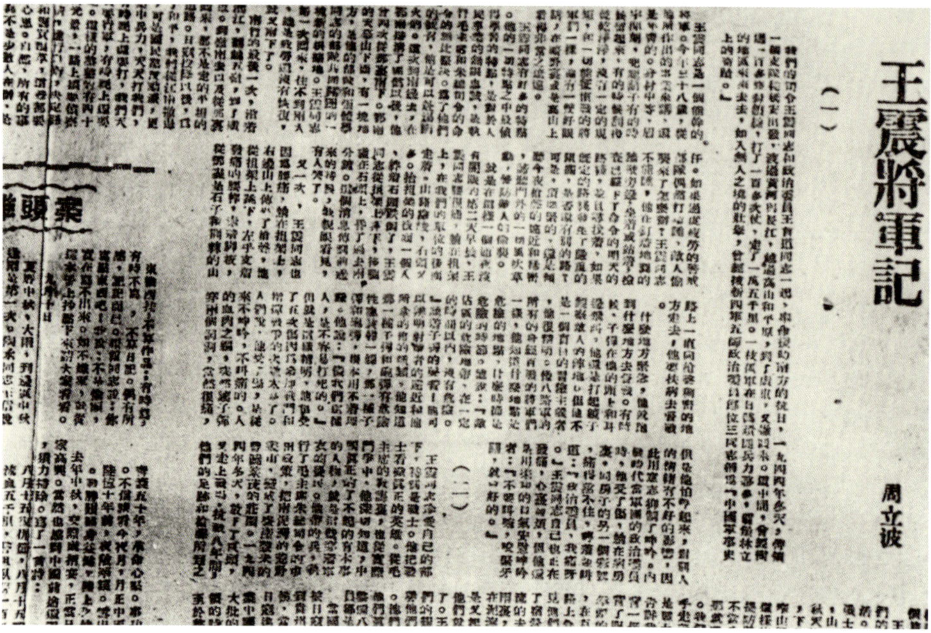

王震將軍記

（一）

周立波

作家周立波随南下支队南征入湘，他写的《王震将军记》一文记叙了部队艰难的行程和王震将军足智多谋又英勇无畏的风采。

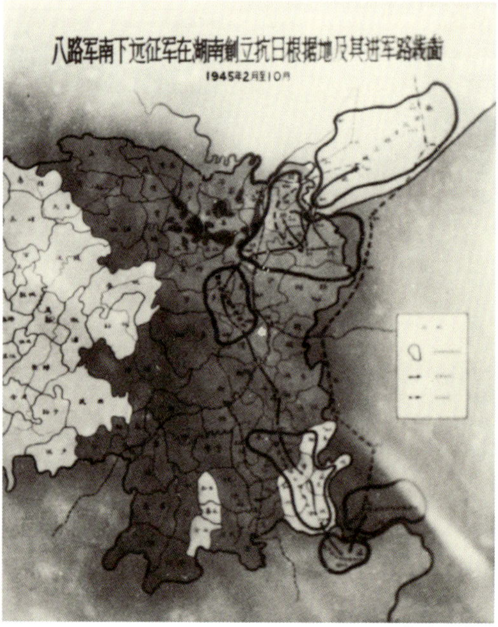

南下支队在湘东北地区建立了以湘阴桃花山为中心的抗日游击根据地。8月初在湘潭盐埠与中共湖南省工委书记周礼等接上关系，并将第四支队留在湘潭地区开展游击战争。

部队进入湘南的桂东、汝城和广东的南雄地区时，遇到国民党顽军的强力阻拦。8月底，南下支队奉命北返。图为南下支队北返中原后同新四军第五师会师留影。

三、湘西会战

湘西会战，于 1945 年 4 至 6 月间发生在湖南湘西雪峰山地区，是日军对中国正面战场发起的最后一次进攻，也是中国抗日战争正面战场进入战略反攻阶段的开始。日军发动湘西战役的主要目的，是摧毁中美空军东线基地——芷江机场（当时停放轰炸机、战斗机 800 多架），解除空中威胁，确保大陆交通线的畅通。日军第六方面军以第二十军担任战役主力部队，总兵力约 8 万人。中国守军以第四方面军 4 个军担任正面防守，第三方面军策应，总兵力约 12 万余人，由陆军总司令何应钦统一指挥。湘西会战的胜利，粉碎了日军占领湘西、摧毁芷江机场的企图，有效地配合了盟军在太平洋地区的作战。

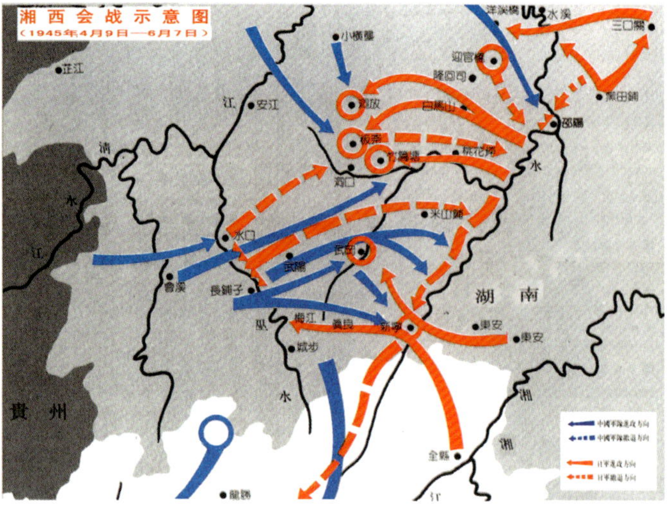

湘西会战示意图

中国军队第四方面军司令官王耀武在前线指挥作战

沿湘黔公路增援的中国军队

王耀武第四方面军为湘西会战主力，汤恩伯第三方面军为策应部队和总预备队。图为正在开赴芷江前线的中国军队。

中国军队使用新式浮桥过河

为取得湘西会战的胜利，国民政府集中了大量的优势兵力。图为全套美式装备的驻印度的国民党军新六军飞越驼峰回国参加湘西会战。

中国军队配备的36毫米口径的大炮在丛林中发挥威力

中国军队机枪手在阻击日军

中国军队投掷手榴弹，顽强地阻击日军的进攻。

湘西会战历时55天，打死打伤日军28,174人，俘敌247人。湘西会战的胜利，粉碎了日军占领湘西，摧毁芷江机场的企图，并有效地配合了美军在冲绳岛的作战。图为被中国军队俘虏的部分日军。

1945年，中美混合大队（第五大队）飞行员在芷江机场合影。

“飞虎队”创始人陈纳德将军

芷江机场中美空军指挥塔

湘西会战中，中方参战空军有第一、二、三、五四个大队和美国第十四航空队的一部。美国第十四航空队别称为“飞虎队”，始于1941年7月和10月由该队创始人陈纳德率领前来支援中国抗日。数年间，飞虎队有力地配合了中国军队的作战，有1500多名飞行员在中国战场英勇牺牲。图为飞虎队在湖南芷江机场的驻地旧址。

“飞虎队”在芷江机场的驻地旧址内景

飞虎队使用的鲨鱼头形战斗机

飞虎队标志

湘西会战中，中美空军轰炸日军据点宝庆(今邵阳)城。

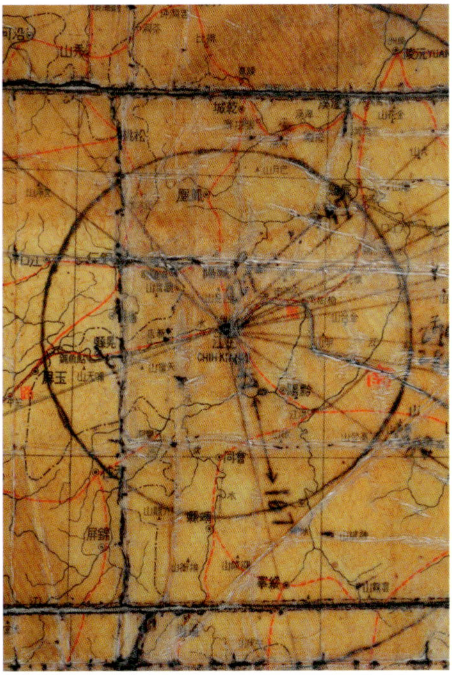

芷江机场作战半径局部图

修建芷江机场用过的石碾

四、芷江洽降

1945 年德意法西斯的覆灭，使日本帝国主义陷入孤立。8 月 15 日，在强大的国际反法西斯势力面前，日本正式宣布无条件投降。8 月 21 日至 23 日，中日双方代表在湖南芷江洽降。洽降的主要内容是会谈日本投降和中国受降的有关事宜。芷江洽降是中国人民抗日战争的胜利记录，也是穷凶极恶的日本帝国主义屈膝投降的记录。

1945年8月14日，日本天皇裕仁召开最后一次御前会议，宣布接受《波茨坦公告》，向盟国投降（照）。15日，日本广播了“投降诏书”。至此，不可一世的日本法西斯军国主义分子，终于向全世界宣布无条件投降了。

8月21日至23日，中国与日本洽谈日本投降之事在湖南芷江举行，洽降会场设在芷江西北七里桥空军招待所。图为洽降会场旧址。

洽降会场内景

蒋介石授权陆军总司令何应钦（前右）为中方洽降全权代表，何应钦安排陆军总参谋长萧毅肃（二排左一）中将直接出面主持洽降会议。

洽降会场正面中坐者为中方代表萧毅肃中将，右为中方陆军副总参谋长冷欣中将，左为美方代表美军作战司令部参谋长柏德诺。投降国之日方代表对坐于会议厅下方。

日方的洽降代表为驻南京的日本侵华军总司令冈村宁次派出的副总参谋长今井武夫、参谋桥岛芳雄中佐、参谋前川冈雄少佐等。图为今井武夫（右一）一行被带入会场。

洽降会谈期间，萧毅肃交给日军代表4件备忘录。图为今井武夫（中）、桥岛芳雄（左）、前川冈雄在认真阅读备忘录。

日本降使今井武夫在备忘录收据上签字

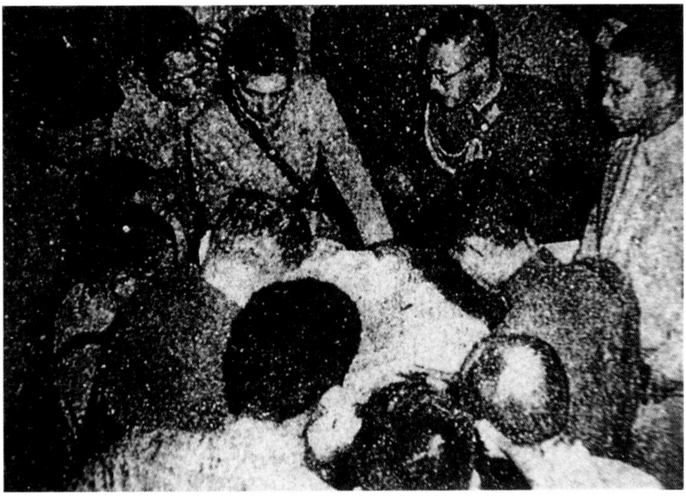

日本降使向中方代表呈交日军在华分布的军用地图

芷江洽降结束后，中方即派员乘军用飞机去南京办理日军投降事宜。

1945年9月9日，中国战区日军投降签字仪式在南京举行，何应钦和冈村宁次分别代表盟国和日本政府在降书上签字。中国人民艰苦卓绝的八年抗战终于取得了最后的胜利。

1947 年 2 月建成的“受降纪念坊”原貌

9 月 15 日湖南地区举行日军投降仪式。日军第二十军司令官坂西一郎在长沙岳麓山湖南大学礼堂向中国第四方面军司令官王耀武呈递投降书。图为日军八一旅团坂田大尉在湘潭签署投降书。

芷江洽降是中国人民抗日战争的胜利记录。为纪念芷江洽降和纪念抗战胜利这一具有重大历史意义的事件，1946年10月，国民政府在芷江七里桥动工建造“受降纪念坊”，1947年2月建成。图为“受降纪念坊”新貌。

五、湖南军民对抗战的贡献

湖南人民的抗日战争是在中国共产党倡导下的全民族抗战的伟大旗帜下进行的。在长达八年的浴血抗战中，抗日的烽火燃遍三湘四水。六次英勇悲壮的大规模会战，毙伤日军 20 万人，极大地挫败了日军的凶焰，增强了中国人民“抗战必胜”的信心，提高了中国在世界反法西斯战争中的地位。湖南 90 多万同胞和十多万爱国官兵献出了宝贵的生命，他们崇高的爱国主义精神永留史册。湖南每年供给军粮 1000 万担，军布 300 万匹，军棉 7 万担，每年提供的劳工在 10 万人以上，八年中有 200 余万青年应征入伍，湖南还安置了全国大批的难民。湖南人民用鲜血和生命支撑了中华民族的抗日战争，谱写了抗敌御侮的壮丽篇章。

抗战时期，在湖南战场的历次战役中，有十多万爱国官兵为国捐躯。图为湘西会战时江口战役中第五十七师一七一团阵亡将士纪念碑。

八年抗战期间，湖南有1，781，840名青年应征入伍，加上各种形式招募的249，517名兵员，共计2，031，357人，占全国征募入伍人数的14.6%。在战争中，难以数计的湘人为国捐躯。图为隆回的抗日阵亡将士墓。

抗战期间，湖南每年提供的劳工均在 10 万人以上。他们吃苦耐劳，以最快的速度、最好的质量，完成了许多抗日急需的军事工程。图为湖南民工在抢修湘桂铁路。

抗战期间，湖南每年供给军粮、军棉、军布数量之多，常居全国榜首。除此外，湖南还安置了大批的全国难民（照），仅1937年8月至1939年底，即安置外省入湘难民32.5万人。

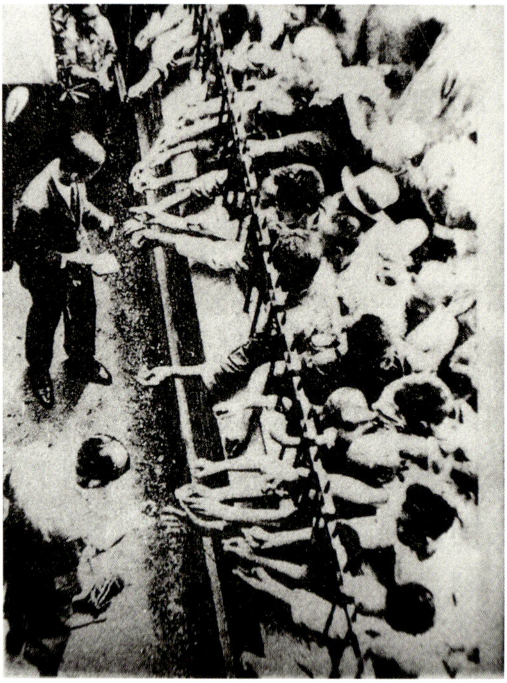

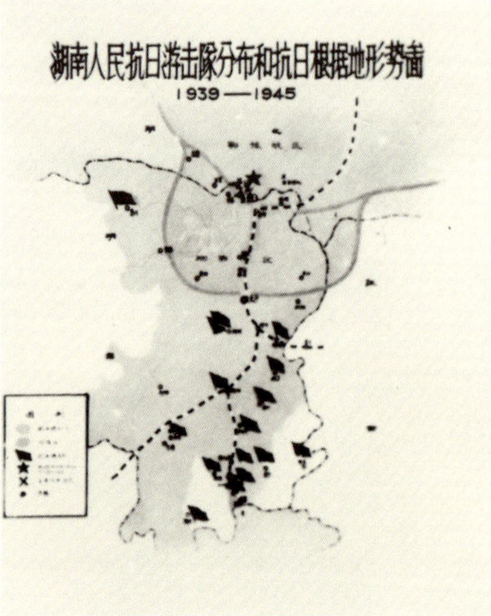

在中共湖南党组织的领导和支持下，建立了数百支游击队，在全省各地开展抗日游击战争，与八路军南下支队、新四军江南挺进支队在湘发动的抗日游击战争相配合，毙伤日军1万人以上，有效地支援了正面战场的作战。

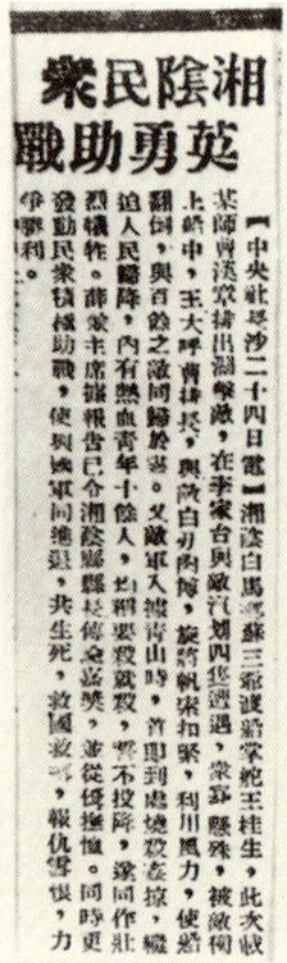

湘陰民衆英勇助戰

【中央社長沙二十四日電】湘陰白馬鄉蘇三爺渡船家鮑王桂生，此次賊某師竄洪家洲出擊敵，在李家台與敵汽划四隻遭遇，衆寡懸殊，被敵俘上船中，王大呼衝排長，與敵白刃肉搏，旋將帆索扣緊，利用風力，使船翻倒，與百餘之敵同歸於盡。又敵軍入據青山時，竟迫到處燒殺姦掠，縱迫人民歸降，內有熱血青年十餘人，均稱要殺就殺，誓不投降，遂同作壯烈犧牲。薛長官據報告已令湘陰縣縣長傳令嘉獎，並從優撫恤。同時更發動民衆積極助戰，使與國軍同進退，共生死，救國救民，報仇雪恨，力爭勝利。

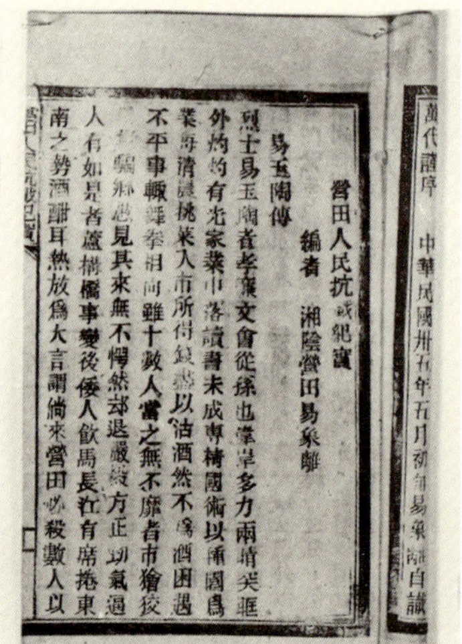

營田人民抗戰紀實

編者 湘陰營田易象離

易玉陶傳

烈士易玉陶者孝廉文會從孫也掌岸多力兩臂矢班外灼灼有光家業中落讀書未成專精國術以承國島業每清晨挑菜入市所得錢盡以沽酒然不爲酒困遇不平事輒揮拳相向雖十數人當之無不靡者市儈狡黠觸鄉愚見其來無不悍然卻退嚴斂方正功氣過人有如是者蘆溝橋事變後倭人飲馬長江有席捲東南之勢酒酣耳熱放爲大言謂倘來營田必殺數人以

歷代譜序 中華民國卅五年五月初旬易象離自識

在湖南战场抗击日寇的六次会战中，全省参加侦察队、交通队、救护队、宣传队和慰劳队的工农各界群众不下百万。图为湘阴民众英勇助战的报道和《湘阴营田人民抗战纪实》。

在八年抗日战争中，八路军、新四军和华南抗日武装力量共歼灭日军52万余人、伪军118万余人。在国民党军的正面战场上，歼灭日军53万余人。中国蒙受了巨大损失，军民伤亡达3500万人。为纪念中国抗日阵亡将士，中国政府在南岳香炉峰麓建造了占地4400平方米的忠烈祠。

自1937年秋起，国民革命军第四路军相继参加了上海抗战、南昌会战、上高战役、长沙会战，数千官兵以身殉国。为纪念第四路军抗日阵亡将士，1939年，由国民革命军第十集团军总司令刘建绪主持，在长沙岳麓山脚修建了这座忠烈祠。

中国陆军第七十三军是湖南抗日战场的一支主力部队，先后参加了三次长沙会战、常德保卫战及长衡战役，与日军展开了旷日持久的殊死战斗，无数将士浴血疆场。图为长沙岳麓山中国陆军第七十三军阵亡将士纪念塔。

“七七”纪念塔形如五颗炮弹，象征着汉、满、蒙、回、藏等各族人民团结一心，抗战到底。

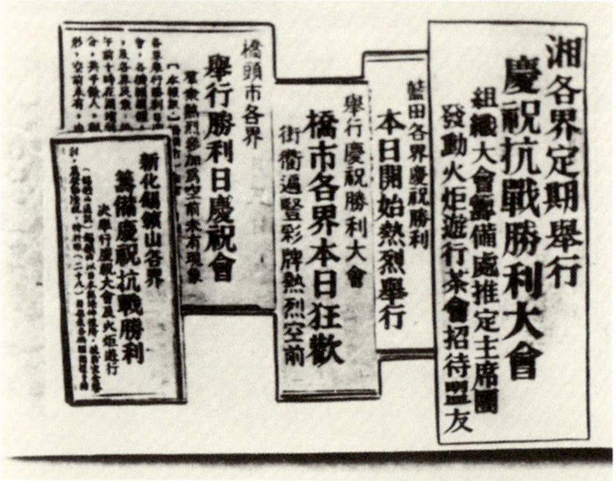

湘各界定期舉行
慶祝抗戰勝利大會
組織大會籌備處推定主席團
發動火炬遊行茶會招待盟友

藍田各界慶祝勝利
本日開始熱烈舉行

舉行慶祝勝利大會
橋市各界本日狂歡
街衢遍豎彩牌熱烈空前

橋頭市各界
舉行勝利日慶祝會
軍衆熱烈參加為空前未有現象

新化錫礦山各界
籌備慶祝抗戰勝利
決舉行慶祝大會及火炬遊行

湖南各界庆祝抗战胜利的消息报道

为庆祝抗战胜利，长沙市的宣传车在街上向市民散发传单。

六、抗战时期湖南社会剪影

湖南第一纱厂的前身是建于1912年官商合办的经华纱厂，次年收归省办并改名。1938年日军犯湘，厂房、设备全毁，只存门楼及办公楼。新中国成立后收归国有，更名为裕湘纱厂。

1939年1月14日，国立师范学院举行开学典礼军训检阅。

唐生智1939年在家乡东安县创办的私立耀祥中学

1939年修筑湘桂铁路时军人和青年学生在工地上合影

1941年3月，湖南大学歌咏戏剧队在沅陵公演时留影。

1942年9月，湖南省粮政局船舶总队自备木船队第一次出发赴滨湖沦陷区抢运粮食时摄影。

兰谊学校位于醴陵市仙霞镇清安铺村，创办于1942年，坐北朝南，砖木二层结构，有房屋三栋。由时任福建省省长刘建绪出资兴建。1944年6月被日军摧毁，1946年修复后重新办学。图为兰谊学校旧址。

兰谊学校大门

湘潭蒋氏宗祠

湘潭蒋氏宗祠始建于1856年，第一进两侧墙上留存有绘制于1943年的彩色世界地图和中国地图。

第十三章　南京国民政府在湘统治的终结与湖南解放 (1945.9—1949.10)

抗战胜利结束后，湖南社会满目疮痍，百业待兴，人民希望有一个和平时期，医治战争创伤，重建家园。1945 年秋，国共两党签署《双十协定》的消息传到湖南，人们奔走相告。国民党湖南省政府当局却忙于“接收”、“抢权”、“夺利”，并未采取切实有效的救灾措施。1946 年 6 月，蒋介石撕毁《双十协定》和《政协决议》，全面发动反人民内战，国民党湖南省政府主席王东原紧随其后，宣布湖南转入战争轨道，把三湘老百姓推进了内战火海。声言“戡乱”是全省施政中心。征粮征兵，急如星火，厉行“异党登记”，实施“保甲连坐”，重使其 20 世纪二三十年代在湖南清乡反共的故技。

以周礼为书记的中共湖南省工委，根据中央指示，动员全省党员，领导城市工人、市民，开展要求增加工资，改善劳动条件的斗争；发动农民进行反压迫反剥削，反征兵、征粮、征税的运动。到 1947 年，城乡斗争如火燎原，发展成以学生运动为先导的全民性“反饥饿、反内战、反迫害”的爱国民主运动，有效地配合了解放军的军事进攻，成为推翻国民党反动统治的第二条战线。1948 年秋，人民解放战争处于战略决战转折，是国民党统治总崩溃的前夜。回湘主政的程潜与移驻湖南的国民党“华中军政长官公署”副长官兼第一兵团司令陈明仁，目睹饱受战火煎熬的乡亲和贫困破碎的湘情，都不想把内战延续下去，他们在中共中央、湖南省工委的争取和帮助下，顺应时代潮流和人民意愿，冲破障碍，于 1949 年 8 月 4 日率部在长沙起义。

随着人民解放军取得衡宝战役、嘉蓝临战役和湘西北作战的胜利，湖南全境获得解放，进入了人民民主的新时期。

第一节　抗战胜利后的湖南社会

抗日战争结束后，经过日寇的烧杀破坏，城市经济奄奄一息，广大农村失去了再生产的能力。1946 年春夏，湖南水旱连灾，流离失所、“非账不活”的灾民有350多万人。全面内战爆发后，湖南省政府主席王东原宣布“戡乱”为全省施政中心，田赋征实全部作军粮，财政收入主要用于军费开支。大力扩充警察部队，重新恢复征兵，加强特务活动，将湖南推入全面内战的旋涡。1948 年 8 月，国民党政府用金圆券代替法币，致使货币大幅贬值，人民被掠夺殆尽，财政经济呈现全面崩溃，国民政府的统治面临空前危机。

一、疮痍满目　饥荒肆虐

抗战结束后的湖南农村，十室九空，灾害横行，严重的饥荒笼罩着全省城乡，苛捐杂税之重超出以往任何时代。为摆脱困境，南京政府滥印纸币，致使通货膨胀，货币贬值，国民经济陷入破产边缘。

1946年，湖南发生大饥荒，灾民达350多万，尤以衡阳地区为甚。图为衡阳各界救灾工作团第一收容所的灾民。

衡阳各界救灾团第二收容所

衡阳各界救灾团第四收容所

这一家老少外出乞讨，小女孩的母亲已经饿倒在地。

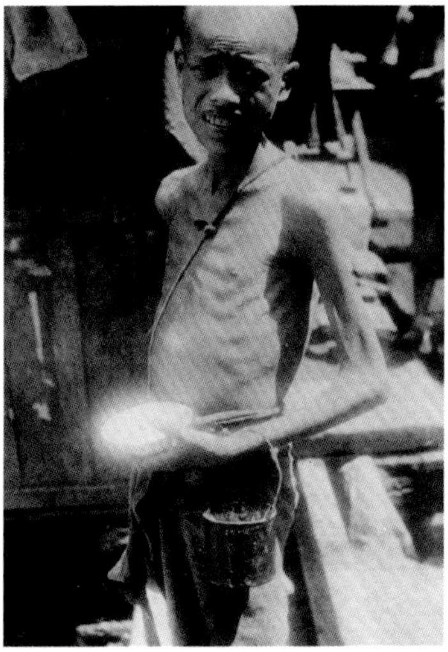

骨瘦如柴的乞讨者

饥饿的母亲在给婴儿喂奶，由于母亲久未进食，乳汁已干，饥饿的孩子根本无奶可吮。

衡阳育幼院收容的难童

汉寿的乞丐收容所

益阳县救济院安老、残废两所收容的灾民。

1946年湖南灾荒严重，粮食缺口达2000万石，国民党当局不顾人民死活，火急摊派160万石军粮，致使灾情更加严重，饥毙的灾民到处可见。

长沙街巷中的弃婴

一妇女带着五个孩子在乞讨

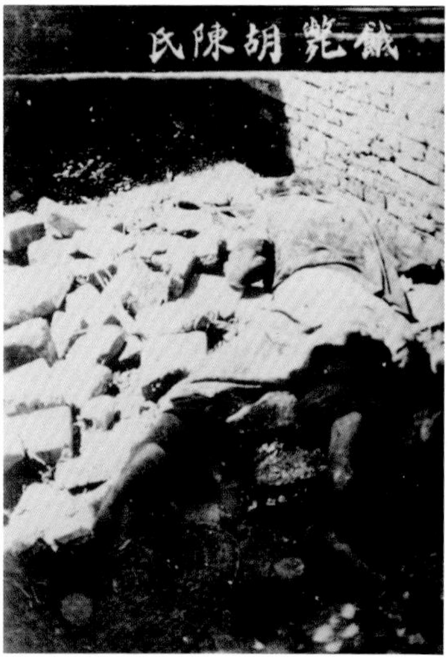

饿死的灾民胡陈氏

饿死的灾民张祝氏

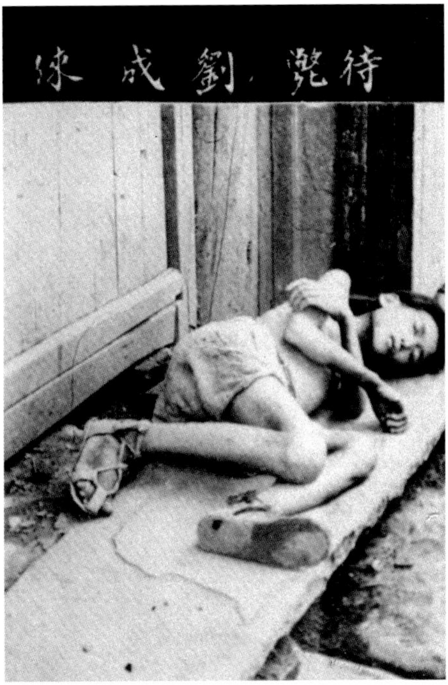

奄奄待毙的刘成倈

1946年，邵阳一名8岁饥童因上树取树皮充饥，断双足，被抬进城内乞食。

1946年4月，邵阳城内一老人讨得残菜剩饭正狼吞虎咽的惨状。

1946年4月，邵阳灾民在粥厂等候发粥时的情景。

1946年6月，常德饥民流落街头的情景。

1946年6月，常德县饥饿万状的灾民。

1946年7月，桃源县待赈灾民。

1946年8月，蓝山县一群无衣无食、坐等放赈的灾民。

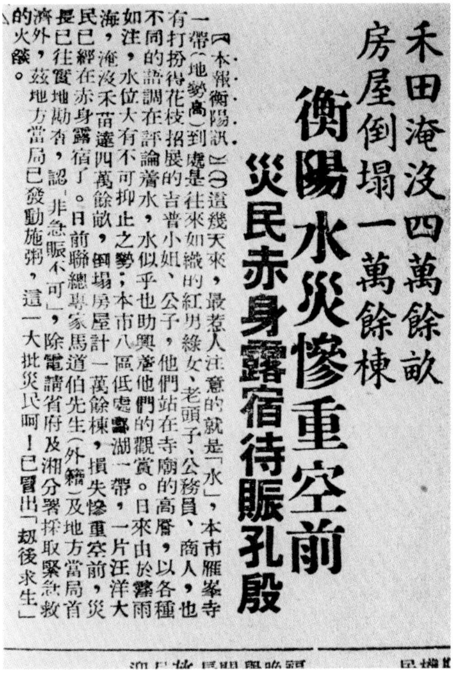

禾田淹沒四萬餘畝
房屋倒塌一萬餘棟
衡陽水災慘重空前
災民赤身露宿待賑孔殷

【本報衡陽訊】(三)這幾天來，最惹人注意的就是「水」，本市雁峯寺一帶（地勢高）到處是往來如織的紅男綠女、老頭子、公務員、商人，也有打扮得花枝招展的吉普小姐、公子，他們站在寺廟的高層，以各種不同的語調在評論着水，水似乎也助興着他們的觀賞。日來由於霪雨如注，水位大有不可抑止之勢；本市八區低處蘇湖一帶，一片汪洋大海，淹沒禾苗達四萬餘畝，倒塌房屋計一萬餘棟，損失慘重空前，災民已經在赤身露宿了。日前聯總專家馬道伯先生（外籍）及地方當局首長已往實地勘查，認「非急賑不可」，除電請省府及湘分署採取緊急救濟外，茲地方當局已發動施粥，這一大批災民呵！已冒出「刼後求生」的火燄。

1947年，衡阳又发生水灾，这是当时的消息报道。

1946年8月，蓝山县灾民饿毙田间。

饿死的灾民陈尸檐下

1948年5至7月，洞庭湖区发生严重水灾，淹死8300余人，605.7万余亩田地受灾，灾民达230万人。图为岳阳县自强乡第十二保彭永塅水灾惨状。

澧县沿江堤垸大部决口，灾情巨大。

1948年4月，沅江县普乐乡普丰垸兴乐北局水灾情景。

1948年4月，沅江县普乐乡普丰垸兴乐北局灾民蚁集。

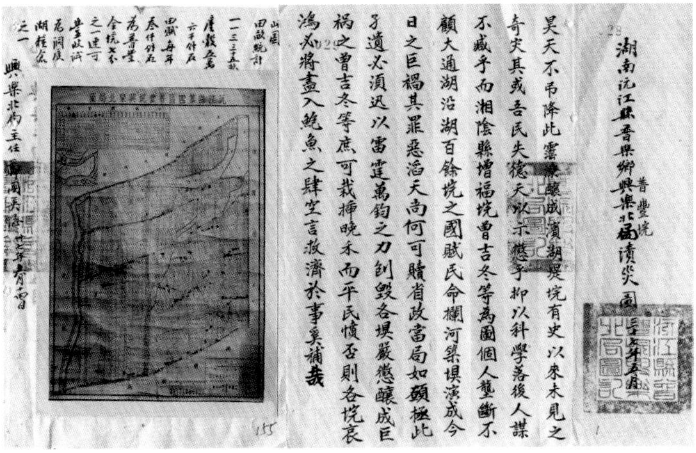

湖南沅江縣普樂鄉普豐垸興樂北局漬災圖

昊天不弔降此霪潦釀成漬湖堤垸有史以來未見之奇災其或吾民失德天以示懲乎抑以科學落後人謀不臧乎而湘陰縣增福垸曹吉冬等為圖個人壟斷不顧大通湖沿湖百餘垸之國賦民命攔河築堤演成今日之巨禍其罪惡滔天尚何可贖省政當局如願拯此孑遺必須迅以雷霆萬鈞之力剷毀各堤嚴懲釀成巨禍之曹吉冬等庶可栽插晚禾而平民憤否則各垸哀鴻必將盡入鮑魚之肆空言救濟於事奚補哉

1948年5月，湖南沅江县普乐乡兴乐北局渍灾图。

1948年5月，沅江县普乐乡兴乐北局溃灾情景。

1948年7月，安乡县城复兴路水灾惨状。

1948年7月，安乡县城河西街水灾情形。

由于雨水奇多，没有决口的堤垸发生内渍，图为南界港用旧式水车排渍情形。

工商罢市，饥民蚁集。

1948年7月，邵阳连遭暴雨，山洪暴发，冲垮无数房屋与田地。

淹没在水中的房屋

农民望着被山洪冲垮的房屋，欲哭无泪。

街道上逃灾的人们望着下个不停的大雨，愁容满面。

1948年7月26日，新宁灾民请求县政府赈济，县长汤秋帆竟以灾民闹事罪名命令军警开枪，打伤多人。图为受伤饥民蒋锡来。

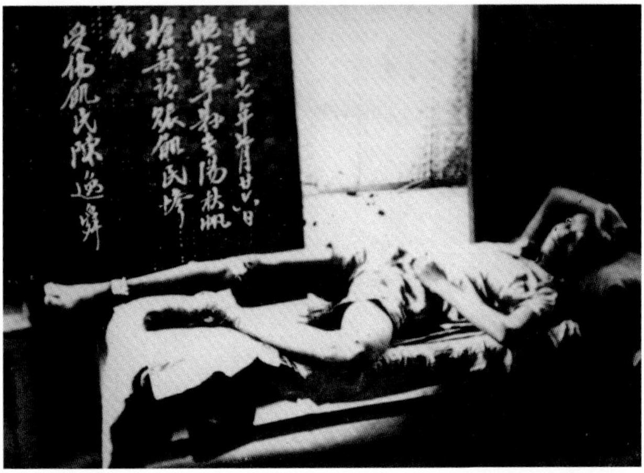

受伤饥民陈逸舜

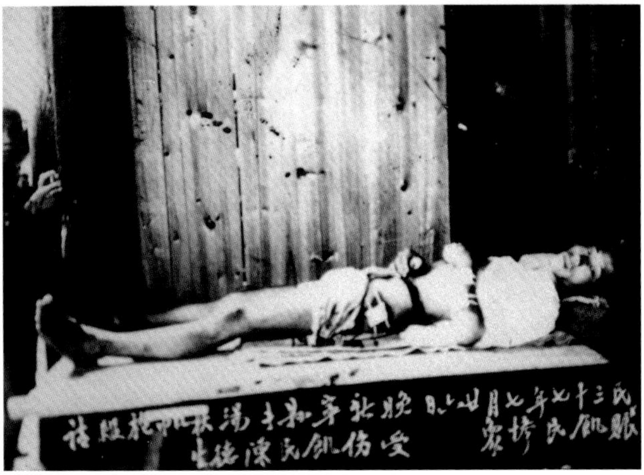

受伤饥民陈德生

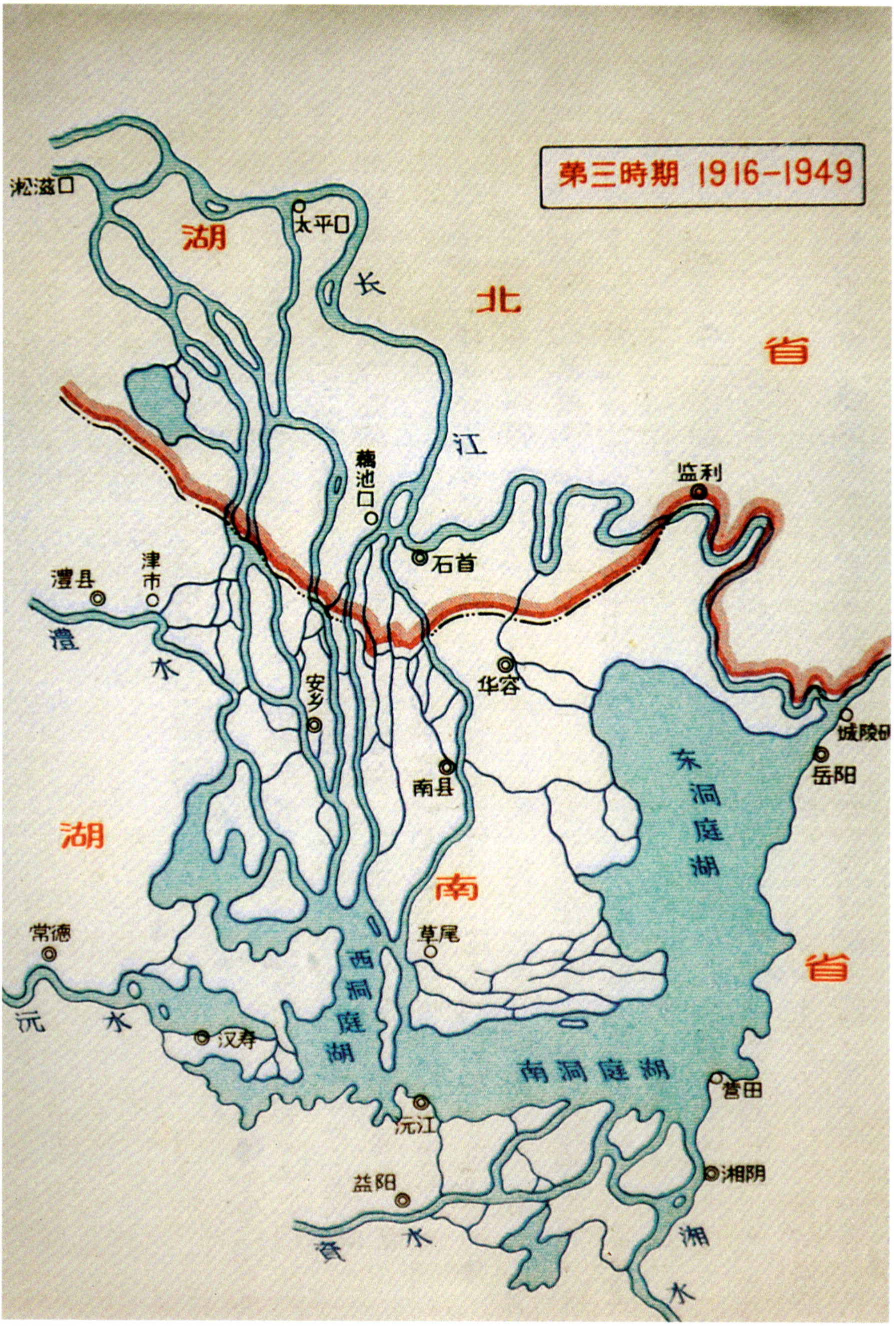

从这张地图上可以看出，这一时期的洞庭湖，泥沙淤积甚巨，大量淤积成洲，地主豪绅竞相围洲成垸，湖区水系极为紊乱。

二、战后湖南经济文化教育的短暂复苏

抗日战争结束后，出现一个相对短暂的和平环境，饱受战乱之苦的湖南人民渴望恢复生产，休养生息。国民党湖南省政府也制订战后恢复经济的计划，采取一定的措施，使湖南的经济文化教育取得短暂的复苏。可惜，这种局面维持没多久即被内战带来的阴霾所破坏。

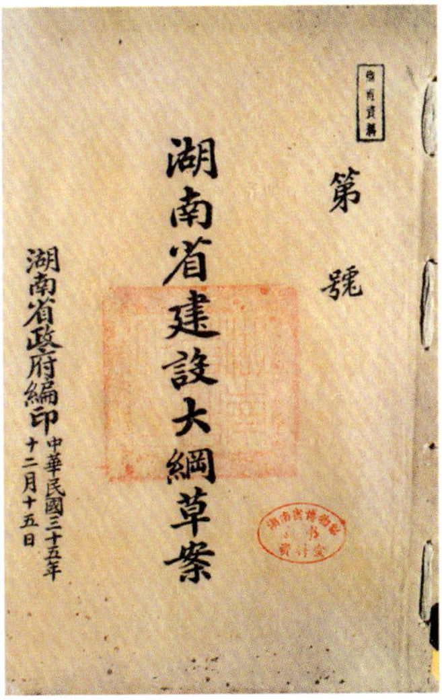

工业生产得到一定程度的恢复。图为纺织厂正在工作的女工。

1946年12月，省政府公布《湖南建设大纲草案》，对全省战后恢复经济作了详尽的计划。

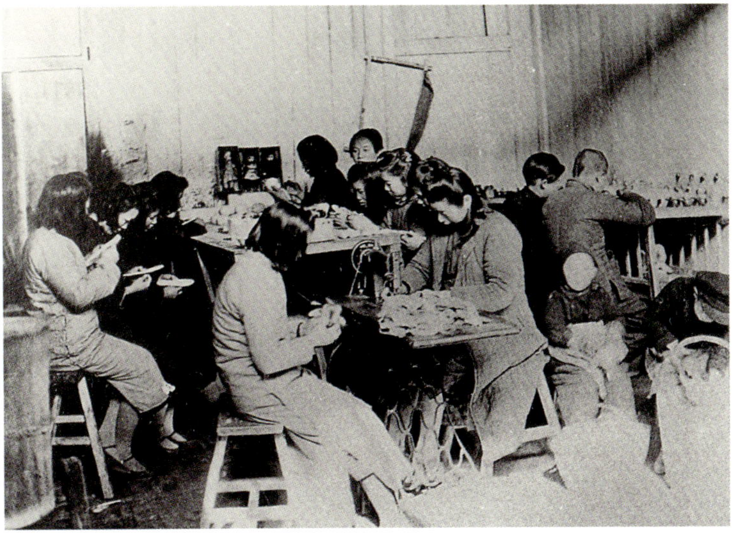

制作工艺品的女工

长沙一印刷厂的检字车间

印刷厂的石印车间

长沙一石灰窑场正在劳动的工人

1947年由民族资本投资建立的长沙天伦造纸厂旧址

1948年，裕湘纱厂长沙总厂图。

粤汉铁路浏阳河、捞刀河两大铁路桥于1947年5月9日举行恢复通车典礼。

图为列车通过浏阳河铁桥的情形

湖南省电信大楼，最多时有电报线路20条，公用电话24部，长途电话线29条。

王东原为争取到善后救济总署的赈灾款项，兴办了一些救济工厂。图为善后救济总署湖南分署第一善救工艺厂纺织部纺纱工工作的情形。

缝纫工场

缝纫工场成品打包情形

缝纫工场弹被工工作情形

烟厂女工

王东原确定1947年为“交通建设年”，交通运输业一度复兴。图为省公路局兴修的（湘）潭宝（庆）公路的潭西天桥。

1947年4月，修筑中的潭宝公路。

1947年2月，修筑潭宝公路上的一处大桥。

1947年左右，长沙沿江马路基建图景。

从新建成的长沙汽车东站发出的长途客车

新建的长沙汽车西站

新落成的交通部公路总局第二运输处长沙站

1947 年，交通部公路总局第二运输处浏阳站新建的站场。

省公路局郴州资桂公路第一段中正桥的施工情形

由战后“善后救济总署湖南分署”修筑的衡（阳）常（宁）公路建成通车

武竹公路建成通车，这是武冈车站门口。

1948年，省公路局永永公路绥保段通车典礼。

永永公路绥保段通车典礼盛况

教育事业在战后得到一定程度的恢复并有所发展，各种不同层次的教育机构相继确立。这是1946年江华县立中学第一班毕业生及教职员合影。

1947年长沙盲女学院师生合影

1948年，私立广益中学初中四十九班毕业照。

1947年3月，湖南全省各区主教司铎等欢迎教廷公使黎培理总主教为总主教蓝泽民荣升大典纪念。

1949 年 5 月 9 日，中华基督教会湖南大会第二届代表大会摄影。

西方一些教会也在中国兴办一些慈善与教育机构。图为岳阳天主教堂的孤儿与员工合影。

衡阳天主堂的修女和贞女正在工作

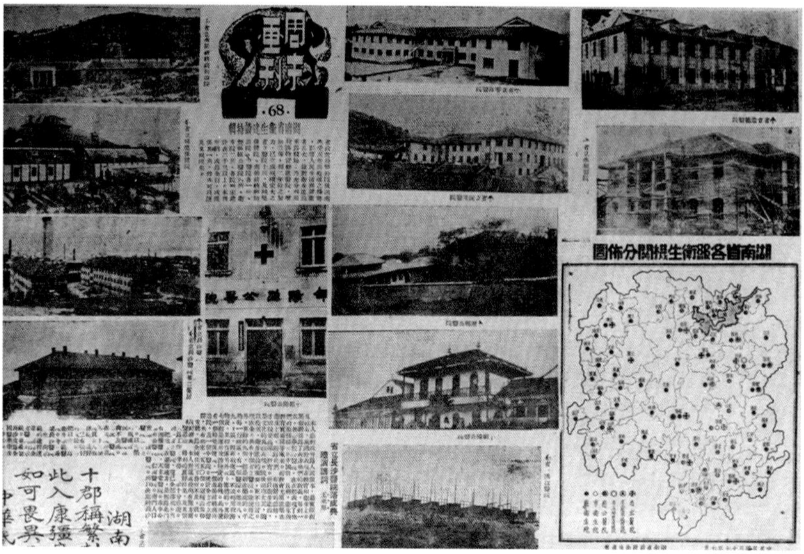

湖南省的卫生事业取得一定进步，各级医疗机构相继建立。这是《中央日报》1948年7月31日的报道。

1947年4月兴建的湖南肺病疗养院

1948年3月11日拍摄的湖南省立妇婴保健院住院部及门诊处

1948年，湖南省立衡阳医院新建的大病房工程。

三、国民党在湖南的统治

国民党湖南省政府等机关搬回长沙后，第一件大事就是以“接收”大员身份，瓜分日伪投降后留在湖南的财富，抢夺政府机关的位子和房子。内战爆发后，省政府以“戡乱”为施政中心，把湖南纳入内战轨道。政治上反共反人民，强化法西斯统治；经济上横征暴敛，增加赋税，滥发纸币，导致通货膨胀，工农业萧条，人民大众处于水深火热之中。

国民党湖南省政府主席吴奇伟

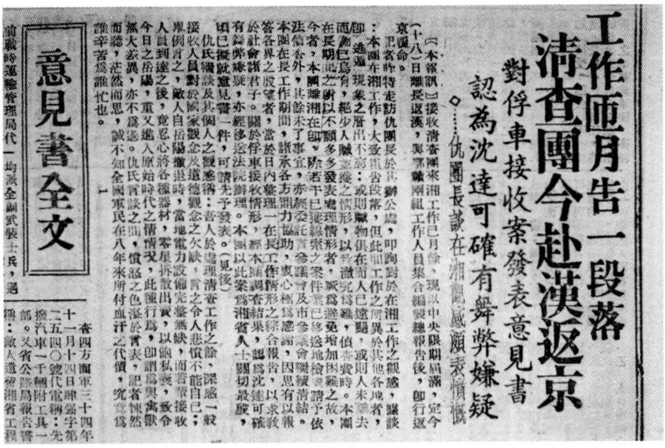

工作匝月告一段落
清查團今赴漢返京
對俘車接收案發表意見書
認為沈達可確有舞弊嫌疑
……仇團長談在湘觀感頗表憤慨

意見書全文

当年湖南“接收”中的最大丑闻是“沈达可案件”，但清查团在调查后因牵连湖南军政要员过多，无法处理，只得大事化小，不了了之。图为《中央日报》的报道。

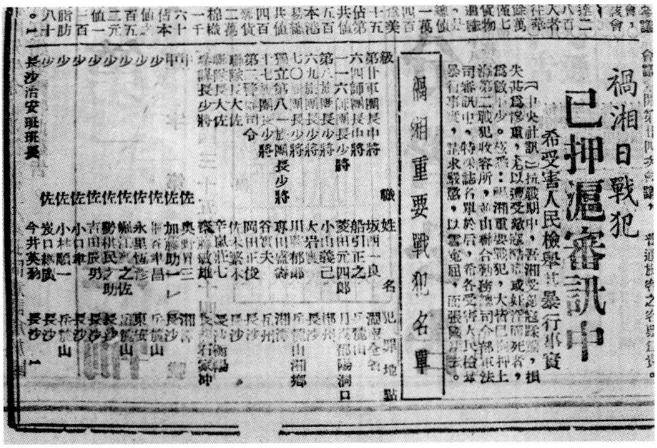

禍湘日戰犯
已押滬審訊中
希受害人民檢舉其暴行事實

禍湘重要戰犯名單

抗战期间，日军在湘罪恶累累，远东国际法庭将对他们进行正义的审判。图为《中央日报》的报道。

湘省肅奸經過

金遠詢招待記者報告（上）

〔中央社訊〕軍統局駐湘專員兼第四方面軍調查室主任金遠詢，以奉命辦理肅奸工作，截至四月底止，業已告一段落，且調查機構改組，金氏即將赴美考察。特於昨（六）日正午假南大十字路畔園設宴招待新聞界，一以報告肅奸工作經過，一以藉此話別。到記者二十餘人，王力航、陳雲章、王醇古適亦在座。宴前金氏於會議室舉行簡單茶會，報告五個月來之肅奸工作，略謂：

（一）事先對肅奸工作之……

军统局驻湘专员金远询包庇不少汉奸卖国贼，他移交湖南各级法院审理的汉奸案件仅151件，只是其中一小部分。图为金远询在记者招待会上说谎。

国民党各级地方政府相继恢复。1945年7月14日，湖南省政府沅陵行署全体人员合影。

1945年10月23日，国民党湖南省执行委员会全体执行委员宣誓就职典礼。

新時代 ·9·

衡山派系鬥爭白熱化

非清

爭奪鄉保位置

報紙互相攻擊

黨團正面鬥爭

1945 年 9 月，国民党湖南省政府为粉饰其专制独裁统治，颁布了《限期成立县市各级民意机关实施办法》，规定当年成立县参议会，全省各地争权夺利闹剧在县乡两级展开。这是《新时代》杂志关于衡山县参议员选举中国民党党部、三青团团部为参议员名额分配引起内讧的长篇报道。

1946 年 5 月 15 日，湖南省参议会开幕。图中国民党元老派赵恒惕当选为参议长，三青团代表唐伯球为副议长。

1946 年 4 月 27 日，蒋介石发动全面内战前夕，调王东原任湖南省政府主席。

国民党南京政府为使其独裁统治合法化，成立了所谓“民意机关”——国民参政会。这是第四届湘籍参议员（由左至右）刘兴、唐国桢、仇鳌、余楠秋和宋宜山。

1946 年 6 月 26 日，蒋介石撕毁《双十协议》和《政协协议》，悍然全面发动内战，美国政府在人、财、物方面给予大力支持。图为美国飞机帮助赶运国民党军队赴东北参加内战。

美籍天主教沅陵教区主教欧克澜（右三），以传教名义为美国战略情报局在华从事间谍活动，并与“苗王”龙云飞（右四）相勾结，进行反共反人民的活动。

黃德安貪污巨案
地方法院昨公審
牽涉廣泛的政界黑幕暴露無餘
隱藏綠皮箱中的宨債也揭開了

在法庭上的黃德安（雲芳攝）

黃案六被告受審時情形

利用公款放息
息錢用途却不問
書生從政的挹注妙論

湖南省政府田粮处长黄德安利用征购、派运军粮，用公款放息，大肆贪污，湖南省主席王东原以下多名官员、参议员以及部分新闻人员也收受巨额贿赂。这是《中央日报》的报道。

1947年6月16日，省参议会首届三次大会召开，王东原（左）在会上宣布，确定“戡乱”为省政府施政中心，将全省政治、经济、文化纳入内战轨道。

1948年3月29日至5月1日，“国民大会”在南京召开。图为是年4月参加大会的湘籍代表在南京的合影。

王东原（前左）在省参政会上竭力鼓吹蒋介石反共反人民的内战政策

1948年3月9日，时任武汉行营主任的程潜来湘视察，为其竞选国民政府副总统做宣传。这是《中央日报》的报道。

南京国民政府为适应内战需要，改组湖南省政府，王东原（中坐穿中山装者）奉命调离，离任前与各界人士合影。

程兼主席今晨蒞長
省會各界熱烈歡迎

1948年6月21日，程潜被任命为湘赣长沙绥靖公署主任兼湖南省政府主席，于7月23日履职。

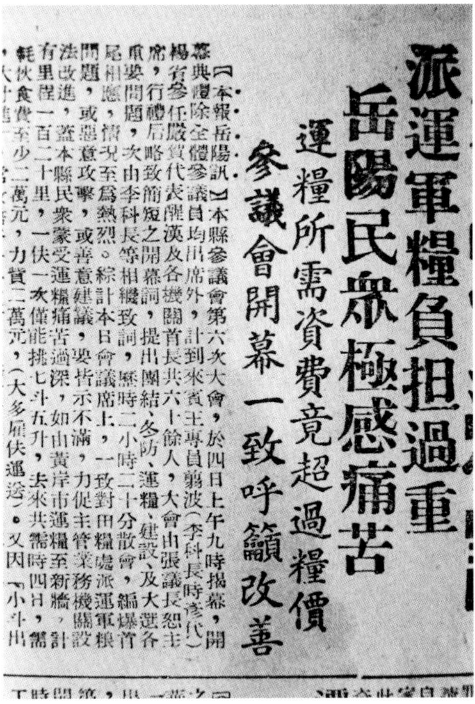

派運軍糧負担過重
岳陽民眾極感痛苦
運糧所需資費竟超過糧價
參議會開幕一致呼籲改善

全面内战爆发后，国民政府将湖南作为内战的后方供应基地，1946年至1948年三年间，从湖南掠夺稻谷1919万石，广大农民不堪重负。这是《中央日报》的报道。

1948年8月，国民政府改革币制，以没有金银本位的金圆券代替法币，致使货币大幅度贬值。图为人们在用法币兑换金圆券。

国民政府发行的金圆券，面值大得吓人。

国民政府还强行收购老百姓手中的金银，1949年3月从湖南运走的黄金即达3万余两，动摇了货币的根基。图为老百姓在政府强迫下出卖手中的黄金白银。

货币大幅贬值造成流通及人民生活极大不便，每封平信邮资要十万元金圆券，面值500元一张的邮票需要200张，信封只能贴在邮票上。

1948 年 11 月底金圆券贬值 80%，12 月 4 日长沙发生市民到“中央银行”挤兑金银的事件。

1947年5月3日晚，身为六区专署机要秘书的傅德明勒索永和金号不成，伙同他人强抢金号后纵火焚烧，造成店毁人亡的惨剧。这是民国十大案邵阳“永和惨案”元凶傅德明。

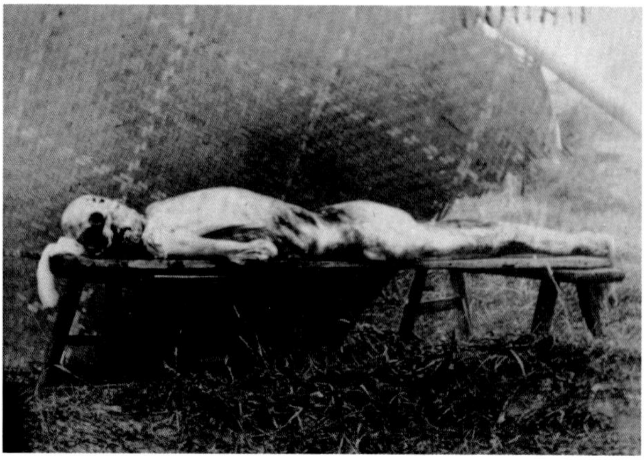

被烧死的永和金号店员金海水的尸骨

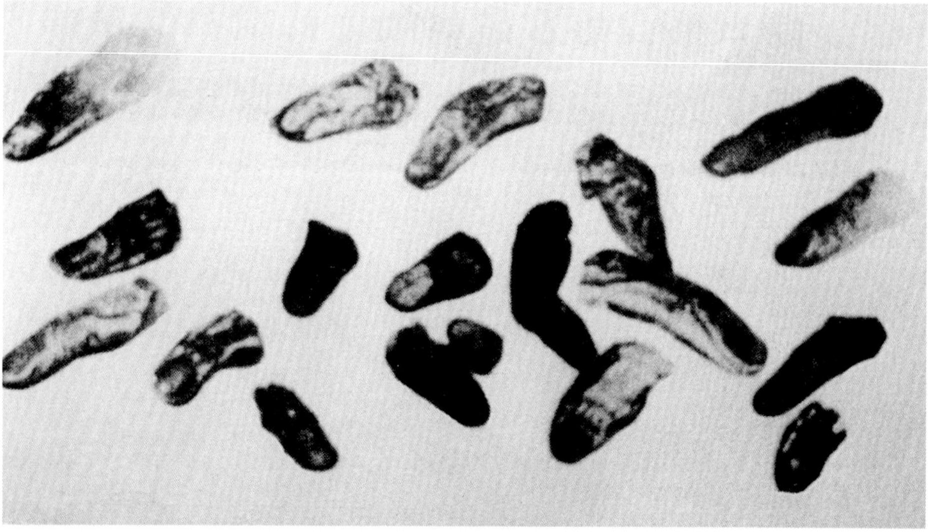

为了打内战，补充兵员，国民政府强征兵员，引起农民的强烈不满。为抵制强抓壮丁，许多农民忍痛砍下自己的手指。

零陵县农民蒋大美不满政府抓壮丁，被地主派兵抄家，父亲、侄女和他惨遭杀害。图为蒋大美和他侄女的头骨。

牛马一般的湖南农民

“一贯道”是代表国民党和地主阶级的反动会道门。图为湘潭地主“一贯道”首领罗麦秋家里供奉的偶像，他利用这些来麻醉人民。

耒阳大河乡地主梁水清以逼租、逼典、逼卖等手段掠夺农民的土地。这是他收租、逼典、强买田地的三本大簿据。

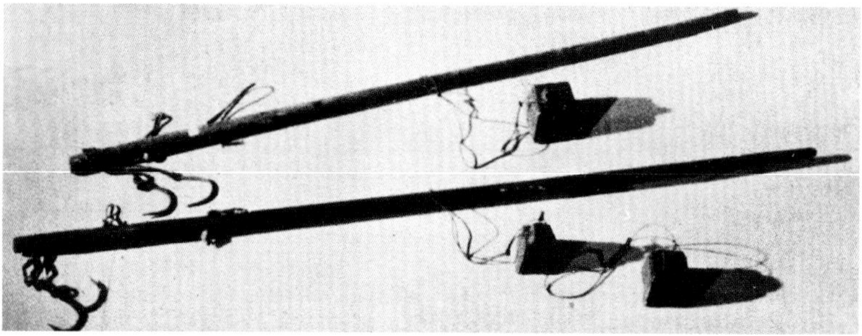

辰溪县地主萧隆汉的秤有两个砣，秤进用大的，秤出用小的。

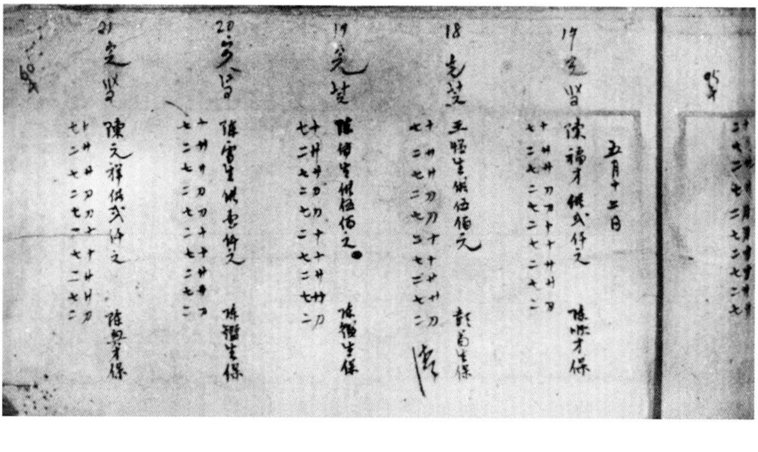

“五日会”是湘南一带流行的一种高利贷方式，五天计算一次，利率奇高。图为宜章地主李世俊的“五日会”账本。

平江县农民喻左堂因自卫打死了地主喻照岩家一条恶狗，被逼为死狗备棺木，并立“灵牌”、披麻戴孝，为狗下葬。（画照）

一个穷苦人家正在出卖自己的亲生女儿

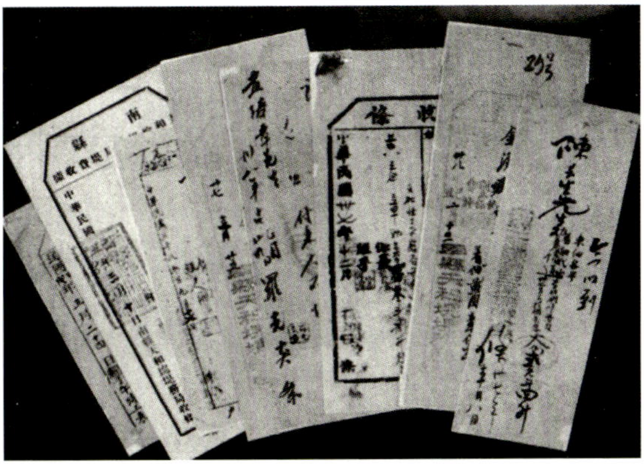

民国时期苛捐杂税为历代之最。地主劣绅巧立名目，向人民派捐征税，几乎无物不税。图为这一时期湖南各地部分捐税收据。

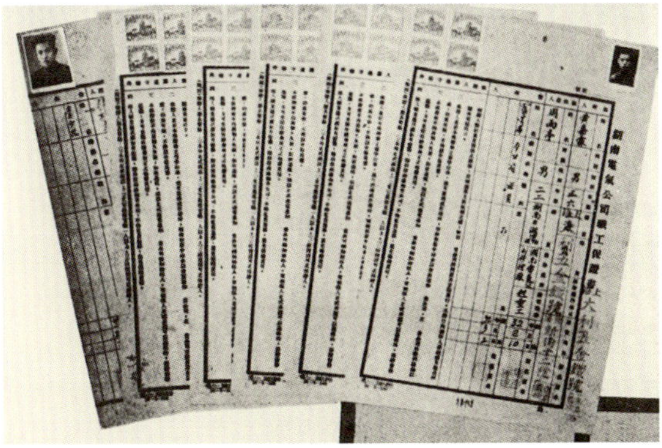

在资本家开办的工厂里，职工受雇时，必须找“铺保”，填“保证书”。图为“湖南电气公司”的职工保证书，上面规定了许多压迫工人的条文。

第二节　湖南人民争取和平和解放的斗争

全面内战爆发以后，中共湖南省工委在城市领导发动了以学生运动为先导，有工人、市民参加的反饥饿、反内战的斗争。1947年南京发生“五二〇血案”，湖南学生立即行动起来，于5月22日在长沙举行反内战大游行，得到了广大工人、市民的支持。6月2日，湖南全省大、中学校师生，积极响应华北学联的号召，举行“全国反内战日”大游行，发动各界民众积极参加，很快发展成全省性“反饥饿、反内战、反迫害”的爱国民主运动。

在农村，省工委派出大批党员干部发展党的组织、建立游击武装，并先后建立了湘南游击司令部、湘中支队、湘西纵队、湘北人民自救军和湘东支队，由抗征、抗税、抗捐转为武装反抗国民党在湖南反动统治的军事斗争。1949年，人民解放军渡江南下，省工委发出“五四”指示，为配合解放军入湘，在全省发动武装起义，对渡江的白崇禧部发动广泛攻击，打破了敌人的“围剿”，占领了部分地区和交通线，为湖南的解放作出了贡献。

1948年7月，程潜回湘任省主席后，省工委根据中央指示，积极做争取程潜、陈明仁的统战工作。同时，发动各界民众，反对假和平，争取真和平。发动地方上层和平民主力量，成立湖南人民自救委员会，反对白崇禧集团在湘发动内战。学生、工人广泛开展护校、护厂斗争。这些，为湖南的和平解放创造了条件。

一、城市爱国民主运动

中共湖南省工委根据中央指示精神，结合湖南实际，以爱国学生运动为先导，组织领导城市工人、市民、学生，反对国民党湖南省政府的内战政策，要求增加工资，改善生活劳动条件，很快发展成“反饥饿、反内战、反迫害”的爱国民主运动，成为配合解放军的军事进攻、推翻国民党反动统治的第二条战线。

解放战争时期，中共湖南省工委以长沙三角塘“保证负责缝纫社”掩护，领导全省人民开展爱国民主运动和武装斗争。图为缝纫社旧址。

中共湖南省工委书记周里

1946年中共湘南地下党派李灿英（郭亮的夫人）在衡阳鸡窝山以缝纫社作掩护，建立联络站。这是她使用过的缝纫机。

中共长沙市工委书记沈立人

解放战争时期中共衡山县工委旧址

解放战争时期中共南（县）华（容）区工委旧址

1946年5月至1948年7月，长沙泥木工人在省工委的领导下，举行了一系列的罢工斗争。

1947年5月18日，湖南大学学生组织世纪社讨论全国学生运动与解放战争的形势，酝酿开展反内战运动。图为世纪社成员的合影。

1947年5月20日，南京、上海、杭州、苏州16所大专科学校学生6000余人在南京举行反饥饿、反内战游行，向国民政府请愿，遭到军警的殴打和逮捕，酿成震惊全国的“五二〇”惨案。在中共湖南大学支部和世纪社的引领下，湖大学生于5月22日在校区举行反内战大游行，准备冲破反动军警封锁，横渡湘江进入长沙市区。

在民众的支持下，湖大学生冲破封锁，渡过湘江，这是游行队伍从猴子石上岸后的情形。

为反对军警镇压学生，著名爱国人士、湖大校长胡庶华（左）昂首挺胸，走在学生游行队伍前面。

游行队伍进入市区

游行队伍经过国民党《中央日报（长沙版）》社门口抗议时，该报社铁门紧闭。

游行队伍经过黄兴路

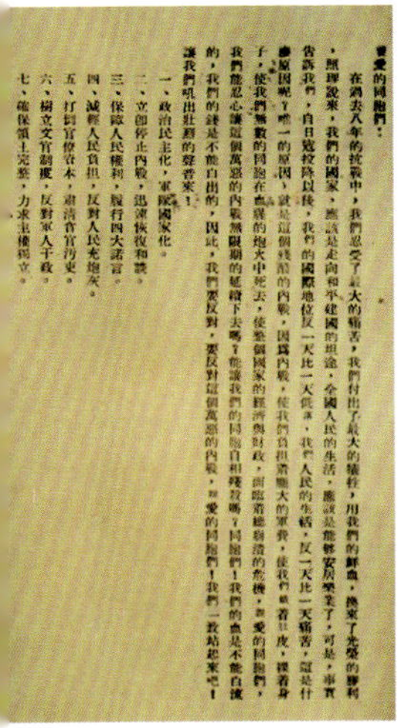
親愛的同胞們：

在過去八年的抗戰中，我們忍受了最大的痛苦，我們付出了最大的犧牲，用我們的鮮血，換來了光榮的勝利，照理說來，我們的國家，應該是走向和平建國的坦途，全國人民的生活，應該是能夠安居樂業了，可是，事實告訴我們，自日寇投降以後，我們的國際地位反一天比一天低落，我們人民的生活，反一天比一天痛苦，這是什麼原因呢？唯一的原因，就是這個殘酷的內戰，因爲內戰，使我們負擔着龐大的軍費，使我們餓着肚皮，裸着身子，使我們無數的同胞在血腥的炮火中死去，使整個國家的經濟與財政，面臨着總崩潰的危機，親愛的同胞們，我們能忍心讓這個萬惡的內戰無限期的延續下去嗎？能讓我們的同胞自相殘殺嗎？同胞們！我們的血是不能自流的，我們的錢是不能白出的，因此，我們要反對，要反對這個萬惡的內戰，親愛的同胞們！我們一致站起來吧！讓我們吼出壯烈的聲音來！

一、政治民主化，軍隊國家化。
二、立即停止內戰，迅速恢復和談。
三、保障人民權利，履行四大諾言。
四、減輕人民負担，反對人民充炮灰。
五、打倒官僚資本，肅清貪官污吏。
六、樹立文官制度，反對軍人干政。
七、確保領土完整，力求主權獨立。

游行学生向政府请愿，呼吁同胞们团结起来，并提出立即停止内战等八点要求。

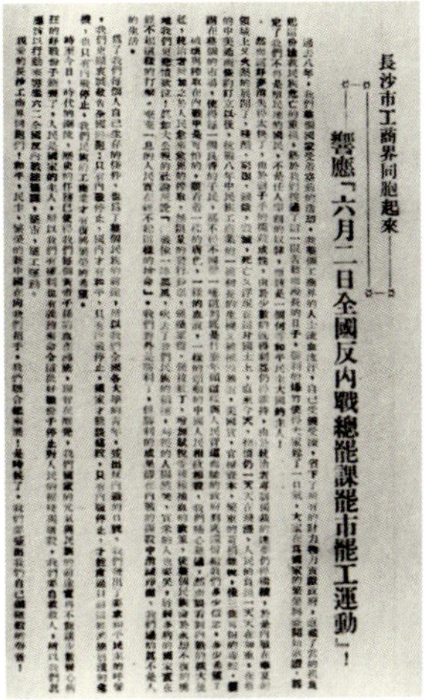
長沙市工商界同胞起來

響應「六月二日全國反內戰總罷課罷市罷工運動」！

长沙市工商界响应“六月二日全国反内战总罢课罢市罢工运动”传单。

1947年6月2日，为反对内战，声援“五二〇”惨案，响应“全国反内战日”的号召，在中共湖南省工委的领导下，长沙市各校学生联合举行大规模游行。图为湖南大学师生从赵洲港和傅家洲上船，在草潮门上岸后开始游行。

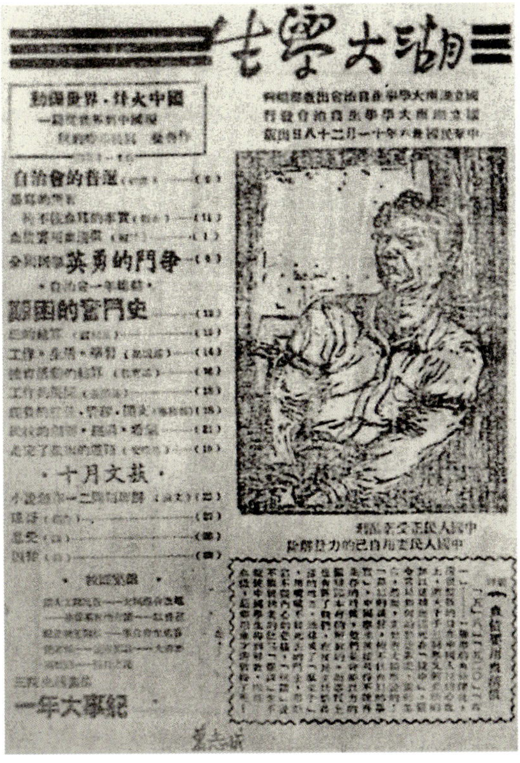

湖南大学的游行队伍

1947 年 11 月 28 日，湖南大学学生自治会出版的《湖大学生》，提出“中国人民正受着酷刑，中国人民要用自己的力量解除。

长沙市广大市民支持学生的爱国行动

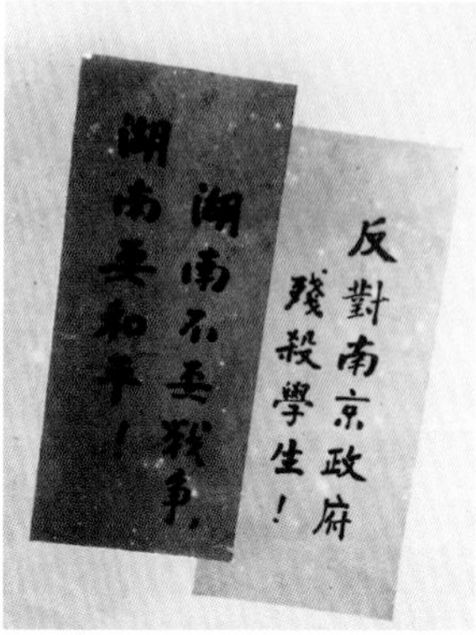

游行队伍张贴的标语

南岳是另一个学生运动蓬勃发展的地区。6月2日，国立师范学院及南岳各中学数百人举行游行示威。图为国立师范学院校舍。

南岳岳云中学全貌

湖大師生座談時事 要求爭取眞正和平

【本報訊】國立湖南大學師生員工於元月廿七日在該校圖書館召開應變擴大座談會，到羅大凡教授等四百餘人，師生對當前時局問題，踴躍發言，同學方面發表意見尤多，歸納數點如下：

一、和談是不可樂觀的，但局部和平是可能的。二、和談是美帝國主義的陰謀，企圖使政府獲得喘息的機會，以圖東山再起。三、反對暫時的以圖殘喘的虛偽的和平，要爭取眞正的和平。四、組織全校性的應變機構，請求政府撥款及賦谷。五、派代表赴廣東教育部請求應變費。六、發表文告，表明我們對時局的態度。七、湖南錢糧，不能外運。八、湖南應向北平看齊，不作任何軍閥的尾巴。九、中共八條件應該可以接受。十、擁護李宗仁副總統二十三日所發表的取消戡亂行政法令，並請湖南省當局切實實行。

和談未可樂觀

1949年元月27日，湖南大学师生座谈时事，要求接受中共和谈条件，并敦促湖南地方势力为实现局部的真和平而努力。图为《中央日报》的报道。

1949年4月1日，南京学生6000余人游行示威遭军警镇压，死2人，伤200多人。“四一”惨案的消息传到湖南，学生们义愤填膺，7日，长沙大、中学校学生举行大规模的示威运动，抗议南京政府的暴行。

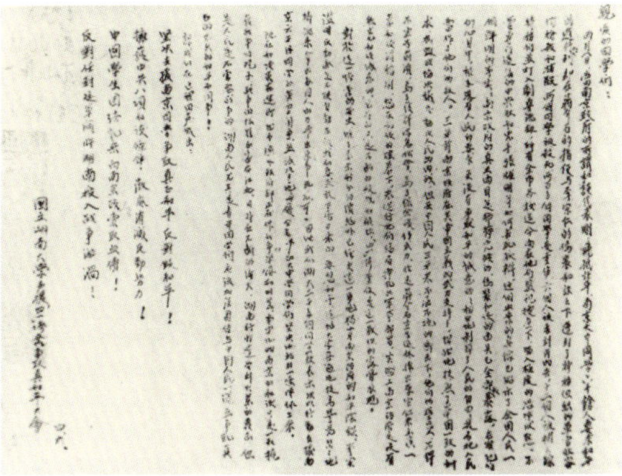

湖南大学声援“四一”惨案争取真和平大会告全体同学书

“四七”游行队伍由周南女中学生前导开路

“四七”湖大学生的游行队伍

“四七”游行队伍

"四七"湖南音专学生游行队伍

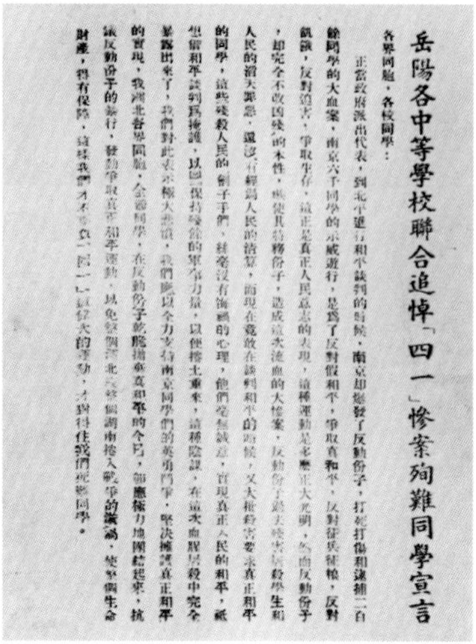

岳陽各中等學校聯合追悼「四一」慘案殉難同學宣言

各界同胞，各校同學：

正當政府派出代表，到北平進行和平談判的時候，南京却爆發了反動份子，打死打傷和逮捕二百餘同學的大血案。南京六千同學的示威遊行，是爲了反對假和平，爭取真和平，反對征兵征糧，反對飢餓，反對迫害，爭取生存，這正是真正人民意志的表現，這種運動是光明正大光明，然而反動份子却完全不改因襲的本性，竟使其特務份子，造成這次流血的大慘案，反動份子過去殘害屠殺學生和人民的滔天罪惡，還沒有經過人民的清算，而現在竟敢在談判和平的時候，又大肆殺害要求真正和平的同學，這些殘殺人民的劊子手們，絲毫沒有悔禍的心理，他們毫無誠意，實現真正人民的和平，祇想借和平談判爲掩護，以圖保持殘餘的軍事力量，以便捲土重來，這種陰謀，在這次血腥屠殺中完全暴露出來了，我們對此表示極大憤慨，我們願以全力支持南京同學們的英勇鬥爭，堅決擁護真正和平的實現，我湖北各界同胞，全體同學，在反動份子乾脆拒絕真和平的今日，都應極力地團結起來，抗議反動份子的暴行，發動爭取真正和平運動，以免整個湖北及整個湖南捲入戰爭的災禍，使整個生命財產，得有保障，這樣我們才不辜負「四一」這偉大的運動，才對得住我們死難同學。

4月13日，岳阳各中学师生800多人举行声援"四一惨案"游行，第一行政督察区专员王翦波派军警镇压，打伤20多人。这是岳阳各中学反内战、反迫害的联合宣言。

"四七"明德中学游行队伍

"四七"游行的学生代表进入省政府，湖南省主席程潜对学生声援"四一惨案"寄予同情，表示将尽力争取真和平。

4月15日，中共地下党领导南岳国师、岳云中学等校师生举行“四一五”反暴行、反迫害的游行。

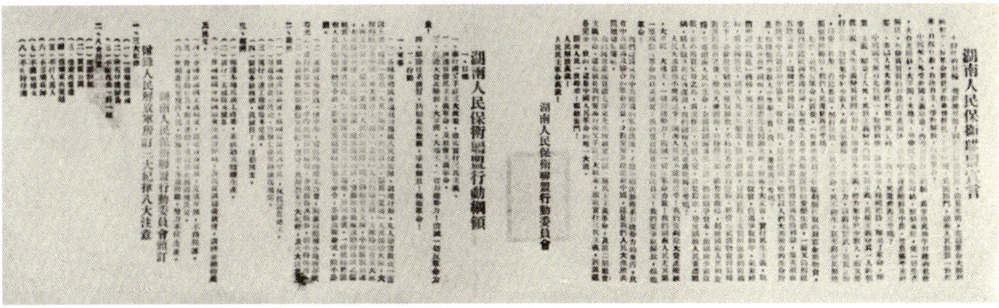
湖南人民保衛聯盟宣言

湖南人民保衛聯盟行動綱領

湖南人民保衛聯盟行動委員會

湖南人民保卫联盟行动委员会发表的宣言和行动纲领

为了反对白崇禧集团在湖南再生战事，抵制国民党征兵、征粮，5月，湖南各公法团体和各界爱国人士，在中共湖南省工委的支持下，成立了“湖南省人民自救委员会”。图为自救会主任委员唐生智。

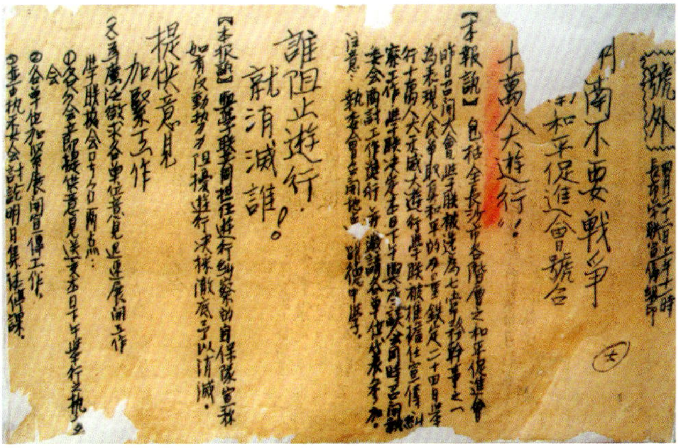
號外

湖南不要戰爭

和平促進會號召

十萬人大遊行!

誰阻止遊行 就消滅誰!

提供意見 加緊工作

长沙市学联的宣传单

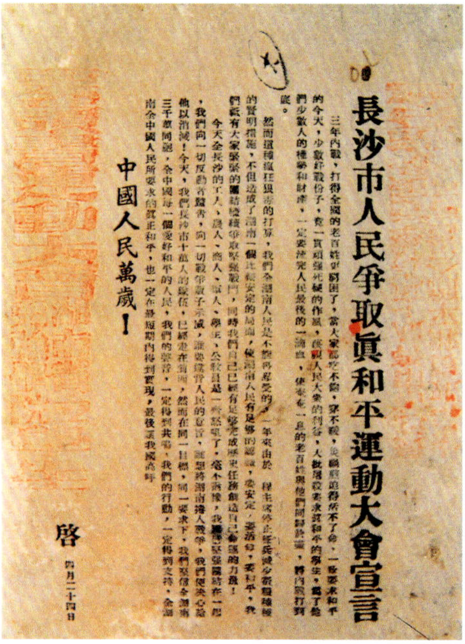

長沙市人民爭取眞和平運動大會宣言

中國人民萬歲！

啓

四月二十四日

长沙市人民争取真和平运动大会宣言

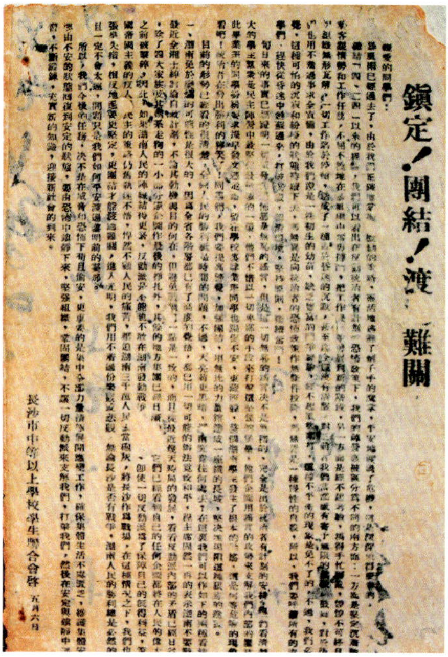

鎮定！團結！渡過難關

長沙市中等以上學校學生聯合會啓 五月六日

长沙市中等以上学校学生联合会传单

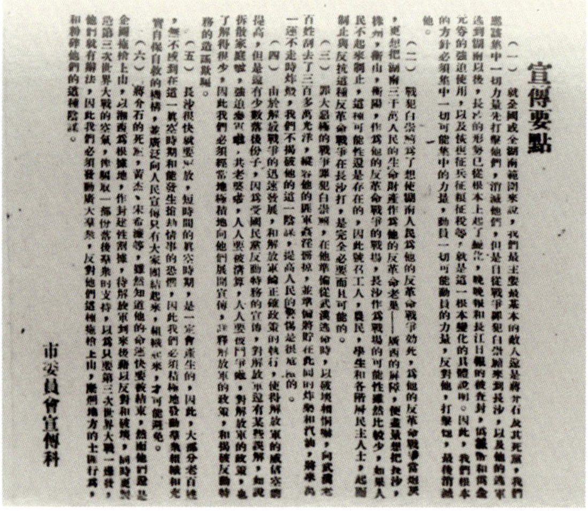

宣傳要點

市委員會宣傳科

为了更好地指导舆论导向，中共长沙市工委宣传科印发的《宣传要点》。

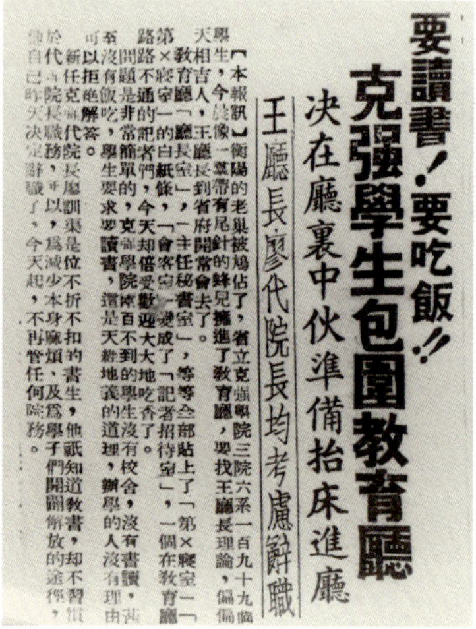

要讀書！要吃飯！！

克強學生包圍教育廳

決在廳裏中伙準備抬床進廳

王廳長、廖代院長均考慮辭職

1949 年初，克强学院校本部由衡阳迁来长沙，该校学生积极投身爱国学生运动。图为《中央日报》的报道。

克强学院学生自治会主席高继青于6月19日在长沙被国民党特务绑架后活埋，激起了全市人民的强烈愤慨。图为高继青烈士遗像。

高继青烈士遗体6月24日被发现，手脚被绑，血肉模糊，全身浮肿，惨不忍睹。

1949年6月29日，社会各界在克强学院隆重公祭高继青烈士后，冒雨送葬示威游行。

1949年7月3日，省会各界在湖南大学大操坪隆重举行高继青烈士追悼大会。

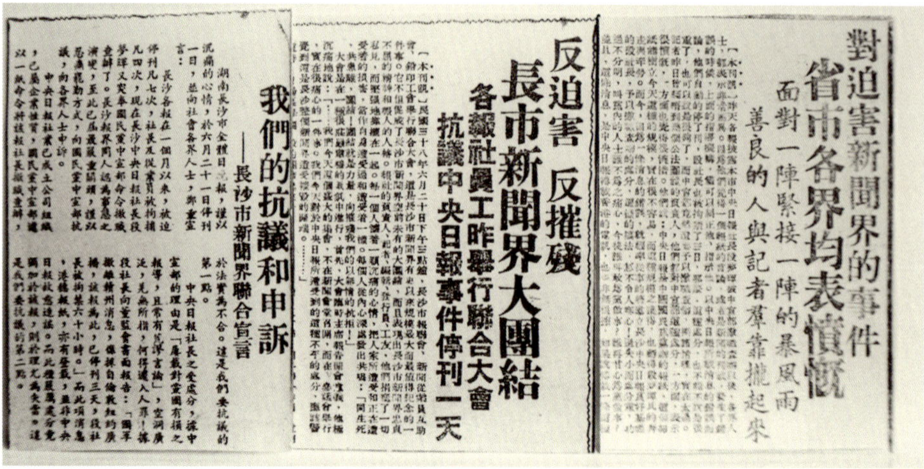

對迫害新聞界的事件
省市各界均表憤慨
面對一陣緊接一陣的暴風雨
善良的人與記者羣靠攏起來

反迫害 反摧殘
長市新聞界大團結
各報社員工昨舉行聯合大會
抗議中央日報事件停刊一天

我們的抗議和申訴
——長沙市新聞界聯合宣言

湖南長沙市全體日晚報，謹以沉痛的心情，於六月二十一日停刊一日，並向社會各界人士，鄭重宣言：

長沙各報在一個月以來，被迫停刊凡七次，社長及從業員被拘捕凡四次，現在長沙中央日報社長段夢暉又突奉國民黨中宣部命令撤職查辦了。長沙報界同人認為事態之演變，至此已屬嚴重關頭，謹以忍痛罷刊方式，向國民黨中宣部抗議，向各界人士申訴。

中央日報社業已成立公司組織，已屬企業性質，國民黨中宣部遽以一紙命令撤換該報社長撤職查辦，於法實為不合。這是我們要抗議的第一點。

中央日報社長之受處分，據中宣部的理由是「屢載對黨國有損之報導，且常有荒謬言論」，空洞廣泛，光無所指，何得遽入人罪！據段社長向董監會書面報告：「獨享撤離贛州消息，係採自倫敦紐約廣播，該報為此，已停刊三天，段社長被拘禁六十小時。」而此項消息，港穗報紙，亦有登載，並非中央日報社獨為造謠。而此種罪及於處分則加於該報，則於理尤為失當。這是我們要抗議的第二點。

长沙新闻界在中共地下党的领导下，积极投入反饥饿、反内战、反迫害的斗争。

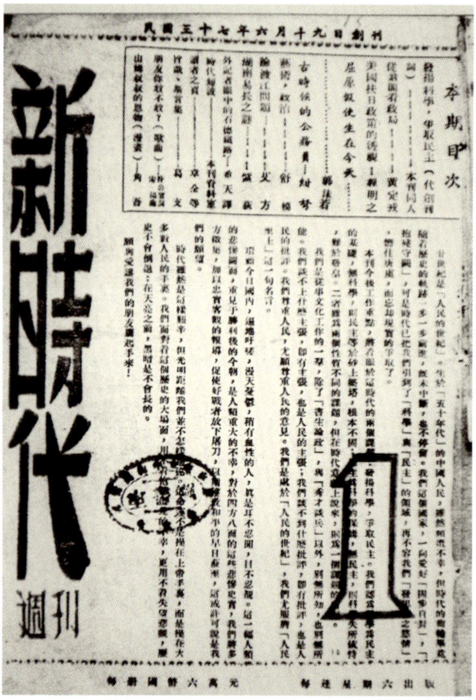

民國三十七年六月十九日創刊

新時代 週刊

本期目次

發揚科學，爭取民主（代創刊詞）——本刊同人

屈原飢使生在今天……郭沫若

古時候的公務員——紺弩

进步人士张梓敬办的《新时代》杂志，工作人员包括中共地下党员。

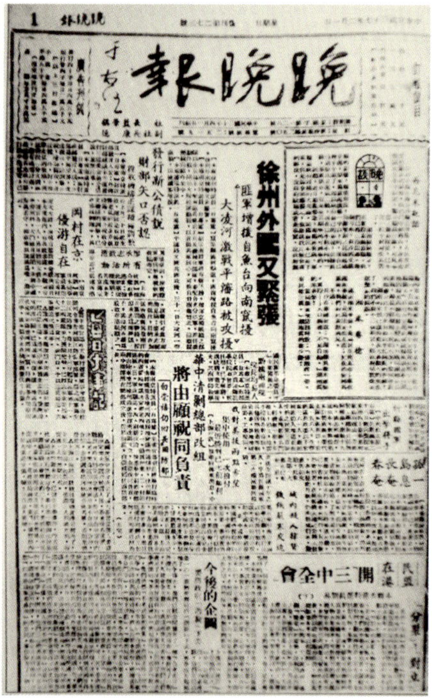

晚晚報

徐州外圍又緊張

匪軍增援自魚台向南竄擾

大凌河激戰平瀋路被攻擾

發行新公債說財部矢口否認

將由顧祝同負責

華中清剿總部改組

进步人士兰肇祺办的《晚晚报》，反内战、反迫害，旗帜鲜明，立论公正，深受长沙民众欢迎。

（第一〇二一號）

實踐晚報

登記證：京警湘字第二九一號

發行人：嚴怪愚　社址：長沙東長路萬慶街

報費：每份零售金圓伍角　每月金圓拾伍元

进步人士严怪愚办的《实践晚报》，在中共地下党的领导下，积极支持工运和学运，两次遭到国民党反动派的查封。

二、农村游击武装斗争

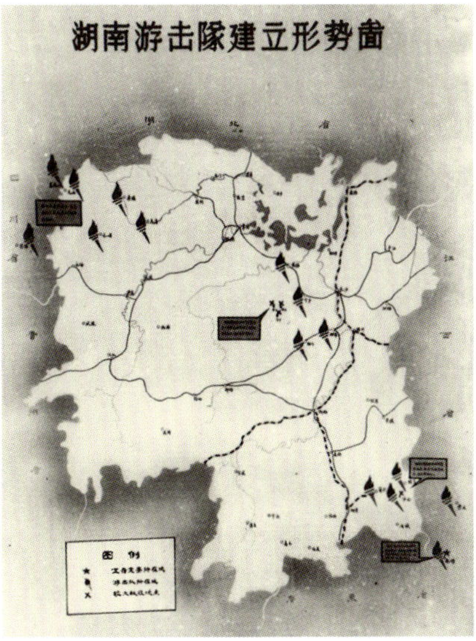

省工委根据解放战争形势的发展，决定有计划、有组织地在全省建立游击队，开展武装斗争。

国民党不顾百姓死活，在湖南农村强行征兵征粮，苛索无度。农民被迫起来进行反抗斗争。中共湖南省工委根据农村斗争形势的变化，积极恢复和发展农村党组织，建立农民游击武装，先后开展了湘南、湘中和湘潭地区的农村游击战争，广大农民由反对封建压迫剥削，上升为推翻国民党在湖南反动统治的武装斗争。

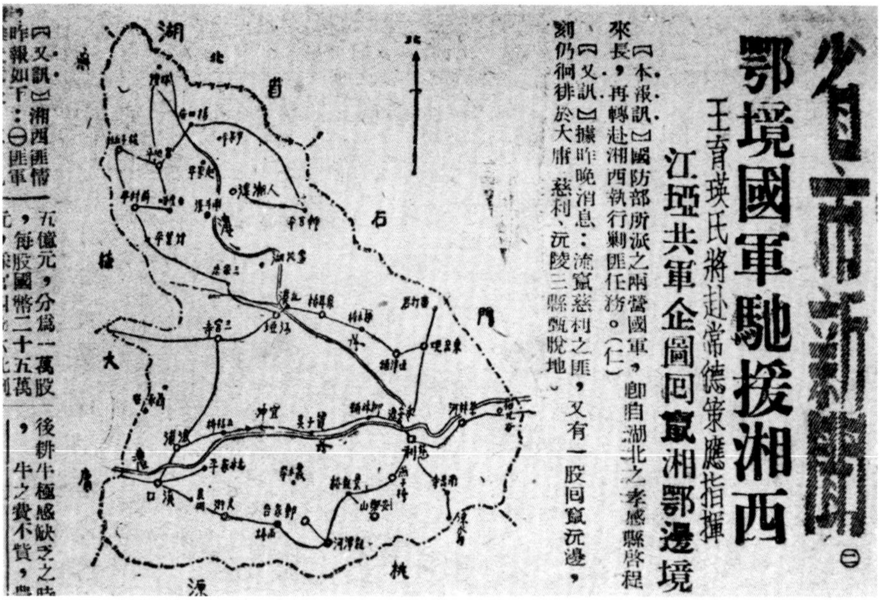
省市新聞㈡

鄂境國軍馳援湘西

王育瑛氏將赴常德策應指揮

江埡共軍企圖回竄湘鄂邊境

【本報訊】國防部所派之兩營國軍，即自湖北之孝感縣啟程來長，再轉赴湘西執行剿匪任務。（仁）

【又訊】據昨晚消息：流竄慈利之匪，又有一股回竄沅邊、劉仍徊徘於大庸、慈利、沅陵三縣甄脫地。

【又訊】湘西匪情昨報如下：㈠匪軍……

……五億元，分爲一萬股，每股國幣二十五萬……

……後耕牛極感缺乏之時，牛之費不貲，……

内战爆发后，中共湖南省工委首先在农村组织农民开展武装斗争。这是1947年4月1日国民党报纸刊载的关于游击队活动的消息。

本軍是中國人民的軍隊，一切以中國人民的意志為意志。本軍的政策代表中國人民的迫切要求的，有如下主要各項：

（一）聯合工農兵學商各被壓迫階級、各人民團體、各民主黨派、各少數民族、各地華僑及其他愛國分子，組成民族統一戰線，打倒蔣介石獨裁政府，成立民主聯合政府。

（二）逮捕、審判和懲辦以蔣介石為首的內戰罪犯。

（三）廢除蔣介石統治的獨裁制度，實行人民民主制度，保障人民言論、出版、集會、結社等自由。

[illegible]

上述各項就是本軍的基本政策。本軍所到之處，立即實施這些政策。這些政策是適合全國百分之九十以上人民的要求的。

~~~節錄「中國人民解放軍宣言」一段~~~

粵贛湘邊區人民解放總隊先遣隊 翻印

湘南地区是开展游击战争最活跃的地区，通过武装起义，1947年10月，建立了粤赣湘地区人民解放总队北上先遣队。图为先遣队翻印的《中国人民解放军宣言》。

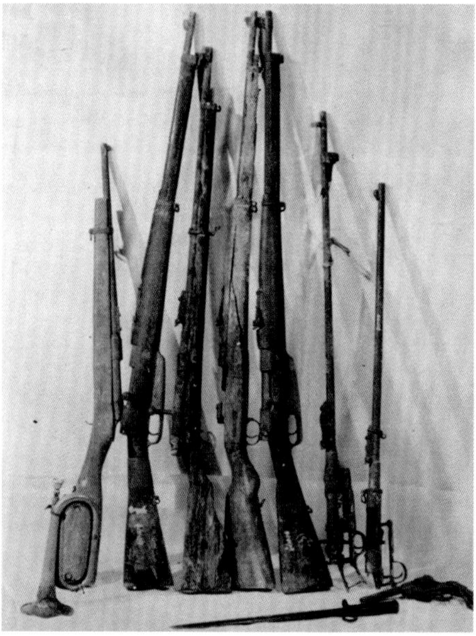

湘南游击队使用过的部分武器
~~~

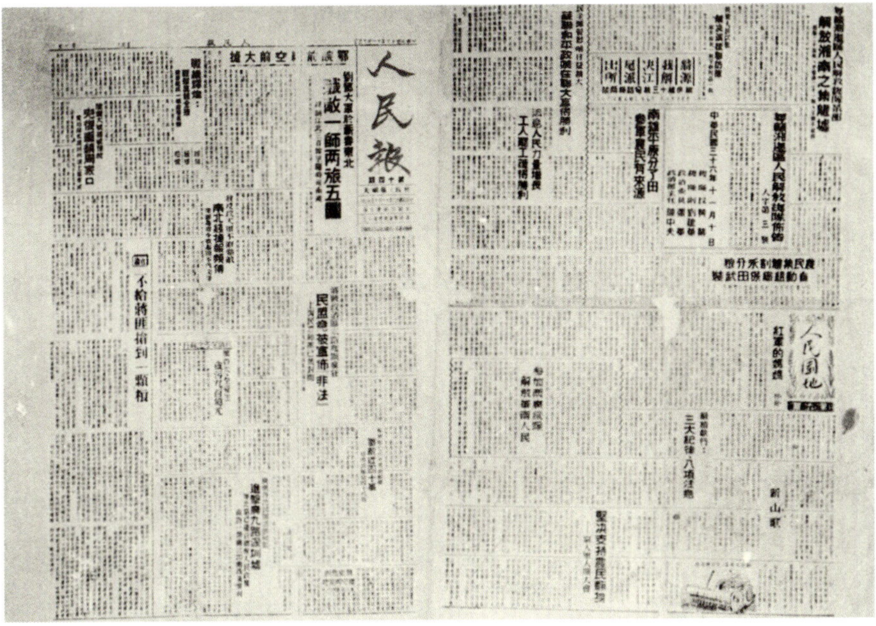

人民報

1947年11月，粤赣湘边区人民解放总队政治部编印的《人民报》。

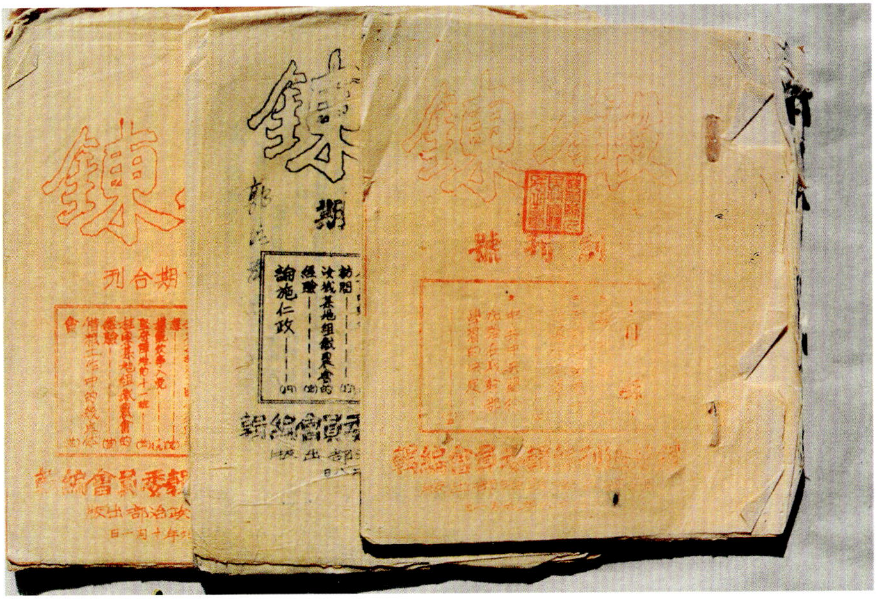

湘南支队政治部出版的《锻炼》期刊

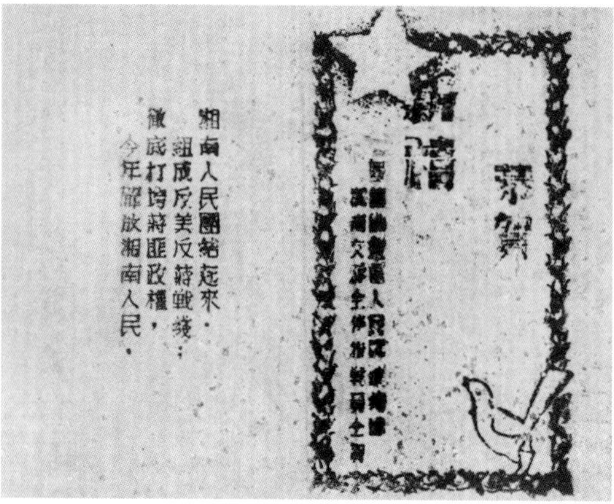

1949年春节，湘南支队油印的新春贺帖。

1949年3月25日，陈克在宜章六圩百家村成立“宜章人民抗征队”的旧址。

1949年5月，临武县龙岩山中共地下党活动旧址。

临武秀岩中共党员训练班旧址

临武人民临时政府所在地——沙田湘源公司

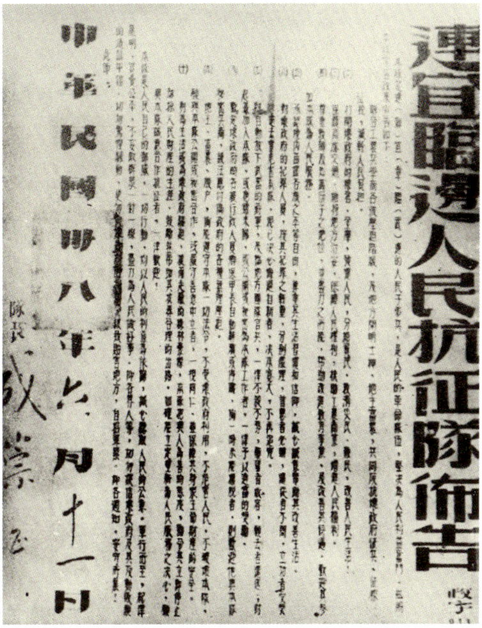

連宜臨邊人民抗征隊佈告

中華民國卅八年六月十一日

隊長

连宜临边人民抗征队布告

1949年3月8日，由聂昭良、肖光吾等在宁乡桥头河组织武装暴动，队伍迅速发展到400多人，编为湖南人民解放总队湘中一支队第五团。图为桥头河暴动筹备会议地——梯云塔。

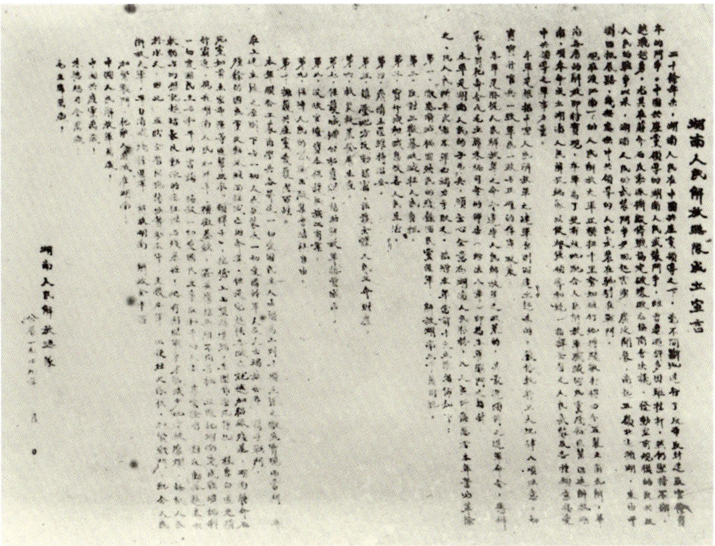

湖南人民解放總隊成立宣言

湖南人民解放總隊

湘中地区的游击武装斗争迅速发展起来。1949年春，姜亚勋在宁乡举行黄唐起义后建立了游击队，迅速扩大到3000多人。中共湘中工委在此基础上成立了湖南人民解放总队，下辖五个支队，并发布了成立宣言。

1949年4月，姜亚勋部在宁乡横市与国民党保安八团一营激战，附近2000多农民臂缠红带自带器械前来助战，迫使敌营全部缴械。图为战斗遗址。

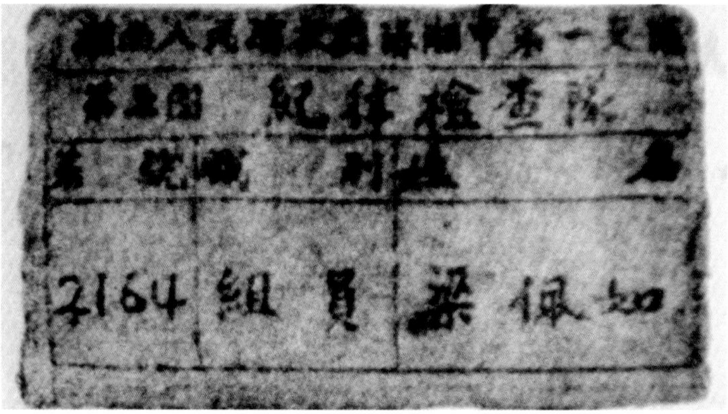

湖南人民解放总队湘中一支队第五团战士证章

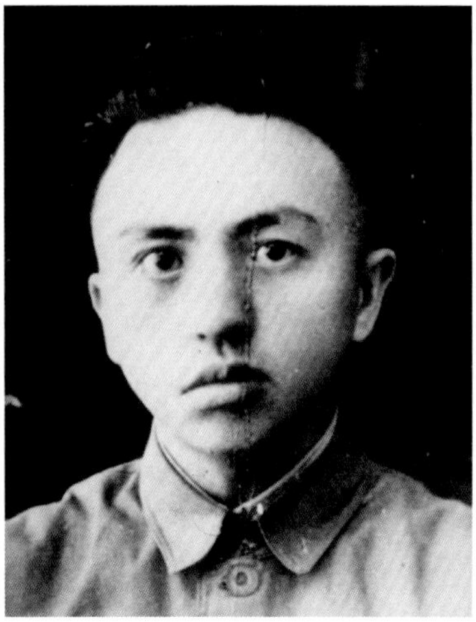

湖南人民解放总队湘中二支队司令员尹如奎

1949年7月，白崇禧部对湘中游击队进行大规模“围剿”，三大队教导员王家栋（照）不幸被俘，惨遭杀害。

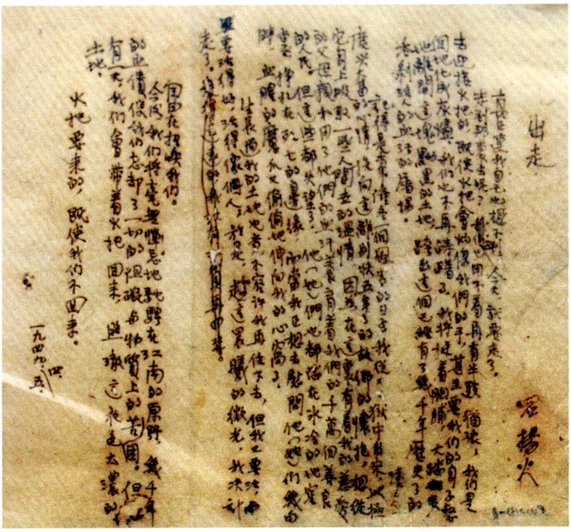
出走

王家栋烈士手书的散文诗《出走》

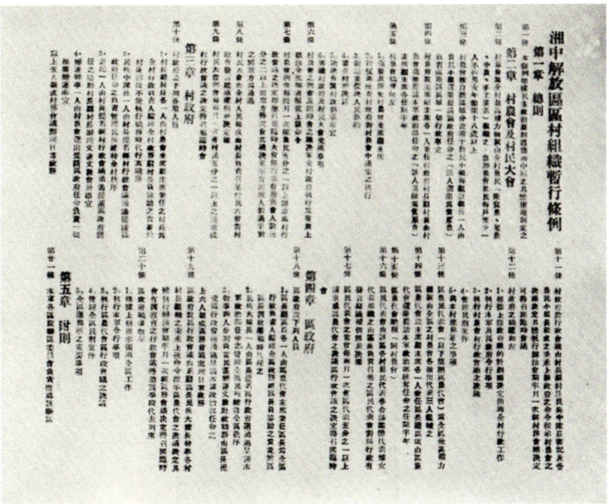
湘中解放區區村組織暫行條例

第一章　總則

第二章　村農會及村民大會

第三章　村政府

第四章　區政府

第五章　附則

湘中解放区的区、村组织暂行条例。

湘中游击队印发党的指示、文告和宣传品的油印机。

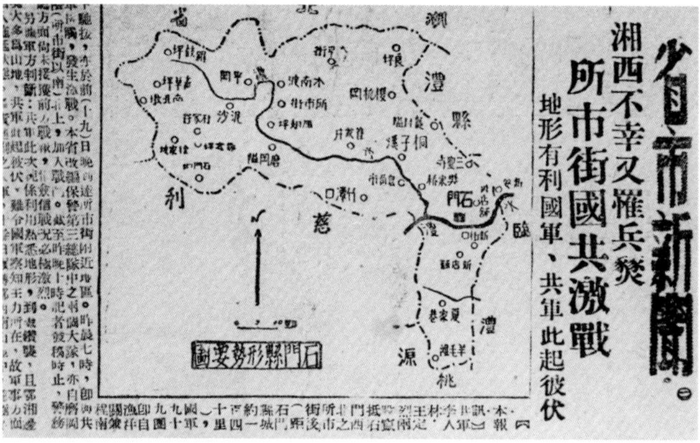

省市新聞

湘西不幸又罹兵燹

所市街國共激戰

地形有利國軍、共軍此起彼伏

1947年4月中旬，石门所市街一带中共李人林、王定烈两部与前来围剿的国民党军激战。这是当时的消息报道。

1949年5月初，中共湘西工委、湖南人民解放突击总队湘西纵队相继成立。图为湘西纵队游击司令部旧址。

中共湘西工委书记方用

湘西纵队使用过的旗帜

湘西纵队的各种符号

湘西纵队领导人的集体照

中共湖南省工委武装工作会议会址——长沙宁园

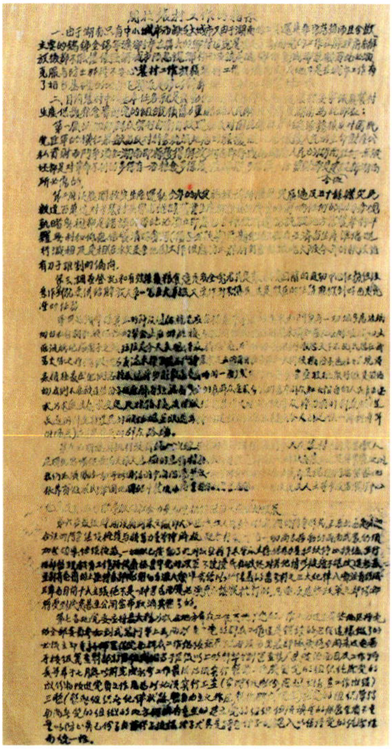

1949年5月，省工委在长沙召开全省武装工作会议，作出“五四”决定，要求在全省广泛发动武装起义，配合人民解放军解放湖南，接管城市。

黔湘桂边区游击总指挥部第二纵队司令部

湘南游击队在粤汉铁路沿线打击国民党军，给白崇禧部造成很大威胁。图为湘南游击队保护的桥梁。

湖南解放前游击队分布图

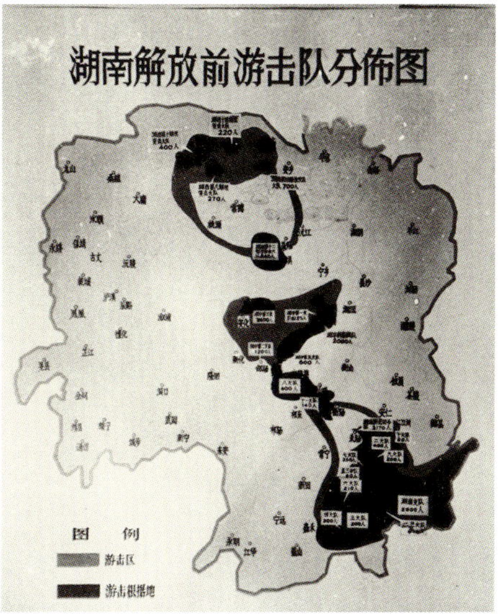

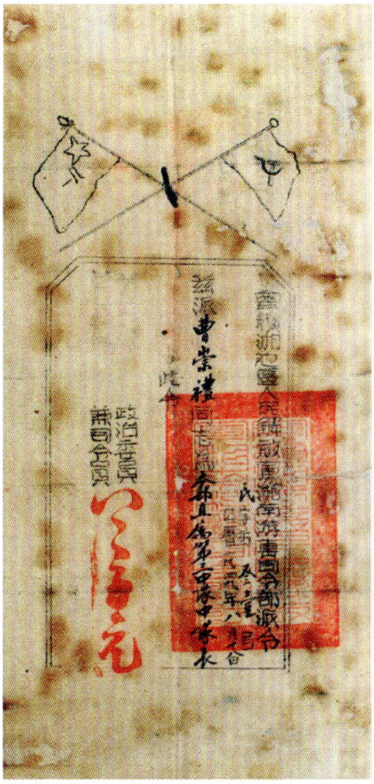

1949年6月20日，省工委决定成立粤赣湘边区人民解放军湘南游击司令部。这是司令员兼政委谷子元给曹崇礼的任命令。

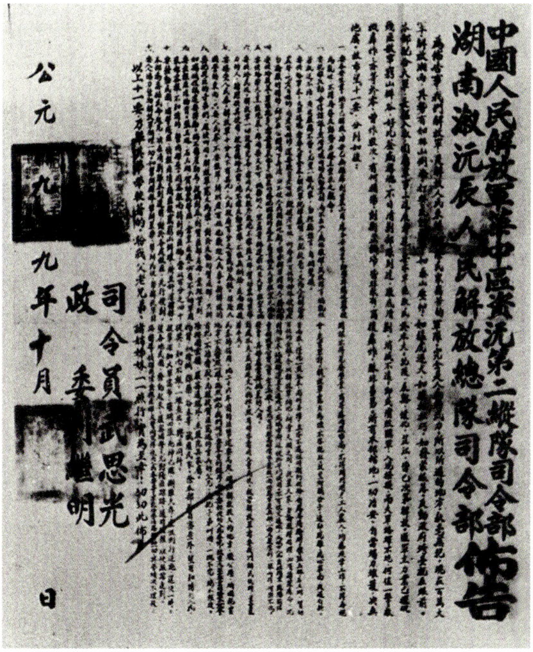
中國人民解放軍湘中區資沅第二縱隊司令部
湖南溆沅辰人民解放總隊司令部
佈告

司令員 武思光
政 委

公元一九四九年十月 日

由中国农工民主党领导的地方武装发布告示，坚决拥护中国人民解放军南进，并决定维持好地方治安。

第三节　湖南解放

程潜、陈明仁相继回湘主持军政后，受到蒋介石、白崇禧的压迫和监视，不满蒋、白的专制独裁统治。南京、上海、武汉解放后，国民党南京政府的败亡已成定局。程、陈都是湖南人，都不愿意家乡再遭战火的摧残。中共中央和毛泽东指示湖南省工委，要通过各种渠道和关系，做好争取程、陈起义的统战工作，并为程、陈和平起义营造好各种有利的外部条件。在中共和湖南人民的支持、帮助下，1949 年 6 月，程、陈等抵制了白崇禧集团的威逼和压迫，正式递交了《致中共中央和毛泽东主席备忘录》，明确表示“反蒋、反桂、反战、反伪和平”，谋“湖南局部和平”。8 月 4 日，程、陈领衔向全国正式发表起义通电，宣布脱离广州政府，加入中共领导的人民民主政权。长沙和平解放，标志国民党统治湖南的结束。9 至 10 月间发动的衡宝战役，是渡江以来解放军进军中南的第一次重大战役。它为湖南全境解放扫清了障碍，也为进军两广和大西南创造了条件，12 月底湖南全省基本解放。8 月下旬，新的中共湖南省委、湖南省临时政府、湖南人民军政委员会和湖南省军区相继成立。湖南从此进入了社会主义社会的新时期。

一、长沙和平起义

为争取、加快程潜、陈明仁和平起义，省工委成立了以中共地下党员、湖大讲师余志宏为组长的起义统战小组。长沙各界民众团体，湖南人民自救委员会等，公开打出反蒋反桂、在湖南再生内战的旗帜，支持程、陈和平起义。解放军四野先头部队已经进军湘东北及毗邻长沙的平、浏、醴。在此形势下，程潜等抵制了蒋、白步步逼近的威胁和压迫，8 月 4 日，在长沙通电全国，宣布起义。

中央 （六期星）

今日元旦普天同慶

各機關團體晨在省府舉行團拜
下午六時中山堂舉行遊藝大會

程主任近影

程潜主湘后，由于无实力基础，为让蒋介石放心，在公开场合仍表示“拥护中央，戡乱到底”。1949 年元旦聚餐会，程潜重申了这一决心。

1948年底，程潜委托族弟程星龄（照）代表他与中共湖南地下党联系，表示选择走和平道路的决心。

1949年1月初，湖南省参议会召开会议，支持国共谈判，呼吁签订和平协议，选举唐伯球（照）为新议长。

去鄉已七載之 李副主任欣然歸來

程主任即晚召宴爲李氏洗塵
席間獲與湘西要員交換意見

李副主任（有○者）與歡迎之記者合影 凱旋門攝

（本報訊）長沙綏靖公署副主任兼第十七綏靖區司令官李默庵氏，於昨晨八時五十分自京經漢抵長，程主任代表何畏·綏署參謀長劉嘉樹·副參謀長王天鳴·祕書長劉嶽厚·省府祕書長鄧介松及西南游幹班留長同學暨李氏友好等共二百餘人均到站歡迎，情況甚爲熱烈；綏署並派樂隊歡迎。於李氏座車抵站時，奏樂歡迎，李氏下車後，與歡迎人員一一握手致謝，週旋約十餘分鐘，始離站運赴蒞園萃園私邸休息。李氏旋於客廳中首先接見往訪之各報記者；惟一再表示不擬發表任何談話，……簡單答覆記者各項詢問：（一）過漢時，曾謁見白總司令崇禧。（二）赴常德履新日期，須請示頌公後始能決定。（三）余係民國三十一年離湘，一別七年，今年重返故鄉，頌公服務桑梓，至感快慰。李氏末稱：今年僅四十五歲，神采奕奕，作較長時間之晤談，態度和藹謙光照人，並予人以深刻之印象。

李氏於上午十時赴省府晉謁程主席，下午分別拜訪長官友好，晚間程主席設宴爲李氏洗塵，並邀綏署各高級人員及湘西在省之軍政人員王育瑛·陳子賢與省委李韜等作陪，席間李氏對湘西現狀多所詢問，王等亦貢獻意見，俾其到任後得以迅速展開工作。

李氏發表書面談話

區司令部人事已決定

李氏另發表一簡短之書面談話如下：「本人此次奉命調湘服務，得有機會敬恭桑梓，私衷至感快慰！關於工作推展，當秉承頌公指示，甚望不吝指導，並惠予協助，俾所負任務，得以順利達成，力謀安定地方。今後與各界人士相……不勝企幸！」又第十七綏靖區司令部人事，除祕書長外，業經決定如下：參謀長曹耀祖，副參謀長周淘濂，第一處處長湯……，二處處長蔣劍民，三處處長陳又平，四處處長何翳，政務處處長劉伯龍，經理處處長左宗濂，軍法處處長劉信武，政工處處長周榮民……

蒋介石为控制和架空程潜，派黄埔系将领李默庵、黄杰为长沙绥靖公署副主任。1948年9月19日，李默庵赴长沙履任。

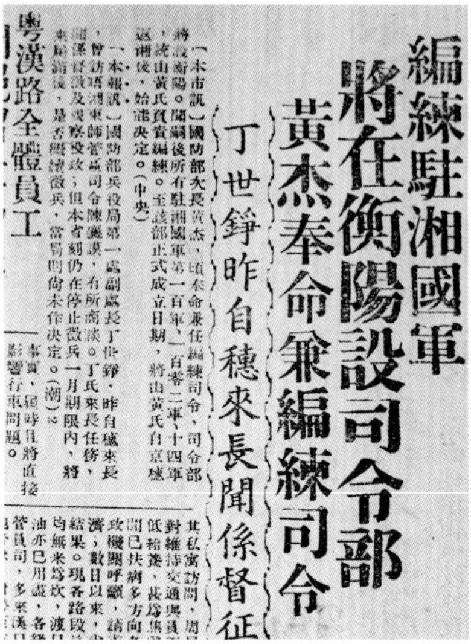

編練駐湘國軍
將在衡陽設司令部
黃杰奉命兼編練司令

丁世鋅昨自穗來長

粵漢路全體員工

1949年2月，国民党中央任命长沙绥署副主任黄杰兼第五编练司令，驻衡阳，分解和削弱程潜的军权。

陳明仁將軍昨抵長
下午謁見程主任請示防務
所部開駐湘境將從事編訓

陳氏近影

程潜迫切期望一位可靠的有军事实力的人物协助他控制湘省，在张严佛、程星龄等人的策划下，经白崇禧同意，时任华中“剿总”副总司令的陈明仁带5万军队回湘，大大增强了湖南本省的军事实力。

李代總統今蒞長沙
省府將舉行盛大歡迎會

1949年1月21日，蒋介石迫于国外压力宣布引退，由桂系首领国民政府副总统李宗仁“代理”总统职务。李宗仁为巩固地位，寻求支持，于2月24日来湘视察。

宋希濂將軍昨晨抵長
即膺任川黔湘鄂邊剿總指揮
定明轉漢飛京請示轄區問題
接見記者暢談當前時局

蒋介石虽宣布引退，仍实权在握，其嫡系将领宋希濂被任命为川黔湘鄂边剿总指挥，湘西即在其辖区之内。

中華民國三十八年五月八日

白崇禧將軍飛桂林

奉李代總統電召商決要務

行前邀各界首長舉行茶會

盼湘人為生活自由而應戰

白崇禧將軍與程主任合影

3月27日，白崇禧自汉口来长沙，事先已将桂系军队大部分调入湖南，对程潜等人造成极大的威胁。

5月15日，人民解放军四野十二兵团发动华中战场渡江战役，武汉三镇解放。6月下旬，人民解放军兵分三路向湖南进军。

人民解放军炮兵部队抢渡湘江，追击敌人。

1949年7月下旬，人民解放军第三十八军沿常澧公路向常德挺进。

1949年7月29日，常德县解放。这是人民解放军第三十八军某部首长与中共常德地下党负责人会见的情景。

这是人民解放军第三十八军政治部宣传部长柴若川在县城向群众讲话。

1949年8月，中央军委在常德烈士公墓授予人民解放军第三十八军“八一”军旗。这是授旗后该部宣誓“解放全中国，将革命进行到底”的情景。

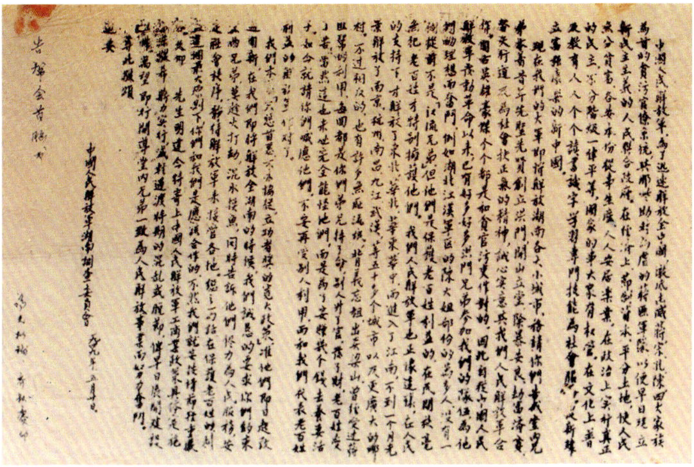

为维护地方治安，中国人民解放军湖南调查委员会给各社会团体、各帮会首脑发布了声明。

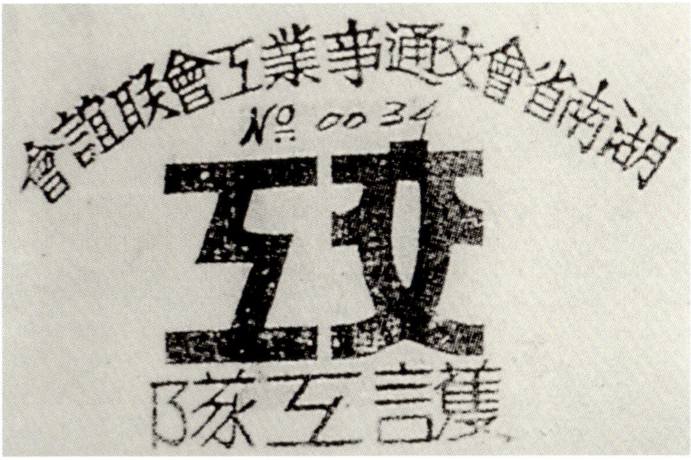

湖南解放前夕，在中共湖南省工委的领导下，长沙工界成立了“湖南省会交通公用事业工会联谊会”，卓有成效地开展了反迁移、反破坏和保厂护产的斗争。

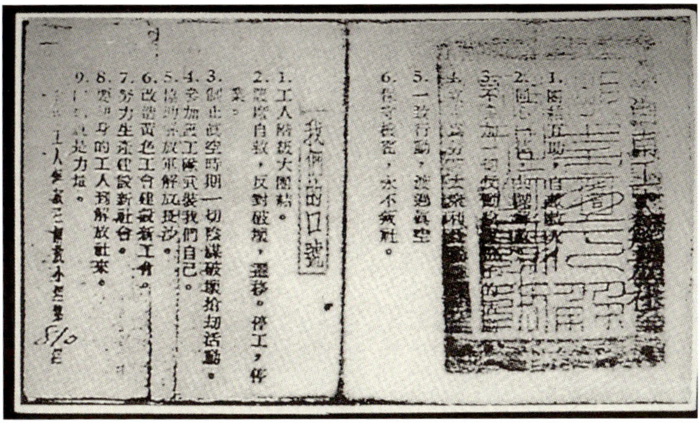

为了保护城市、工厂，防止敌人破坏，中共地下党在工人中成立了“湖南工人解放社”，并颁发了社员证。

长沙锑品厂工人武装护厂队员合影。

省公路局修车厂工人保护下来的机床

省公路局修车厂工人保护机件设备而设置的秘密仓库

湖南电气公司保护下来的发电机组

湘潭电机厂组织武装护厂队日夜巡逻

5月20日，陈明仁与爱国民主人士陈云章谈话后，消息很快反馈到中共地下党，为争取湖南和平解放创造了条件。

1949年初，中国人民解放军江汉军区三分区派欧阳魁回长沙，恢复长沙地下组织的工作，与程潜、程星龄等接触并达成和平起义的意向，成立霞凝港三乡联防大队，地工人员长沙九扶乡乡长左元春（照）任大队长。

省工委成立了以中共地下党员、湖大讲师余志宏（图）为组长的起义统战小组，为湖南的和平起义做了大量工作。

秘密电台收发了中共中央和程潜的往来电报，打消了程潜的顾虑。图为位于望城桥驿镇的秘密电台旧址。

获悉程潜和平解决湖南问题的态度，中共中央指示中共特工负责人吴克坚派周竹安（照，代号象）到长沙，建立秘密电台，以便中共中央与程潜建立直接联系。

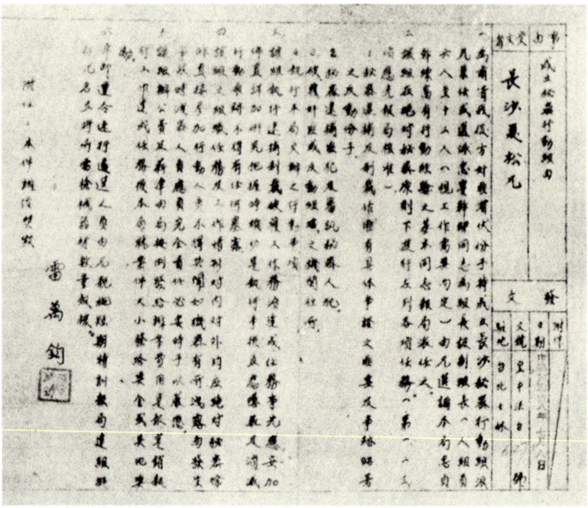

事由 成立秘密行动组由

受文者 长沙夏松兄

雷万钧

湖南的和平运动引起了国民党顽固派的恐惧，决定对支持和平的人士采取暗杀等破坏手段。图为军统给“湘站”特务头子夏松关于建立“秘杀行动组”的密令。

随着形势的发展，程潜、陈明仁决心和平起义。7月22日，中共和平谈判代表团与程星龄在平江县立中学教室（即图中天岳书院旧址）进行接触，初步会商。

7月29日，中共和平谈判代表团成员李明灏应邀来长沙，与程潜、陈明仁就和平解放达成协议。

長沙成立和平協議

正式脫離廣州政府

程潛將軍書告湖南人民

【本報訊】程潛將軍頃發表告湖南民衆書，歷述以蔣介石爲首的反動政權，背叛主義，出賣祖國，專制獨裁，殘害人民的種種事蹟，并揭發反動派李宗仁，白崇禧等假和平運動爲名，攫奪政權，搜括財物，壓迫人民的狡猾變詐，陰險欺騙之醜態。最後宣佈：長沙已經成立和平協議，脫離廣州政府，驅逐白崇禧，各革命階級一致聯合起來，成立眞正人民的民主政府。茲錄全文如後：

程潜书告湖南人民，宣布正式脱离广州国民政府。

位于长沙白果园的程潜公馆，是程潜与中共代表商谈湖南和平解放相关事宜的地点之一。

湖南和平起义章程、通电起草处长沙市桃子湖方叔章故居正面。

湖南和平起义通电发布处（国民党湖南省政府，现为湖南省农业厅）

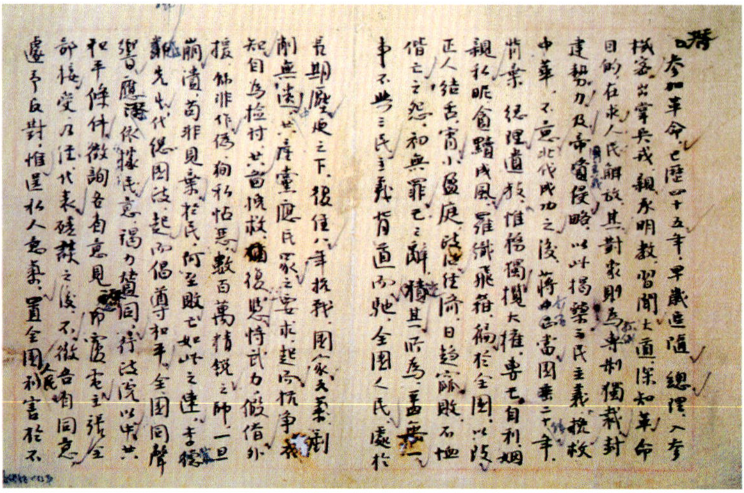

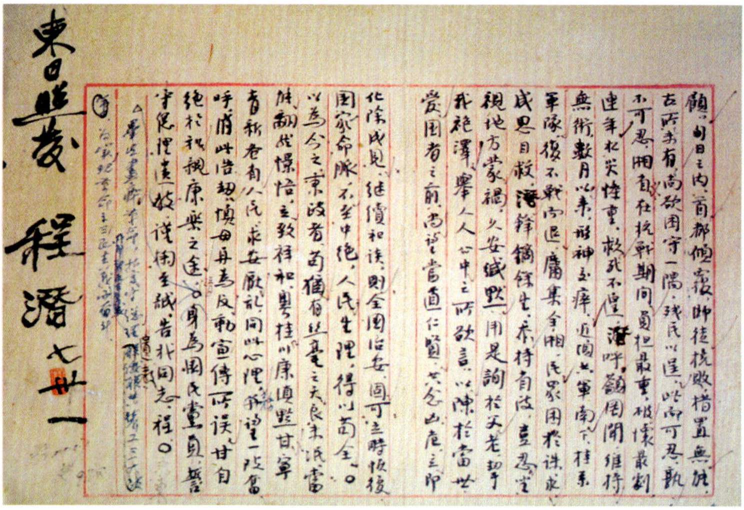

7月31日，程潜通电全国，呼吁签署和平协议。

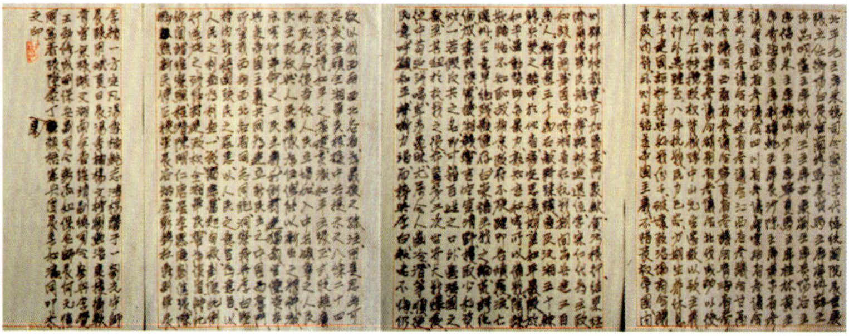

8月4日，程潜、陈明仁领衔发出有37位将领签名的起义通电。

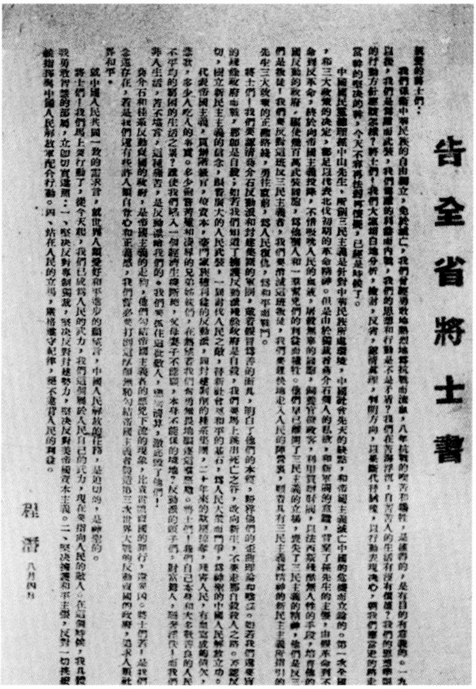

告全省將士書

程潛　八月四日

程潜发表的《告全省将士书》

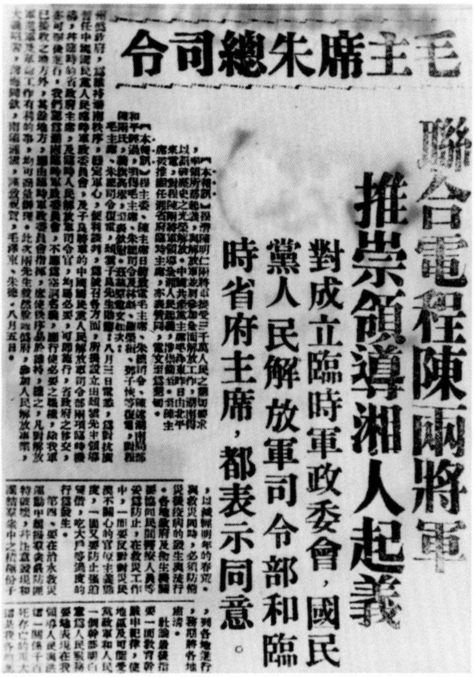

毛主席朱總司令

聯合電程陳兩將軍

推崇領導湘人起義

對成立臨時軍政委會，國民黨人民解放軍司令部和臨時省府主席，都表示同意。

8月5日，毛泽东、朱德对程潜、陈明仁致中共中央的电报亲致复电，赞扬他们的义举，并同意其各项主张。

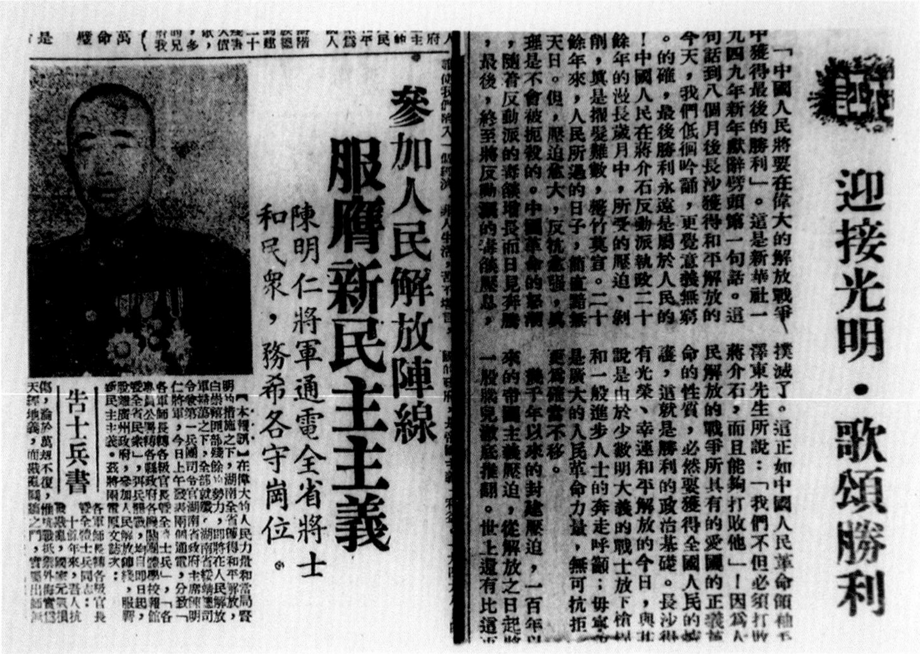

迎接光明·歌頌勝利

「中國人民將要在偉大的解放戰爭中獲得最後的勝利」。這是新華社一九四九年新年獻辭劈頭第一句話。這句話到八個月後長沙獲得和平解放的今天，我們低徊吟誦，更覺意義無窮。的確，最後勝利永遠是屬於人民的！中國人民在蔣介石反動派執政二十餘年的漫長歲月中，所受的壓迫、剝削，真是擢髮難數，罄竹難書。二十餘年來，人民所過的日子，簡直暗無天日。但，壓迫愈大，反抗愈強，真理是不會被扼殺的。中國革命的怒潮，隨着反動派的毒燄增長而日見奔騰，最後，終至將反動派的毒燄壓息，撲滅了。這正如中國人民革命領袖毛澤東先生所說：「我們不但必須打敗蔣介石，而且能夠打敗他」！因為人民解放的戰爭所具有的愛國的正義的革命的性質，必然要獲得全國人民的擁護，這就是勝利的政治基礎。長沙和平解放的今日，與其說是由於少數明大義的戰士放下槍桿和一般進步人士的奔走呼籲；毋寧說是廣大的人民革命力量，無可抗拒，這是確當不移。幾千年以來的封建壓迫，一百年來的帝國主義壓迫，從解放之日起將一般勝兒徹底推翻。世上還有比這……

參加人民解放陣線 服膺新民主主義

陳明仁將軍通電全省將士和民衆，務希各守崗位。

告士兵書

陈明仁发表《告士兵书》，表示参加人民解放阵线，所部改编为“中国国民党人民解放军第一兵团”。

长沙和平解放表达了三湘儿女的心声，他们热烈欢迎人民解放军的到来，在长沙设立了迎解总指挥站。

华中艺专的迎解队伍

长沙市青年合唱团兴高采烈去欢迎人民子弟兵进城

湖南大学的迎解队伍

周南女子中学的迎解队伍

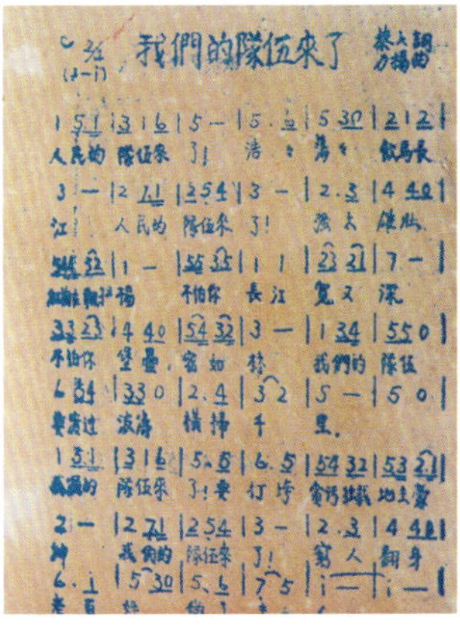

迎解歌曲——《我们的队伍来了》

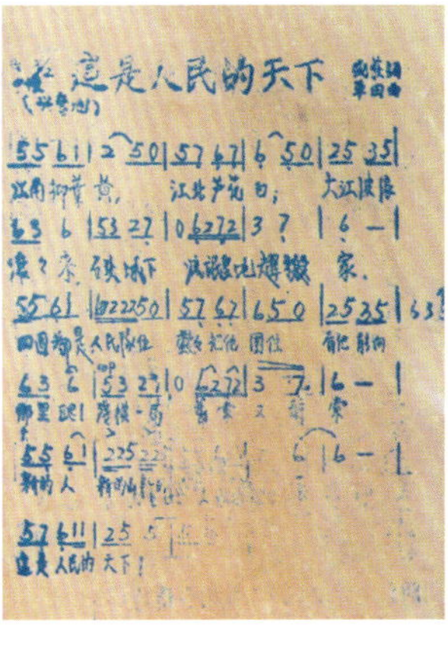

迎解歌曲——《这是人民的天下》

8月5日，人民解放军第十二兵团一三八师在十多万长沙市民的热烈欢迎中庄严举行入城仪式，长沙实现和平解放。

四野的南下部队从小吴门外分三路队开进长沙市

行进在长沙街头的人民解放军

1949 年 8 月中国人民解放军第四野战军司令员林彪（左二）在长沙

入城解放军指战员在中山公园（现青少年宫）休息

欢迎群众在人民解放军入城沿途所设的茶水站

湖南第一师范的师生慰劳人民子弟兵

入城解放军指战员阅读各界慰问信

长沙人民为欢迎第二野战军过境所扎的彩门

长沙市各界慰问二野过湘委员会代表，向指战员们献旗和赠送慰问品。

8月30日，长沙市举行各界庆祝和平解放及支援前线大会，规模盛大，会后约5万人举行了游行。

和平解放后长沙人民拆除为保卫家园在巷口修建的栅门

二、湖南全境解放

湖南省会长沙和平解放后，白崇禧统领顽军，退踞衡阳、宝庆（今邵阳）一线，构建所谓“湘粤联合防线”，负隅顽抗；广州国民政府又在湘西芷江另立以黄杰为主席的“湖南省政府”。1949 年 9 至 10 月，解放军发起衡宝战役，歼敌近四个师，将其逐出省境。11 月，经过嘉蓝临战役和湘西北作战，湖南全境解放。

长沙市各界慰问二野过湘进军大西南。图右为中共长沙市委所献锦旗。

长沙市的工人踊跃参加人民解放军

长沙、湘潭等地和平解放后，我炮兵部队抢渡湘江，追击敌人。

解放军战士在进军途中打捞白崇禧部溃退时扔入湘江的枪支弹药

人民解放军南下途中做到人不踏青苗，马不啃树皮，对人民秋毫无犯。图为解放军用布将拴马的树干包起来，以免磨破树皮。

8 月 15 日，解放军与国民党军在湘中地区青树坪激烈战斗，歼敌 753 名，自身伤亡 877 名。这是 1988 年为纪念牺牲的战士竖立的“衡宝战役青树坪战斗烈士纪念塔”。

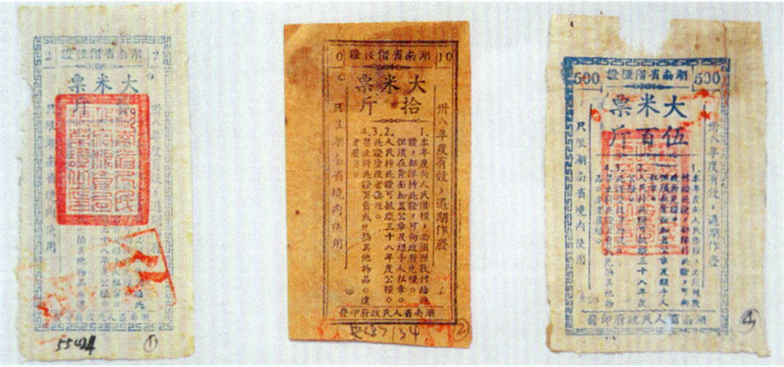

南下的人民解放军为保障军需但不损害人民利益所使用的大米票

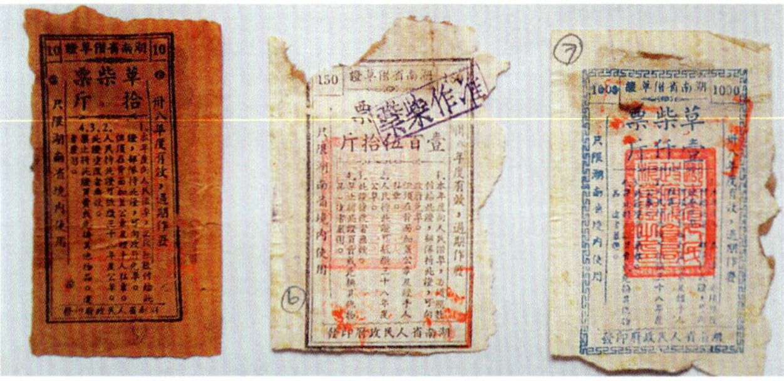

人民解放军使用的草柴票

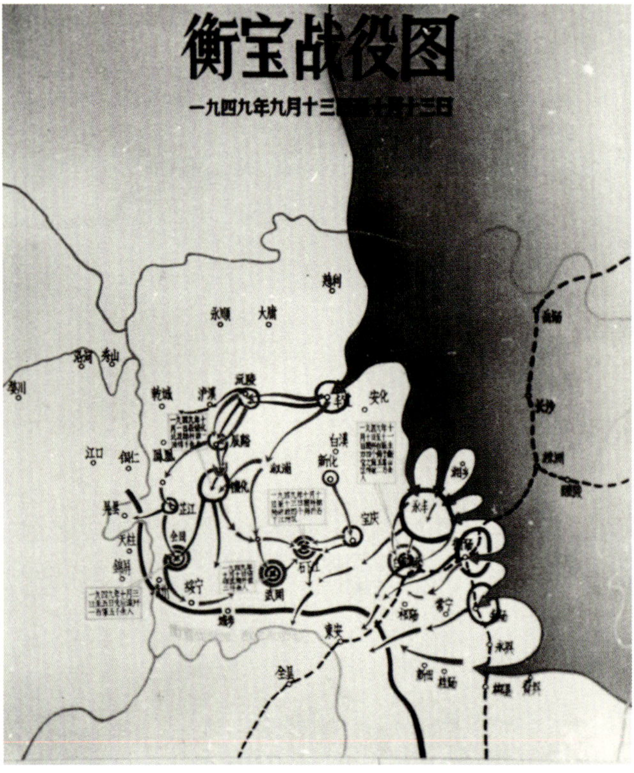

9月中旬至10月上旬，中国人民解放军分中、西两路在衡阳、邵阳地区发动了衡宝战役，对盘踞在湘南的白崇禧部、湘西的宋希濂部实施全面打击。图为衡宝战役图。

国民党华中军政长官公署主任白崇禧

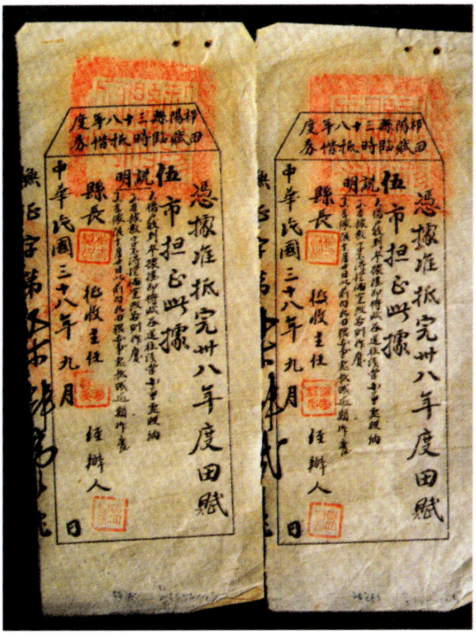

国民党各级残余政权仍大肆征收1949年田赋，为白崇禧部负隅顽抗作准备。

1949 年 9 月 13 日，为迷惑湘南敌人，西路军从常德、桃源出发，向沅陵、芷江挺进，18 日，沅陵解放。这是沅陵人民在码头欢迎人民子弟兵。

10月2日，西路第三十八军解放芷江，这是先头部队在搜索溃败的敌军。

1949年10月10日，解放军攻克武冈城。图为攻城场景。

解放军中路军按原计划向湘南挺进。图为解放军正准备横渡湘江。

人民群众奋起反抗，保卫家园。白崇禧部撤退衡阳时企图炸毁电厂，厂内工人在中共地下党的领导下展开护厂斗争。这是电厂运煤工护厂时用过的梭镖。

10月8日，衡阳解放，解放军守卫衡阳电厂，以维持市民的日常生活。

解放军包围白崇禧部主力四个师于衡宝之间五峰山一带

参加护厂斗争的衡阳电厂员工戴过的袖章

衡阳解放后，人民解放军迅速修好损毁严重的青草浮桥，以利湘江两岸军民往来。

衡宝战役中，人民解放军奋勇杀敌。

在湘南作战中被俘虏的白崇禧部部分人员

10 月 10 日，人民解放军解放宝庆（今邵阳市）。图为部队通过宝庆街市。

湘西地形复杂，山多坡陡，解放军不畏艰险，用人力拉炮上山。

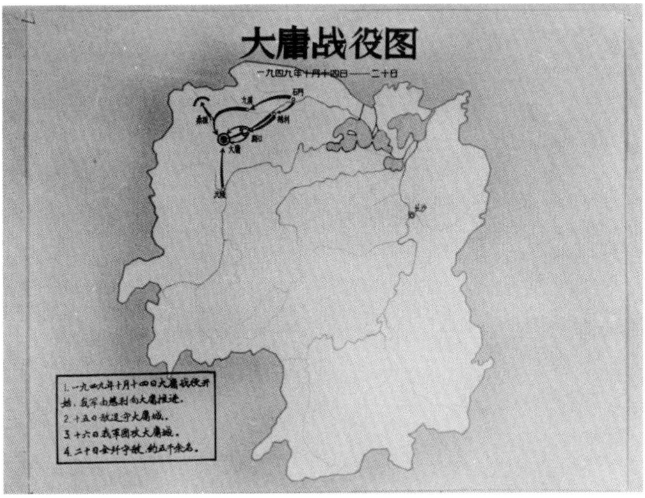

10 月上旬，解放军西路军发动大庸战役（大庸即今张家界市永定区），全歼敌一二二军，生俘军长以下 5000 余人。图为大庸战役图。

大庸战役中俘获宋希濂部的部分人员

衡宝战役中，湘南游击队也积极活动，配合人民解放军主力打击敌人，10月，他们与人民解放军胜利会师。

解放军战士在给游击队员讲解各种枪械的使用方法和作战经验

湘中二支队第一大队第四突击小组合影

衡宝战役后，国民党于 8 月 5 日新任命的“湖南省政府”主席黄杰(照)逃到广西桂林。10 月下旬，他将“湖南省政府”和“湖南绥靖总司令部”全部解散。

衡宝战役（包括大庸战役）历时33天，中、西两路大军共歼敌4.7万余人，解放军也付出伤亡4000余人的代价。图为战役中解放军缴获的部分战利品。

衡宝战役中缴获国民党军队来不及带走的坦克、装甲车。

湘西纵队队员在胜利后摄影纪念

新中国成立后，人民解放军乘胜追击，先后发动嘉蓝临战役和湘西北作战，11 月 11 日，龙山县城解放，标志着湖南全境解放。图为 1949 年 11 月 29 日，晃县举行庆祝解放群众大会。

三、湖南人民政权的建立

长沙解放后，根据中共中央指示，全省开始进行中共地方组织和人民政权的建立。湖南人民民主政权的建立，开创了湖南历史的新纪元。饱受剥削压迫的湖南各族人民在中国共产党的领导下，实现了近百年来湖南革命先烈为之奋斗的目标，结束了少数剥削阶级统治湖南的历史，开创了人民当家做主的新时代，它是湖南社会转型的重要里程碑，湖南从此进入社会主义的新时期。

8 月 19 日，中国人民解放军长沙市军事管制委员会成立，对旧政权物资财产和单位进行和平接管。经中共中央批准，8 月 20 日，新湖南省委员会成立，黄克诚任书记，王首道、金明、高文华为副书记。

程潜、陈明仁的义举受到党和人民的高度赞扬。9 月初他们应邀参加中国人民政治协商会议第一次会议，程潜当选为政协委员、中央政府军委副主席，陈明仁为政协委员。9 月 15 日，（左起）程潜、李明灏、陈明仁同游北京香山。

湖南和平解放后，中央军委决定改编陈明仁所属各部，部队番号为中国人民解放军四野第二十一兵团。12月2日在部队驻地浏阳举行授旗礼。

1950年1月中国人民解放军二十一兵团授旗典礼在浏阳城举行

陈明仁起义部队奉命改编为中国人民解放军第二十一兵团。图为授旗典礼上，第四野战军政治部副主任陶铸在授旗。

第二十一兵团司令员陈明仁（左一）接过军旗、军印。

1949年8月20日，中共湖南省工委与南下省委合并，组成新的湖南省委。图为中共湖南省委书记黄克诚（右）在全国政协会议上讲话。

湖南省军区正式成立，领导全省所有武装部队及建军工作。图为省军区司令员萧劲光（左）在长沙与家乡人民见面。

1949年8月24日，湖南临时省政府成立，陈明仁（右）任主席。29日，湖南人民军政委员会成立，程潜（左）任主任委员。

湖南省人民政府驻地——长沙中山纪念堂

1949 年 10 月 1 日，中华人民共和国成立，湖南人民与全国人民一道获得了新生，全省人民热烈庆祝，前线战士更是激励奋勇。图为长沙市庆祝新中国成立的会场。

长沙庆祝会场之一角

常德军民欢聚一堂，庆祝新中国的成立。

主　编：田伏隆

副主编：范忠程　陈建明　袁家荣

编　撰　（以姓氏笔画为序）

丁送来　马　宁　田伏隆　刘　刚　陈建明　李建毛　何誉军

张曼西　范忠程　欧金林　郑曙斌　贺　刚　闾四秋　袁家荣

袁建平　柴焕波　梁小进　曹学群　喻燕姣　游振群　傅聚良

图书在版编目（CIP）数据

湖南历史图典㊂/田伏隆主编.-长沙：湖南美术出版社，2012.4
（湖湘文库.乙编）
ISBN 978-7-5356-5325-3

Ⅰ.①湖… Ⅱ.①田… Ⅲ.①湖南省-地方史-1924～1947-图集 Ⅳ.①K296.4-64

中国版本图书馆CIP数据核字（2012）第065496号

湖湘文库（乙编）

湖湘文库编辑出版委员会

湖南历史图典㊂

主　　编　田伏隆
副 主 编　范忠程　陈建明　袁家荣
责任编辑　左汉中
责任校对　伍　兰
整体设计　郭天民
版式设计　岳　蕾　衣莉媛
出版发行　湖南美术出版社
　　　　　长沙市东二环一段622号
印　　刷　深圳华新彩印制版有限公司
版　　次　2012年5月第1版
　　　　　2012年5月第1次印刷
开　　本　960×640　1/16
印　　张　27.375
书　　号　ISBN 978-7-5356-5325-3
定　　价　110.00元

ISBN 978-7-5356-5325-3

9 787535 653253 >